위험한 책읽기

위험한 책읽기

'문학소녀'에서 페미니스트까지,
한국 여성 독서문화사

허윤 지음

책과함께

차례

머리말

책 읽는 여성

현진건의 「B사감과 러브레터」(1925)는 비혼의 여성 교사를 통해 신여성을 희화화한다. 엄격하다고 유명한 B사감은 학생들에게 온 러브레터를 읽으며, 남녀 역할을 도맡아 연기를 하다 발각된다.

누구를 끌어당길 듯이 두 팔을 벌리고 안경을 벗은 근시안으로 잔뜩 한 곳을 노리며 그 굴비쪽 같은 얼굴에 말할 수 없이 애원하는 표정을 짓고는 '키스'를 기다리는 것 같이 입을 쫑긋이 내어민 채 사내의 목청을 내어가면서 아깟말을 중얼거린다. 그러다가 그 넋두리가 끝날 겨를도 없이 급작스리 앵돌아서는 시늉을 내며 누구를 뿌리치는 듯이 연해 손짓을 하며 이번에는 톡톡 쏘는 계집의 음성을 지어,
"난 싫어요. 당신 같은 사내는 난 싫어요."
하다가 제물에 자지러지게 웃는다. 그러더니 문득 편지 한 장(물론 기숙생에게 온 '러브레터'의 하나)을 집어들어 얼굴에 문지르며,

"정 말씀이야요? 나를 그렇게 사랑하셔요? 당신의 목숨같이 나를 사랑하셔요? 나를, 이 나를."

하고 몸을 추수리는데 그 음성은 분명 울음의 가락을 띠었다.

학생들에게 온 러브레터를 몰래 읽으며 연기를 하는 선생님의 모습은 우스꽝스럽다. 학생들은 사감이 미쳤다고 여기면서 "불쌍하다"는 말을 내뱉는다. 눈물을 훔치는 학생도 있다. 연애편지를 읽고 거기에 과몰입하는 B사감의 모습은 책 읽는 신여성에 대한 통념을 반영한다. 여자들은 대중소설이나 로맨스물을 읽고는 지나치게 감정이입을 하는 경향이 있어 문제라는 것이다. 엠마 보바리가 책과 잡지를 통해 파리의 사교계를 동경하고, 이를 실현하기 위해 분투하다 비극적으로 죽는 것처럼, 책 읽는 여성은 헛된 욕망이나 허영을 가진 자로 그려진다. 그런데 이러한 시선은 세상이 책 읽는 여성을 두려워한다는 것을 보여주는 것이기도 하다. 엠마가 소설을 읽고 자신의 현재 삶과 다른 세계를 꿈꿀 수 있었던 것처럼, 책 읽는 여성들은 다른 세계를 향해 떠날 준비를 한다. 그 여성들의 여행을 함께 떠나보자.

'읽는다'의 의미

문학이론가 루카치는 근대소설을 지도 없이 여행을 떠나는 '성숙한 남성'을 주인공으로 한 장르라고 명명한다. 이들은 자신에게 주어진

신분, 이름, 지위를 버리고 개성과 인격을 발휘할 기회를 찾아 길을 떠난다. 근대소설의 주인공이 로빈슨 크루소와 같은 모험가였던 것은 이 때문이다. 남성만이 집을 떠나 모험의 주인공이 될 수 있었다. 집을 떠나는 것이 허락되지 않은 여성들은 소설의 독자가 된다. 주디스 패털리와 같은 초기 페미니스트 비평가들은 여성과 남성은 다른 관점과 경험을 바탕으로 책을 읽는다고 지적했다. 정전화된 문학은 남성적인 것이기 때문에 여성 독자는 자신의 삶을 반영한 작품을 발견할 수 없을 뿐만 아니라 남자로서 읽고 남성의 관점을 채택하도록 요구받는다는 것이다. 독자는 무성적인 존재가 아니라 젠더화된 주체이기 때문에 젠더에 따라 텍스트에 접하는 방법과 자세가 달라질 수 있다. 그러나 소설의 주인공이 남성이라서 여성이 독서 체험에서 소외된다고 보는 것은 너무 단선적이다. 독자는 성별로부터 자유롭게 남성 주인공에도, 여성 조연에도 이입을 할 수 있다. 읽는다는 행위는 젠더를 초월하여 이루어진다. 남성 주인공이 기본값으로 설정된 세계에서 여성 독자는 자신의 젠더를 계속해서 의식하며 독서 행위를 한다. 그런 점에서 여성 독자에 관한 여러 고정관념은 다시 쓰여야 한다.

여성들의 독서는 감각의 재배치이자 정치적인 행위가 된다. 랑시에르는 예술의 정치성은 윤리적 체제나 재현적 체제가 아니라 미학적-감성적이라는 감각적인 것의 재배치와 재분할을 바탕으로 세계의 낡은 감각적 분배를 파괴하고 다른 종류의 분배로 변환시킴으로써 삶의 새로운 형태들을 발명하는 데 있다고 주장한다. 이러한 랑시에르의 감성적 혁명에 따르면, 새로운 감성적 분배에 참여함으로써 낡은 분배 형태와 불일치하고 그와 맞서 싸우는 한에서, 예술은 정치적인 것이 된다.[1] 여성들의 책읽기는 남성 주인공 중심의 서사라는 기존의 문학적인 것, 미학적인 것과 다른 방식으로 만난다. 젠더를 뛰어넘어 동일시할 수도 있고, 주인공이 바뀔 수도 있다. 이런 방식의 불화는 독서 행위에서부터 정치적이다. 독서는 여성들에게 유일하게 허락된 교양이자 일탈이기 때문이다. 그러니 여성 독자 대중이 만들어낸 여성 취향의 독서물들에 주목해야 한다.

이 책은 해방 이후 한국 여성들이 읽은 책을 둘러싼 풍경을 검토한다. 독서가 여성을 '위험한 사상가'로 만드는 과정을 소설, 잡지, 기관지, 순정만화 등 다양한 매체를 통해 살펴봄으로써 여성들이 읽은 책의 역사를 구축할 것이다. 이를 통해 여성 교양을 전유하고, 여성이 쓰고, 여성이 읽는 문학에 대한 미학적 기준을 탈구축하며, 여성 대상 장르의 계보를 복원하고, 여성 독서의 정치성을 살펴볼 수 있기를 희망한다.

'문학소녀'에서 페미니스트까지

교양은 본래 계급적이고 젠더적 함의를 가진 단어였다. 'Culture'의 번역어 교양은 무질서(anarchy)의 상대어로, 이때 주체는 '현존하는 것 중 최고의 것'인 문화를 익히고 배워야 한다는 문명화의 사명을 가지게 된다.[2] culture로서의 교양은 질서-무질서, 문명-자연, 남성-여성의 이분법 안에서 계급과 식민화, 젠더의 문제를 피할 수 없다. 교양을 독일어 'Bildung'의 번역어로 생각할 때도 마찬가지이다. 이때 교양은 미성숙한 주체가 개인, 사회, 자아와 갈등을 겪으며 성숙한 상태로 발전한다는 의미가 포함된다.[3] 성숙한 인격 역시 본래는 인류 일반-남성의 것이었다. 이로 인해 여성 교양에 대해 논의한다는 것은 젠더 불평등 상황이나 젠더 배치 과정을 연구하는 것이기도 하다.[4] '교양 있는 여성'이라는 말은 익숙하지만, '교양 있는 남성'이라는 말이 어색한 것은 이 때문이다. 여성에게 요구되는 지식과 교육은 행위규범으로서 교양으로 젠더화되어 있었다. 따라서 여성에게 교양은 허락되지 않은 것인 동시에 유일하게 허락된 것이기도 했다. 이러한 역설은 여성에게 근대적 교육이 일반화된 후에도 여전히 존재한다.

1954~1959년 추진된 '의무교육완성 6개년 계획'의 결과 한국의 초등학교 취학률은 96%를 상회하였으며, 1964년~1975년까지 여성들의 중학교 취학률은 약 20~50%였다. 1963년 중학교에 진학하는 여성은 21.5%였으나 1979년이 되면 67.6%로 상승한다. 고등학교 역시 1966년 인문계 고등학교에 진학하는 여성은 10.7%였으나 1979년이 되면 23.3%로 증가한다. 이 시기 여학생은 빠른 속도로 증가하였으며, 중·고등학교 입시가 폐지되어 진학의 문이 넓어지기도 했다.[5] 여성들의 평균 문해력이 올라감에 따라 '문학소녀'라는 표상이 대두되었다. 1960~1970년대 여자 중·고등학교에는 챙이 넓은 모자를 쓰고 책을 읽는 여성의 동상이 곳곳에 세워졌다. 기묘하게 이국적인 이 동상은 여성의 책읽기를 낭만화한다. 박정희 체제의 독서문화운동에 힘

'책 읽는 소녀' 동상

입어 강조된 문학 교육은 여성 교양으로서 책읽기를 강조했다. 하지만
동시에 문학소녀의 감상성이나 낭만성을 비판하기도 했다.

사춘기에 놓인 소녀들이 얕은 감상에 흘러 슬픔을 지니기가 일쑤인데 그것
은 곧 슬픔이 무엇인가를 알려고 하지 않고 소설을 함부로 읽고 엉터리없게
빠져 버렸기 때문이다. 문학의 진리를 탐구하려 했다면 결코 죽지 않았을
것이다.
이번 사건은 사회 전체에 책임이 있다. 여학생들의 독서는 빠르면 중학교
1학년 말 늦으면 2학년 초에 시작되는데 학생들은 책을 골라 읽지 않고 닥
치는 대로 읽는 경향이 있다. 연애소설과 대중소설을 탐독하기가 보통이다.

이렇게 되니 학생들이 허무주의적 경향을 일으키게 되는 때는 빠르면 중학교 2학년 말, 늦으면 3학년 초다. 우울한 것을 개인적으로 친절히 지도해야 한다.[6]

1962년 여자 고등학생의 연쇄적인 자살을 보도하는 신문기사는 여고생들이 문학소녀 특유의 감상성 때문에 음독자살을 기도했다고 지적한다. 여성들에게 교양으로 주어지는 독서는 여성의 감수성을 '적절히' 활용해야 하는 것이었다. 너무 여고생다운 감상에 빠져 있어도 안 되고, 너무 현실적이어도 안 된다. 문학소녀들은 '여고생 작가', '여대생 작가'로 세간의 주목을 받았다. 이들의 '작가 되기'는 현모양처가 되지 않는 방식이었다. '문학소녀'들은 여성이라면 당연히 결혼하고 어머니가 되어야 한다는 사회의 상식에 맞서 자신의 욕망을 글쓰기로 표현했다.[7] 교양을 위해 등장한 책읽기는 세계에 대한 이해와 공감을 넓혀주는 수단이기도 했다. 여성의 대학 진학률이 높아지는 1990년대에 가서는 여성학 과목 수강으로도 이어졌다. 바야흐로 페미니즘적 읽기가 확산되는 순간이다.

2015년 '페미니즘 리부트' 이후 책읽기는 대중의 의식을 고양하는 페미니즘 운동의 한 방식으로 사회적 의미를 획득했다.[8] 관객/독자로서 성평등한 텍스트를 요구할 권리가 있다는 여성들의 목소리는 젠더 무감성적인(gender blind) 문학과 문화 전반에 대한 문제 제기로 이어졌다. 페미니즘을 통해 세계를 재해석한 여성들은 다시 보기/수정(re-vision)을 통해 페미니스트 비평을 수행하는 것이다.[9] 자신이 경험하는 억압의 근본적인 원인이 젠더에 있다는 고민을 하는 광장의 젠더 정치와 책읽기가 접속하고 있는 것은 당연한 결과다. 이들은 SNS상에서 시위를 조직하고 마스크를 쓰고 광장에 나선다. 2015년 넥슨의 여성 성우 부당해고 사건과 2016년 강남역 추모집회, 2016년 탄핵집회의 '페미존', 2018년의 연극뮤지컬계 성폭력 추방집회 등 페미니즘 이슈를 가지고 불특정 다수가 모이는 일은 이제 자연스러운 광경이 되었다. 2018년 8월 18일 광화문에서는 2만 명의 사람들이 모여서 위력에 의한 성폭력 사건을 규탄하였고, 혜화역에서 다섯 차례에 걸쳐 진행된 '불법 촬영 편파 수사' 규탄시위에는 한 번에 최대 6만 명의 여성들이 모였다고 전해진다. 지금 여성들의 목소리가 광장을 채우고 있다.

이 책에서는

1장 「S언니와 여성 간 친밀성의 역사」에서는 식민지 여학교에서부터 해방 이후까지 이어지는 여성들의 공동체에 대해 다루었다. 이성교제를 막기 위해 성별화된 공간으로 거듭났던 여성 교육기관을 중심으로 여성 간 친밀성이 형성되고 그 풍경이 소설이나 잡지에 실렸던 것은 지금의 눈으로 보면 상당히 낯선 일이다. 자연스러웠던 여성 간 친밀성이 점차 후경화되는 과정을 소설과 잡지 등을 통해서 확인할 수 있다.

2장 「해방기 여성독본과 여성해방의 거리」는 해방 직후 발간되었던 여성독본을 중심으로, 여성해방의 가능성을 진단해보았다. 일제강점기 교육자 이만규는 『가정독본』(1941; 1946)과 『새 시대 가정여성훈』(1946) 등 두 권의 여성독본을 출간한다. 이 두 권은 여성을 가정 내 존재로 명명하고 아내와 어머니로서 책임을 다할 것을 강조한다. 반면 비슷한 시기 출간된 사회주의자 최화성의 『조선여성독본』(1949)은 조선 해방을 여성해방과 동궤로 놓으면서, 사회주의혁명을 통해 체제를 변혁하고 여성해방을 이룩해야 한다고 강조한다. 그는 전 세계의 여성운동사와 관련된 지식을 읽을거리로 제시하였다. 월북한 기독교계 사회주의자라는 두 사람의 공통점에도 불구하고 성별과 세대에 따라 여성해방에 대한 입장이 달라지는 양상을 확인할 수 있다.

3장은 1950년대 여성잡지 『주부생활』을 중심으로, 여성 교양과 길항하는 욕망을 다룬다. '여대생'과 같은 지식인을 독자로 설정한 『여원』과 달리, 『주부생활』은 윤금숙, 최정희 등 여성 소설가들을 편집주간으로 삼아서, 어머니의 역할에 대해 이야기한다. 하지만 연재되는 소설은 주부의 일탈을 다룬 통속적인 내용이다. 이러한 여성지의 특성은 '가장 여류다운 여류'라 불렸던 여성 작가들의 행위성과 마찬가지로 교양을 전유하는 욕망을 살펴볼 수 있게 한다.

4장 「명동다방의 여대생」은 1950년대 후반부터 등장한 '여대생 소설'을 통해 여학생들의 작가되기를 살핀다. '여대생 소설'은 취향의 공동체를 바탕으로 낭만적 사랑과 섹슈얼리티의 교본으로 자리매김한다. 이들 소설은 여대생의 성적 타락이라는 흥미 요소뿐 아니라 숭고한 사랑이라는 낭만적 감수성을 바탕으로 한다. 또한 기성세대에 대한 비판과 은밀한 성적 쾌락 등 대항품행적[10] 요소를 포함하고 있었다.

5장과 6장은 1960~1970년대까지 인기리에 발간되었던 잡지『여학생』을 중심으로 박정희 체제의 통치성이 여학생들을 노동자로 명명하면서 불량소녀 담론을 활용하는 측면을 살펴보았다.『여학생』은 1965년 12월 창간되어 1990년 11월 폐간될 때까지 약 25년간 발행된 잡지로, 10대 여학생을 예비 여성 노동자로 호명하며, 성별 분업에 바탕을 둔 직업을 권장한다. 이는 올바른 노동과 '불량' 노동의 이분법으로 이어진다.『여학생』의 불량소녀 담론은 계몽적 의도로 선별되지만, 불량소녀 수기들은 이 정치적 경관의 여백에 탈주선을 긋는다. 소녀들은 반성하는 것이 아니라 고발하고, 순응하는 것이 아니라 항의한다.

7장「애국과 봉사의 마음」은 한국여성단체협의회의 기관지『女聲(여성)』(이하『여성』)을 통해서 1960~1970년대 여성지도자들이 생각한 여성의 권리를 살펴보았다.『여성』은 1959년 설립된 한국여성단체협의회의 기관지로서, 1964년 9월부터 현재까지 매월 발행되고 있다.『여성』은 젠더화된 여성 교양을 비판하거나 전복하는 대신 국가의 통치성을 승인하고 공존하는 방향으로 성장해왔다. '신사임당상'이나 총력안보의 표상은 국가 페미니즘 전략의 일환이다.

8장「여성학 교실과 번역된 여성해방운동」은 1980년대 페미니즘 이론의 번역을 둘러싼 장면을 살펴본다. 1980년대 여성해방운동은 '제2의 물결'의 영향권하에서 출발한다. 이때 영미의 여성해방이론은 수용해야 할 전범인 동시에 부정해야 할 타자로 기능한다. 여성해방이론의 번역은 단순한 수용이 아니라 모방과 오염이 일어나고, 새로운 정치적 가능성이 생겨나는 혼종성의 공간이 된다.

9장 「대안 공동체 '또하나의문화'와 민중시인 고정희」는 공동체 운동을 주장하고 나선 유학파 출신의 '또문'과 민중시인 고정희의 교집합에 주목한다. '또문'은 인류학, 사회학, 여성학 전공자들이 중심이 되어 형성한 동인 집단으로, 젠더 규범의 해체를 통한 성평등을 개인의 삶에서 실천하고자 했다. '남녀평등'을 중심으로 한 삶의 변화를 추진하는 '또문'의 운동 방식은 계급과 민중에 기반한 해방운동이라는 1980년대적 운동 방식과 길항했다. 이러한 간극은 또문 동인이자 시인이었던 고정희를 통해 봉합된다.

10장 「페미니즘의 대중화와 『페미니스트 저널 IF』」는 1990년대 반성폭력 의제와 "개인적인 것이 정치적인 것"이라는 흐름 속에서 등장한 잡지 『이프』를 다룬다. 『이프』는 정기적으로 발행된 상업지였으며, 적극적으로 독자를 모집하고, 페미니스트 대중을 호명했다. 『이프』는 여성 욕망을 긍정하고 가부장제를 직설적으로 비판함으로써 많은 관심을 끌었다. 그러나 '성적인 것'이 변화하고 있음에도 불구하고 섹슈얼리티 체계에서 여성과 남성은 이성애 관계의 성적 대상으로만 재현되었으며, 페미니즘 문화운동이 여성 집단의 정치경제학적 문제에 대해 사유하지 못한 채 그 비전을 상실하고 만다는 한계를 드러내기도 했다.

11장 「한없이 투명하지만은 않은, 『BLUE』」는 1990년대 여성들의 대표적인 읽을거리였던 순정만화에 대해 살펴본다. 트렌디 드라마를 보는 듯한 이은혜 만화의 감수성은 순정한 것만은 아니었다. '오빠들'로 이루어진 근친상간적 세계에서 사랑을 상상하는 그의 만화는 순결함을 강조해온 한국 순정만화의 아이러니를 잘 드러낸다. 탈정치화된 세계에서 유일하게 가능한 상상력인 사랑 이야기가 가족 구조의 근간을 질문하는 불온함을 배태하고 있었기 때문이다.

12장 「'페미니즘 리부트' 시대의 여성 간 로맨스」는 고전 다시 쓰기를 통해 여성 서사에 대한 열망을 확인하였다. 효녀, 열녀 등 여성에게 주어진 젠더 규범은 〈그녀의 심청〉에서 모두 새로운 이름을 얻는다. 착한 딸은 거짓말을 일삼고, 현숙한 부인에게는 사랑하는 여자가 있다. 여성들 사이의 연대는 자연스레 GL적 상상력으로 이어지고, 여성 간 로맨스는 여성 성장소설이 되어 여성 거래의 문화적 규칙을 깬다. 이처럼 GL 서사는 로맨스가 불가능한 시대의 서브컬처적 대안으로 부상하고 있다.

13장 「로맨스 대신 페미니즘을!」은 '페미니즘 리부트' 이후 달라진 한국문학 장을 살핀다. 2016년 출간 이래 『82년생 김지영』(조남주, 민음사, 2016)은 줄곧 베스트셀러 상위권을 차지하며, 백만 부를 돌파하였다. 페미니스트의 시각으로 텍스트에 대한 비판적 해석을 시도하는 독자가 증가한 것이다. 이 장에서는 페미니즘 미학의 행위자로 부상한 독자를 중심으로 '페미니즘 리부트' 이후 문학 장의 변화를 살폈다.

17세기 화가 피터 얀센 엘링가(Pieter Janssens Elinga)의 〈화가, 책 읽는 여성, 청소하는 하녀가 있는 실내(Interior with Painter, Woman Reading and Maid Sweeping)〉는 책을 읽는 부르주아 여성 주변에 청소하는 노동자 여성을 배치한다. 여성이 책을 읽기 위해서는 다른 여성

피터 얀센 엘링가, 〈화가, 책 읽는 여성, 청소하는 하녀가 있는 실내〉, 1665~1670

프랑수아 봉뱅,
〈엘링가 이후, 책 읽는 여성〉,
1846~1847

의 노동이 필요하다는 것을 드러내는 그림이다.

약 200년 뒤인 19세기 중반에 이 그림을 패러디한 프랑수아 봉뱅(François Bonvin)은 노동자 여성의 책 읽는 모습을 통해 해방된 독자를 소환한다. 그의 〈엘링가 이후, 책 읽는 여성(A Woman reading, after Pieter Janssens Elinga)〉은 방에 앉아 등을 돌린 채 책을 읽고 있는 여성에 주목한다. 바닥에는 신발이 정리되지 않은 채 흐트러져 있다. 눈앞의 일을 뒤로할 만큼, 그는 책을 읽는 데 열심이다. 여성에게 독서는 눈앞의 할 일보다 중요하다. 그래서 때로 독서는 무엇보다 위험한 행위가 된다.

책 읽는 여성은 가사, 양육, 노동 대신 책을 선택한다. 책을 통해 다른 세계를 만나 변화하고 페미니스트가 된다. 여기서 다루는 여성들의 책과 잡지는 때로는 계몽적이고 때로는 통속적이다. 페미니즘이라는 문제의식을 바탕으로 한 것도 있고, 남녀 간의 사랑을 다룬 순정만화도 있다. 이 책은 이러한 다양한 텍스트와 독자의 욕망을 역동적으로 살펴볼 것을 제안한다. 책읽기라는 위험한 행위에 뛰어든 용감한 작가와 독자의 여정을 살펴보자.

『위험한 책읽기』는 오랜 시간 여성문학 연구자로서 공부해온 결과물이다. 원고를 모으고 깁는 데 생각보다 긴 시간이 걸렸다. 오래 기다려주신 아모레퍼시픽재단에 감사드린다. 이 책에 실린 글들은 여러 선생님들과 함께 공부한 덕분에 완성되었다. 지도교수이신 김미현 선생님은 언제나 여성/문학/연구자의 롤모델이시다. 선생님께 부끄럽지 않은 제자가 되도록 노력하고 있다. 한국여성문학학회 선생님들과 함께 한 세미나와 학회는 늘 연구의 원동력이 되었다. 새파란 석사 시절 불쑥 세미나에 참석한 과정생을 흔쾌히 받아주신 선생님들 덕분에 힘내어 공부할 수 있었다. 『희망』, 『주부생활』 등 구하기 어려운 책과 잡지를 선뜻 허여하신 근대서지학회와 오영식 선생님 덕분에 책을 풍성하게 완성할 수 있었다. 공부의 폭과 깊이를 넓혀가는 재미를 근대서지학회 선생님들께 배웠다. 앞으로 공동체에 진 빚을 갚는 사람이 되겠다는 마음으로 감사의 인사를 전한다.

지금부터 만나게 될 독자들에게 이 책이 위험한 책읽기의 세계를 열어주길 소망한다.

1장

S언니와 여성 간
친밀성의 역사

오래비 친구의 사랑 편지를 가지고 나온 정애는 혜숙이에게로 먼저 갔었다. 혜숙이와 정애는 동성연애 비슷이 의형제 관계도 있고 또 혜숙이의 집이 춘경이 집 근처이기 때문이었다.

— 염상섭, 『이심』, 민음사, 1987, 54쪽.

최초의 근대 여성 교육기관이었던 이화학당은 1906년 문을 열었다. 이제 여성도 학교에 갈 수 있는 시대가 시작된 것이다. 1908년 고등여학교령이 공포된 이래 1920년대 말 과열된 입학난이 사회문제가 될 만큼, 학교교육 제도는 식민지 조선에 자리를 잡았다. 학교를 중심으로 이루어지는 근대 여성 교육은 여성들에게 도시와 고향, 학교와 집이라는 공간의 분할을 가져왔다. 여성도 집을 떠나 부모나 가족으로부터 분리된 개인을 상상할 수 있게 되었다. 이 혼자되기는 여성만의 학교와 기숙사라는 성별이 분리된 공간에서 이루어진다. 여학생들은 자신의 개성과 인격을 인정해줄 특별한 대상을 갈구한다. 이들은 낭만적 사랑과 자유연애의 대상으로 주목받았으며, 풍기 단속 대상으로 명명되었다. 전차에서, 시내에서 여학생의 교복은 늘 표적이 되었다. 대화 한 번 나누어보지 못했지만, 학교나 기숙사로 연애편지를 보내는 일이 허다했다. '연애의 시대'라 불릴 만큼 시집과 소설책은 연애와 사랑에 들떠 있었지만, 여학생들은 백합처럼 순결해야 했다. 이 이중 과제 안에서 여학생들은 자신의 욕망을 가능한 형태로 변화시켜 나갈 수밖에 없었다.

순결한 백합들의 여학교

근대 초기 일본에서 백합은 여성의 순결 교육을 표상하는 매개체로 등장한다. 여학교 교육에서 중요한 것은 정조를 지키는 순결이지만, 제대로 된 정보를 제공하는 성교육이 이루어지지 않았기 때문에 정조 규범은 현실성을 갖지 못했다. 이를 보충하기 위해 이미지가 등장했다. 소녀잡지가 재현하는 백합은 아내가 되어야 하지만, 이성교제를 해서는 안 되고, 아이를 낳아야 하지만, 순결을 지켜야 하는 여학생들에게 정조와 순결을 이미지를 통해 설명하는 역할을 했다.[1] 이후 백합은 순결한 여학생의 상징으로 한국과 중국, 일본에서 활용되었다. 백합이 여성들의 동성애적 친밀성을 강조하는 대중 서사를 지칭하는 표현('백합물')이 된 것은 자연스러운 연상 작용의 결과다.

최초의 여학교인 이화를 비롯하여 조선의 여학교들은 선교사들이 지은 미션스쿨이었다. 근대 문명을 전달하는 기독교의 목소리가 조선

장에 안착할 수 있었던 것은 기독교 여학교가 강조하는 순결과 정조의 규범이 조선의 여성관과 맞아떨어졌기 때문이다. 여학교는 학생들에게 규범적 여성 젠더를 학습시켰다. 이때의 젠더 규범은 현명한 어머니이자 좋은 아내다. 이는 사소하게는 머리 모양이나 구두의 색깔에서부터 연애와 결혼에 이르기까지 폭넓은 영역을 넘나들었다. 처음에는 입학생을 구하기 어려웠던 여학교였지만, 1920년대로 가면 좋은 혼처를 구하기 위해서라도 여학교를 다녀야 했다. 그리고 그 여학교에서 여학생들은 연애에 눈떴다. 여학교와 기숙사는 연애편지가 드나들고 연애가 성사되는 곳이었다. 기숙사에 모여 있는 여학생들은 편지, 소설 등을 회람하며 서로의 욕망을 모방할 수 있었다. 선후배, 동급생 등을 통해 정서적 교류를 나누는 것은 물론이고, 기숙사와 정양실에서는 신체적 접촉이 발생하기도 했다. 보다 정숙한 여성이 되기 위해 남학생들과의 접촉에는 감시의 시선이 따랐지만, 여학생들 사이의 친밀성은 문제가 되지 않았다.

식민지 시기 대중잡지 『별건곤』 1930년 11월호는 황신덕, 허영숙, 이덕요 등의 동성애 경험담을 싣는다. 여기서 황신덕은 "여학생 시절 동성연애를 안 해본 사람은 별로 없을 것"이며 "그 후로도 많은 동무와 친했지만 그때같이 순수한 마음으로 사랑해본 적이 없습니다"라며 여학교의 첫사랑을 가장 순수한 것으로 그린다. 숭의여학교 시절, 기숙사에 사는 친구를 만나기 위해 학교에 가는 발걸음이 가벼워질 만큼, 그녀를 사랑했다는 것이다. 진명여학교 출신의 허영숙 역시 배화여고 김경희와의 연애 체험을 고백한다. 같은 학교 선배인 배영순과

의 사이에 대해서는 "그렇게 사랑하던 언니가 다른 사람과 사랑한다
는 말이 들"리자 화가 난 나머지 "'그 사람과 헤어지지 않으면 죽어버
리겠다!'"고 할 만큼 열렬했다.[2] 이처럼 여학생들 사이의 친밀한 관계
는 이성교제와 마찬가지로 열정적 사랑이었다.

> 내가 만약 그리운 옛 여학생 시대로 다시 한번 돌아간다면 나와 같은 성질
> 을 가진 동무와 철저한 동성연애를 해보고 싶다. 나와 제일 다정하고도 서
> 로 가장 친절하게 지낼 수 있는 知己를 얻고 싶습니다.
> 슬프고 쓸쓸할 때 서로 하소연하고 같이 울 수 있으며 또 기쁠 때 함께 즐거
> 운 노래를 부를 수 있을 만한 동무가 있다는 것. 이것이야말로 누구에게든
> 지 흔치 못할 행복이겠습니다.[3]

여학생 시절로 돌아가면 자신과 비슷한 친구와 철저한 '동성연애'를 하고 싶다는 고백은 그만큼 여성 간 친밀성이 누구나 당연히 경험해야 할 일로 여겨진다는 것을 의미한다. 잡지에 당당히 글을 쓸 만큼 자연스럽고 자랑스러운 기억으로 회고되고 있다. 다이쇼 시기 '소녀소설' 작가로 유명했던 요시야 노부코는 여학교를 배경으로 펼쳐지는 여학생 간의 사랑과 우정을 전문적으로 다룬다. 그의 대표작 『물망초』는 공부만 하는 로봇파 가즈에와 유복한 가정의 온건파 요코, 그리고 개인주의자 마키코가 만들어내는 삼각관계를 그린다. 이 소설에는 중요한 남성 파트너가 한 명도 등장하지 않는다. 가정환경이나 관심사 등이 저마다 다른 세 소녀의 여학교 생활이 서정적으로 그려질 뿐이다.

여학교 생활에 대한 낭만화는 여성들 간의 친밀성을 중심으로 상상된다. 여성 사이의 친밀한 관계, '동성연애'를 뜻하는 S(sister, step-sister)는 근대 초 일본을 비롯하여 동북아시아 지역에서 널리 등장하였다. 일본의 근대 초기 여학교에서 나타난 동성애 경험을 분석한 그레고리 플루펠더(Gregory M. Pflugfelder)는 여학교에서 '열정적 사랑'이 "일반적인" 우정을 포함한 정동의 연속체라고 지적한다. 『물망초』의 요코와 마키코의 관계처럼 열정적인 증여 관계로 이루어지기도 하고, 어머니와 딸 같은 보살핌 관계 역시 포괄한다. 자신의 연인에게 S(자매)라는 가족 표지를 붙이는 것은 이들의 관계가 보살핌을 중심으로 연결되어 있음을 보여준다. 선후배로 이루어진 커플은 가족화된 형태의 보살핌을 주고받는다. 이상적인 커플은 양육자 역할의 선배와 피양육자 역할의 후배로 구성되며, 이들은 위계상 차이를 갖는다.[4]

이성애보다 유익한 동성애

특히 여성 간 동성애는 이성교제를 막을 수 있다는 이유로 옹호되었다. "여자들 사이에는 이 동성애가 잇음으로 해서 정서의 애틋한 발달을 재촉함이 되고 따라서 남녀 간의 풋사랑에 대한 유혹을 면함이 될 것"이 기대되었기 때문이다. 여성들의 '동성연애'는 "이익은 잇을지 언정 해는 업슬 관계"로 옹호되었다.[5] 일본에서도 여성들 사이의 동성애가 여성을 더 아름답게 만들어주며, 정서와 인격의 발달을 가져오고, 남학생의 유혹에도 빠지지 않게 하는 등 이로운 것이라고 설명했다.[6]

내가 열일곱 살 되던 해입니다. 그때 나는 ○○여학교 기숙사에 있었습니다. 지금 생각하면 그때가 나에게는 가장 즐겁던 때였습니다. (중략) 나는 그 없이는 살 수 없고 그는 나 없이는 살 수 없는 사랑, 순결한 사랑, 아름다운 사랑, 고상한 사랑이였습니다. 그러나 석 달이 못가서 우리들의 사랑은 그만 육체적 사랑으로 변하고 말았습니다. 그와 나는 늘 손을 잡고 다니고, 기회있는 대로 껴안고 잘 때에도 서로 살을 맞대고 잤습니다.[7]

S언니! 지금은 밤입니다. 청승 궂은 우욱새 울음 으스름달밤을 울리고 있습니다. 잠을 자겠다고 자리에 누웠으나 기다리는 고요한 잠은 찾아와 주지를 않습니다. S언니는 언젠가 시골의 로미오와 줄리엣의 이야기를 해주셨지요. 사랑하는 이의 손을 붙잡고 고개고개를 헤매며 다니던 그들이 부럽습니다.

얼마나 시적입니까. 세상의 모든 근심과 물욕을 모두 잊어버리고 팔에 팔을 붙잡고 노래하며 새우는 봄밤! S언니! 참말이어요. 사람이 그리워요. 언니가 그리워요. 맘껏 부둥켜안고 숨막히는 키스를 하고 싶어요. 언니! 언니는 지금 무엇을 하고 계실까요.[8]

위의 인용문에서 화자는 여학교 시절의 사랑에 대해 열정적으로 고백한다. S언니-동생은 정신적인 친밀성만을 의미하지 않았다. 위의 인용문에서 나타나듯이 키스와 애무 등 신체적 접촉을 포함하고 있다. 이들의 관계는 자연스럽게 잡지 지면에 등장한다. 이는 여성 간 관계는 여성의 정조나 순결과 관계가 없다고 생각하기 때문이다. 즉 이성 간 삽입 성교가 아니라면 괜찮은 것이다. 순결해야 한다는 규범을 지키기 위해 여성 간 섹슈얼리티는 허락하는 아이러니다.

"너는 부디 세상 사람에게 속지 말고 일생을 너 혼자 살아라. 옛날 사람으로 벗을 삼아라. 만일 네 마음에 드는 사람 만나지 못하거든."

한다. 이런 말을 하고 그날 밤도 둘이서 한자리에 잤다. 둘은 얼굴을 마주 대고 서로 꽉 안았다. 그러나 나어린 영채는 어느덧 잠이 들었다. 월화는 숨소리 편안하게 잠이 든 영채의 얼굴을 이윽히 보고 있다가 힘껏 영채의 입술을 빨았다. 영채는 잠이 깨지 아니한 채로 고운 팔로 월화의 목을 꼭 쓸어안았다.[9]

『무정』에서 영채가 믿고 따르던 선배 월화는 평소 자신이 한심하게 여기던 부자에게 팔려갈 상황이 되자 자살을 결심한다. 월화는 죽기 전날 밤, 같은 방을 쓰는 영채를 끌어안고 키스한다. 이 장면은 여성 간 접촉을 분명하게 묘사하고 있지만, 이 관계로 인해 영채의 순결이나 정조가 훼손되었다고 생각하는 사람은 없었다. 오히려 이 장면은 죽음을 앞둔 선배의 고결함을 입증하는 방식으로 사용된다. 월화의 죽음은 영채가 원치 않는 사람에게 정조를 바치느니 차라리 명예롭게 죽는 게 낫다는 생각을 굳히게 만드는 계기가 된다.

이런 분위기가 변화한 것은 여성들의 정사(情死)가 관심의 대상이 되면서부터다. 1931년 4월 홍난파의 조카였던 이화여전 음악과 홍옥림과 그녀의 고교 동창이자 연인이었던 김옥주의 철도 동반자살이 화제가 되었다. 그러나 박차민정이 분석한 것처럼, 세간은 이 둘의 '동성 연애'에 대해서는 거의 언급하지 않았다. 관심을 둔 것은 세브란스 의사의 딸이자 당시 경성 최고의 트렌드세터였던 홍옥임이 얼마나 히스테릭한 여성이었는가, 공부를 그만두고 시집을 갔던 김옥주의 결혼이 얼마나 불행했는가였다. 두 사람의 동반자살은 중산층 소녀들에 대한 사회적 규제의 필요성과 가정의 관리 책임이 강조되는 계기가 되었고, 이러한 계층의 여성들을 규범적으로 재생산할 방법이 필요하다는 인식으로 이어졌다.[10]

우리는 죽음을 같이 할 만큼 일상의 감정과 이지와 목적이 동일하며 네 몸과 내 몸의 구별이 없는 동무가 없이 일생을 가난하게 삶보다 더 불행이다. 이러한 참답고 아름다운 동성 간의 우정을 가리켜 말하기를 동성애라는 조

소적인 의미로만 말한다면 너무나 세상이 야속하다. 우리는 홍, 김 양 여성
만큼이나 가까운 동무가 있다면 얼마나 행복일지 모른다.[11]

이들의 죽음에 대해 『동아일보』는 '동성애라는 조소적인 의미'로 말
할 수 없다고 단언한다. 이는 근대 초기 동성애가 용인되었던 방식을
보여주는 것이기도 하다. 1920년대 여학교 시절의 가장 좋은 기억으
로 언급되던 동성 간 사랑이 1930년대에 와서는 조소의 대상이 된다.
이들의 사랑을 '동성 간의 우정', '동무'로 탈성애화 하는 것은 물론이
다. 이는 S언니를 둘러싸고 사랑과 우정 사이에 경계가 생겨나고 있음
을 암시한다.

여성 간 친밀성과 남성과의 트러블

한국 근대문학의 기원으로 일컬어지는 이광수의 『무정』은 '형님'과
'누이'의 세계를 통해 민족의식을 형성한다. 타인을 가족처럼 생각함
으로써 공동체의 범위를 넓혀가고, 이를 민족과 나라에 대한 애정으로
확산시키는 것이다. 구여성인 영채가 근대화되는 과정을 그리는 소설
이기도 한 이 작품에서 영채는 여성들의 돌봄 안에서 언니-동생의 관
계에 의지해 성장한다. 기생 선배인 월화는 절개와 지조를 갖춘 조선
여성의 모델로서 영채를 돌보았고, 병욱은 영채를 근대 여성으로 거듭
날 수 있도록 돕는다.

영채는 자기의 가슴 밑으로 들어온 그 여학생 손을 꼭 쥐어다가 자기의 입에 대며 엎던 채로,

"형님, 감사합니다. 저는 죽으러 가는 몸이여요. 아아, 감사합니다."

하고 더 느낀다. (…)

그렇게 활발한 남자 같은 사람에게도 눈물이 있는 것이 이상하다 하였다. 그리고 영채에게는 그 여학생이 정다운 생각이 간절하게 된다.[12]

순결을 잃고 죽어야겠다는 생각으로 기차에 오른 영채는 병욱을 만나 삶의 의미를 되새긴다. 처음 만났음에도 영채는 병욱의 손을 잡고 자신의 입에 가져간다. 영채의 상황에 동정하며 눈물을 흘리는 모습을 보고는 '정다운 생각이 간절하게' 들기도 한다. 이 장면이 동성 간이 아니라 여성과 남성의 첫 만남이었다면, 이들의 관계는 아름다운 로맨스로 읽혔을 것이다. 이후 영채와 병욱은 S언니-동생 관계를 맺고 함께 생활하지만, '사랑'으로 명명되지 않는다.

때로 대중소설 속 여성 간 친밀성은 남성에 대한 혐오와 연결된다. 아버지와 오빠를 살리기 위해 기생이 된 영채가 정조를 목숨처럼 생각한 것은, 여성에게 순결이 중요하다고 배웠기 때문이기도 하지만, 술을 마시며 돈을 쓰고 기생을 탐하는 남성들을 혐오하기 때문이기도 하다. 이광수의 신문 연재소설에 등장하는 여성들은 아버지를 비롯한 남성들의 방종함에 혐오를 느껴 여성들 사이의 친밀성에 우선순위를 둔다. 이광수의 소설 『애욕의 피안』(1936)의 주인공 혜련은 부잣집 딸이자 크리스천으로, 순결하고 정직한 사람일 것을 목표로 살아왔다.

본래부터 혜련은 문임을 사랑하였으나 한 방에 있어서부터는 더욱 사랑이 깊어지게 되었다. 이러한 나이의 처녀들에게 흔히 있는 일이거니와 두 사람의 사랑은 일종의 연애와도 같아서, 그들은 같은 감으로 옷을 지어 입고 머리를 같은 모양으로 틀고 무엇이나 꼭 같이하려 하였다.[13]

"그까진 남자는 해서 무얼 해? 우리 둘이서 일생 이렇게 같이 살아, 응. 언니."

하고 혜련은 문임의 목을 껴안는다.

"그래"

하고 문임은 무슨 뜻인지 모를 대답을 하면서 혜련의 허리를 안아준다.

"그래두"

하고 혜련은 문임의 목을 안았던 팔을 스스로 놓으며,

"그래두, 남자라구 다 고약하지는 않겠지. 그중에두 좋은 사람두 있겠지."[14]

혜련은 여학교 선배인 문임을 자신의 집에 데려와서 함께 지내면서 "둘이서 일생 이렇게 같이 살"자고 말한다. 문임은 아버지가 어린 여자와 첩 살림이 나서 다니던 교회에서도 쫓겨나고 먹고살기도 어려워진 상태다. 아버지들의 방종한 성생활이 딸들에게 슬픔을 가져오고, 남성에 대한 불신은 여성 간 관계에 집중하는 것으로 이어진다. 혜련은 존경하던 아버지가 집에서 일하는 침모를 유혹하여 바람을 피우고 있다는 말에 큰 혼란을 느낀다. 같은 시기 식모나 하인에 대한 강간이 빈번하게 보도되기도 했다. 아버지의 나쁜 행실로 인해 딸은 남성을 혐오하게 된다. 그러나 소설은 이들의 아름다운 관계를 일시적인 것으로 여긴다. 혜련이 호감을 느끼는 남성이 등장하고, 문임에게도 약혼자가 생긴다. 혜련의 아버지 김장로는 문임을 성적으로 위협하고, 문임은 약혼자였던 남성에게 살해당한다. 혜련은 문임의 죽음을 비롯한 비극적 사건에 대한 책임감으로 자살한다. 순결한 혜련이 아버지의 죄를 대신 짊어졌다고 설명하는 것이다.

이처럼 여성 간 친밀성이나 '동성연애'를 남성에 대한 혐오나 불신과 연결시키는 것은 이성애 정상성(Heteronormativity)을 기반으로 한 세계에서는 당연한 일로 여겨진다. 이성에 대한 혐오와 불신이 아니고서야 동성을 좋아할 리 없다는 것이다. S언니나 여성 간 친밀성은 과도기적 현상으로 치부된다. 남성과 여성 간 관계는 무조건 성애적으로 해석하는 반면, 동성 간 관계는 비가시화한다.

병리화되는 S언니[15]

1953년 『서울신문』에 연재된 최정희의 소설 『녹색의 문』은 여학교를 다니는 주인공 유보화의 학교 생활과 결혼을 다룬다. 유보화는 여성들 사이의 관계를 통해 육체를 발견하고, 사랑과 질투를 학습한다.

난 너만 사랑함 고만야, 다른 앤 싫어. 너두 나만 사랑해 줘 응?"하고 유보화를 껴안아 주든지 유보화의 뺨을 자기 뺨에 갖다 대든지 하곤 했다.[16]
곁 사람의 눈도 있고 해서 초저녁엔 으레 자리를 따로 깔아 놓긴 하나 곁 사람이 잠든 눈치면 그들은 언제나 한자리 속에서 잤다. 유보화보다 차순이가 여기엔 더 열심이었다.

차순은 도영혜 모양으로 꼭 껴안고만 자는 것이 아니라 뺨도 비벼 보고 입도 맞춰 보고 또 가슴도 주물러 보고 하는 것이었다.[17]

그는 한 손을 그 봉긋한 한 쪽에 갖다 대어 보았다. 지난 밤 차순이가 주무르던 때와 같은 감촉이 손 끝을 통해 전신에 자릿하니 퍼졌다. 또 다른 한 손마저 남은 한 쪽 봉긋한 위에 갖다 대었다. 한 쪽에서보다 양쪽에서 오는 감촉은 더 한층 강렬했다.[18]

최정희는 여학교에서 여성 간 친밀성을 사춘기의 섹슈얼리티 탐구와 연결시킨다. 차순은 유보화에게 키스하고 가슴을 만지는 등 성적으로 접촉한다. 차순에게서 성적 접촉을 배운 유보화가 혼자 가슴을 만져보는 장면은 섹슈얼리티의 발견이라고도 볼 수 있다. 이후 동성 간 친밀성을 통해 섹슈얼리티를 연습한 여성은 이성애 단계로 진입한다. 그러나 '정상적인' 이성애 관계는 오히려 문제를 일으킨다. 유보화와 남성들의 관계는 모두 비극으로 끝난다. 남편 이성배는 유보화를 강간하고, 정서적으로 학대했다. 진정한 사랑이라고 생각한 민족주의자 김영서는 자신의 아이를 낳은 도영혜를 간첩으로 고발하고, 아들을 외면하는 등 유보화를 실망시킨다. 여성들과의 관계가 전부이던 여학교 시절은 유보화의 삶에서 가장 아름답고 순수한 기억으로 남는 반면, 그 이후의 세계는 믿었던 가치가 붕괴하기 일쑤다. 이는 『녹색의 문』이 이성애 정상성이라는 대질서와 교묘하게 충돌하는 지점을 노출한다.[19]

여성들 사이의 친밀성은 1950년대 중반까지도 신문지상에 등장한다. 1954년 10월 1일부터 1955년 6월 30일까지 『경향신문』에 연재된 김내성의 『애인』은 "연애는 청춘의 심볼"이며 "인생이 부닥치는 최초의 도장"이기에 "이 최초의 인생 도장을 더럽히지 말자"고 당부한다. 연애는 "한 번 빗맞으면 피를 보고 목숨을 건드리는 진검승부"이기 때문에 진실하고 신중해야 한다는 입장이다. 이는 청년들의 풍기를 단속하고 연애의 정신성을 강조하는 당대의 언설과도 연결된다. '명동파' 이석란은 이런 사회 분위기에 반항한다. 이석란은 명랑하고 쾌활한 자신과 정반대인, 이지적이고 "차가운" 채정주와 S언니-동생 사이다. 이들은 여학교 시절부터 대학 때까지 "열렬한 동성애 속에서 청춘의 일부를 불태워"왔다.

> 정주와 석란은 열렬한 동성애 속에서 청춘의 일부를 불태워온 것이다. 그들에게는 남성의 애정을 필요로 하지 않았다. 그것만으로도 둘이는 영원히 행복할 것만 같았다.
> "그렇지만 태양 앞의 달빛 모양, 동성애란 결국 이성애 앞에서는 아무것도 아닌가 보죠. 영원히 결혼하지 말자던 여학생 시절에의 아름다운 추억만이 폐허 위에 외로이 남은 한기둥 이끼 긴 석탑처럼…"[20]

이석란과 채정주의 관계는 약혼자인 임지운에게도 자연스럽게 이해된다. 이석란이 도덕적 위기를 상징하는 전후파 여성이기는 하지만, 그의 행동이 문제를 일으키는 것은 자유연애와 댄스 등의 미국식 가치로 인한 것이지, S언니 관계 때문은 아니다. 성적 자유를 추구하는 이석란이 남편을 두고 다른 남자와 어울리다 이혼하고 자신의 삶을 반성하게 만드는 과정은 이성과의 관계만 문제시된다는 것을 보여준다. 사회는 여성 사이의 친밀한 관계를 동성애로 호명하면서도, 이를 위험으로 인지하지 않는다.

한국전쟁 이후 치안이 안정되면서, 사회의 성적 규범은 강화된다. 제헌 헌법(헌법 제1호, 1948.7.17)은 "제20조 혼인은 남녀동권을 기본으로 하며 혼인의 순결과 가족의 건강은 국가의 특별한 보호를 받는다"며 '혼인의 순결'과 '가족의 건강'에 대한 보호를 명시한다. 도색잡지를 "민족문화발전의 일대암"[21]으로 명명하는 등 성적 보수화가 강화된 것이다. 이러한 흐름이 대중문화 영역에서 반영된 것이 위와 같은 소설들이다. 가장 순수하고 아름다운 시절로 그려지던 여성 동성애가 "이끼 낀 석탑"이 되는 것은 이성애 정상성이 강화되는 사회 분위기로 인한 것이다. 여장 남자를 둘러싼 사건들이 자주 보도된 것과 달리, 동성애자 관련 사건은 신문지상에 거의 등장하지 않는다. 이는 동성애를 일종의 '정신병'으로 사유했기 때문이다.[22] 이러한 흐름 속에 영화 〈질투〉가 있다.

〈질투〉(1960.5.20 개봉, 각본 박성호, 감독 한형모)는 여성 동성애를 전면에 내세우면서 병리화한다.[23] "동성연애에 엉크러지는 일대의 질투, 국제 무대에 파문을 던질 최고 이색편"(『경향신문』), "이성애의 공포가 동성애로 변한 것은 세계적 풍조일까?"(『동아일보』) 등의 광고 문구를 통해서도 확인할 수 있듯, 동성애는 식민지 여성들의 당당한 자기 고백과는 다르게 병리화된다. 트라우마를 가진 여성 동성애자가 치료되는

영화 〈질투〉 광고

과정을 통해 이성애 정상성의 이데올로기를 완성하는 것이다.

〈질투〉의 주인공인 태극상사 사장 최재수의 동생 최재순(문정숙 역)은 전쟁 중 성폭행을 당해 남성을 혐오하는 '병'에 걸린다. 남성에 대한 증오와 공포로 정신분열을 일으킨 재순은 여학교 시절의 S동생인 금이에게 집착한다. 전쟁으로 부모를 잃은 금이를 자기 집에 데려와서 원조할 뿐 아니라, "나는 죽을 때까지 금이를 사랑해. 우리는 한 동기간보다 더 친밀해질 수 있어." "난 금이가 필요해. 날 S언니라고 생각하지 말아줘. 우리는 한 몸이야. 헤여질 수 없는 몸이야"라는 등 열렬히 사랑을 고백한다. 이러한 최재순의 동성애는 단순히 전쟁으로 인한 트라우마 때문만은 아니다. 그는 남성 중심의 가족제도와 사회질서를 직접 비판하는 모습도 보인다. 아이들을 키우고 살림하는 올케의 모습을 지적하면서 여성이 남성의 노예가 되어 사는 것이 행복이라고 말할 수 있냐고 질문하거나, "신성한 결혼을 빙자로 자기 육체의 향락을 취하려는 그런 더러운 마음"이 남성들이 공통으로 가진 악의 심리라고 비난한다. 금이의 결혼을 반대하는 것도 "여자를 노예 취급하는 그런 남성들"과 결혼하게 둘 수는 없기 때문이다. 이처럼 사회가 여성을 노예화한다는 최재순의 비판은 가부장제의 현실을 고발한다는 점에서 설득력을 갖는다. 그러나 영화는 여성의 광기를 강조함으로써 이러한 주장을 약화시킨다. 강간당한 트라우마로 신경쇠약에 걸린 여성의 광언으로 치부하는 것이다. 오빠 최재수는 재순의 정신적 고통에는 공감하지 못하고, 동생의 '병'을 결혼하면 해소될 것으로 치부한다.

여성 동성애자의 히스테리는 금이가 약혼자와 결혼하겠다고 할 때 폭발한다. 최재순은 "남성의 노예가 되느니보다 차라리 죽어버려. 그것이 그게 네겐 더 행복해 행복해 하하…"라며 금이를 죽이려 하다 정신병원으로 보내진다. 이로써 앞서 그녀의 입을 통해 등장한 가부장제 비판이나 폭력적 남성성에 대한 고발은 광언이 된다. 영화는 여성 동성애를 여성 히스테리의 연장선에 놓고, 최재순 주변에 성실하고 훌륭한 가부장들을 배치함으로써 최재순의 가부장제 비판을 무화시킨다. 성공한 사업가이자 다정한 남편인 오빠, 최재순의 '병'을 알고도 그녀에게 프로포즈하는 한영기, 금이와의 약속을 지키는 김광호 등은 이상적 남성 주체다. 그리고 세 남성의 이해와 아량으로 재순은 감옥이 아닌 병원에서 치료를 마치게 된다. 영화는 훌륭한 남성들이 재순을 치료하는 것으로 갈등을 봉합한다. 치료에 성공한 재순이 퇴원하는 날, 오빠를 비롯한 가족들, 한영기와 재회한다. '동성애'라는 '병'은 치료되고, 정상으로 돌아온 것이다. 영화는 여성 동성애를 히스테리와 발작·광기와 연결시키며, 유능한 의사를 통해서 치료할 수 있다고 설명한다. 유능한 오빠의 세계에서 여동생은 이성애자로 돌아올 수 있는 것이다.

유능한 오빠의 등장은 1950년대가 훼손된 남성성의 시대였다는 점에서 의미심장하다. 계속된 전쟁과 이데올로기 갈등은 헤게모니적 남성성을 훼손시켰다. 소년이나 청년들이 생계를 위해 여장을 하고 여급이 되는 것은 생존이 위협받는 상황에서 전통적 남성성을 지키는 것이 중요치 않았음을 보여준다. 그러나 〈질투〉는 다르다. 〈질투〉의 최재수는 성공한 사업가이자 자애로운 오빠, 다정한 남편으로 등장한다. 최재순에게 청혼하는 한영기 역시 자신감으로 가득 차 있다. 이는 가부장을 중심으로 한 이성애 정상성이 강화될 것임을 암시한다. 소설과 영화 등에서 S언니가 점차 사라져 등장하지 않는 것은 물론이다.

2장

해방기 여성독본과
여성해방의 거리

부인운동의 본질은 부인이 노예적 지위에서의 해방에 있다. 이것은 두 가지 조건이 성숙하여야만 비로소 성립할 수 있으니 ① 부인의 그 지위에 대한 자각, 즉 부인이 자기들의 현재 지위가 매우 고통스럽다는 것을 자각하여야 된다. ② 자유, 평등의 자각. 부인들이 자기의 지위 환경이 불행하고 고통스러운 것을 인식하는 것만으로는 부인운동은 성립되지 못한다. 부인의 지위가 불행하고 고통스러울 뿐 아니라 그것이 불합리하고 불공평하다는 것을 자각함에 이르러 비로소 부인운동은 발생한다. 이 불합리하고 불공평하다는 것에 사상적 근거를 제공한 것이 '자유', '평등'이다.

— 최화성, 『조선여성독본』, 백우사, 1949, 17쪽.

여성 교육에 대한 열망

'여성을 위한 읽을거리'를 의미하는 여성독본은 근대 초기부터 교육 목적으로 등장했다. 모범이 되는 말과 글을 편찬자의 의도에 따라 묶은 근대적 텍스트라는 독본의 정의처럼, 여성들이 알아야 할 내용이나 사상 등을 포함한 교과서 성격의 책을 여성독본이라 불렀다.[2] 남녀평등권이 보급되고 남녀가 평등한 권리를 가졌으며 여성 역시 교육받고 일할 권리가 있다는 담론이 등장하면서 여성의 교육권 문제가 부상한 것이다.[3] 그러나 이러한 평등권에 대한 문제의식이 곧바로 여성 교육으로 이어지지는 못했다. 성평등을 주장하는 여성들이 늘어났음에도 여성 교육에는 비판적인 시선을 보내는 사람들이 많았기 때문이다. 이에 여성 교육이 필요하다고 설득하기 위해 어머니-국민으로서의 여성론을 주장했다. 초기 여성독본은 어머니로서의 여성, 국민으로서의 여성에 초점을 맞췄다. 출산과 육아 등에 관한 근대적 지식을 전달하는 내용도 다수였다. 잔다르크를 서사화한 『애국부인전』을 통해 여성-국민을 상상했던 장지연은 1908년 『여자독본』을 통해 "여자는 나라 백성된 자의 어머니 될 사람이라. 여자의 교육이 발달된 후에 그 자녀로 하여금 착한 사람이 되게 할 수 있다. 그런 고로 가르침이 곧 가정교육을 발달시켜 국민의 지식을 인도하는 모범이 된다"고 시작하였다.[4] 여성 교육의 필요성을 자녀를 가르치는 어머니 역할에 둔 것이다. 게다가 좋은 어머니로 제시된 사례는 모두 아들의 어머니였다. 새롭게 탄생하는 국민을 남성으로 호명하고 여성을 비가시화 하는 방식이다.[5] 노병선의 「여자소학수신서」(1909) 1권은 '얌전'으로 시작한다. 여성은 남성과 다르기 때문에 "마땅히 얌전하고 씩씩하며 단정하게 해야 한다." 이후에는 용모를 단정하게 할 것을 당부함으로써 여성에게 우선적으로 요구되는 가치가 외모임을 보여준다.[6] 새로운 여성은 국민국가론과 현모양처론에 기대 바람직한 국민을 키우는 어머니로 굴절되었다.

독본 시리즈는 해방 이후 다시 쏟아진다. 해방기 출판의 특징으로 독본의 '귀환'을 꼽을 만큼, 해방 이후 독본, 개론서, 문장론 등 교육용 책이 증가하였다.[7] 여성독본 역시 마찬가지였다. 임신과 출산, 성교육, 위생 등을 다루는 여성독본이 여러 권 출판되었다.[8] 이만규의 『새 시대 가정여성훈』은 이들 독본 중 상당히 빠른 시기인 1946년 1월 발간되었다. 식민지 시기 이미 출판된 적이 있던 『가정독본』 역시 1946년 10월 재출간된다.[9] 『가정독본』이 재출간되는 것은 해방 후에도 여성교육의 내용은 크게 변하지 않았다는 점을 보여준다.

가정독본이라는 혼종적 근대:
『가정독본』과 『새 시대 가정여성훈』

해방기 여성독본 중 우선 눈에 띄는 것은 교육자 이만규가 펼쳐낸 『가정독본』(영창서관, 1946)과 『새 시대 가정여성훈』(을유문화사, 1946)이다. 이만규(1889~1978)는 일제강점기 민족의식을 강조한 교육자이자 흥업구락부와 조선어학회 등에 참여한 민족 지도자였다.[10] 『조선교육사』를 집필한 교육자 이만규는 여성 교육에도 관심이 많아서 두 권의 여성독본을 발표한다. 딸인 이철경의 회고에 따르면, 이만규는 두 돌이 지나자 천자문을, 뒤이어 한글을 가르쳤다. 이후 국한문 성경 읽

『새 시대 가정여성훈』

는 법을 배워 저녁마다 성경을 읽는 시험을 치를 만큼, 자식들의 교육에 열성적이었다. 식민지 시기 조선인들에게 가장 중요한 것은 민족의 식이라며 한글 교육을 강조하였고, 경성공립여자고등보통학교(현 경기여고)를 다니는 딸 철경이 일본식 교육을 받는 것을 우려하여 자신이 재직하고 있던 배화고보로 전학을 시켰다.[11] 그는 1939년 『동아일보』에 연재한 『가정독본』을 1941년 영창서관에서 단행본으로 출판한다. 이 책은 1946년 10월 재출간된다. 그보다 앞서 1946년 1월 출간된 『새 시대 가정여성훈』은 팸플릿 형식의 책으로, 새 나라의 여성이 지켜야 할 사항들을 정리해놓았다. 이만규가 내용을 짓고 서예가인 딸 이각경이 글자를 쓴 『새 시대 가정여성훈』은 해방기 여성들에 대한 가르침을 한글 궁서체로 적은 책이다. 여성수신서의 편제와 유사하게 부모에 대한 도리, 부부 간 행위규범, 며느리의 행위규범, 시댁에서의 행위규범 등을 포함하고 있다. '시어머니의 길, 며느리의 길, 안해의 길, 딸의 길, 시누이의 길, 어버이의 길, 주부의 길, 문화적 여성의 길'의 8장으로 이루어진 책의 기본 방향은 『여성독본』과 크게 다르지 않다. 근대적 인간관을 바탕으로 여성이 독립된 인격임을 강조하지만, 동시에 가정 내 여성에 초점을 맞추고 있다.

『가정독본』(1941)과 『새시대 가정여성훈』(1946) 목차

『가정독본』 목차	『새 시대 가정여성훈』 목차
머리말	시어머니의 길
어버이와 자식	며느리의 길
시어머니와 며느리	안해의 길
딸의 가치	딸의 길
여성의 미	시누이의 길
여성과 가정	어버이의 길
신랑 신부에게	주부의 길
보다 나은 결혼	문화적 여성의 길
가정 화락의 법칙	
자녀교육의 비결	
여자교육의 중요성	
이성	
축첩론	
가례	
가정을 다시 인식하자	

여성 역시 국민이라는 점을 강조하기는 하지만, 가정 밖 여성을 상상하지 못하는 것이다.

이만규는 가정 내 존재로서의 여성에 초점을 맞추면서 그 안에서 근대성을 획득하려고 한다. 그에 따르면, 가정은 가족 구성원 각자가 주체가 되어 자신의 권리와 의무를 지키는 민주적인 공간이다. 이러한 이만규의 관점은 효를 해석하는 방식에서도 드러난다. 이만규는 효를 강조하는 한국의 가정 분위기가 잘못되었다고 이야기하면서, 자식은 부모의 소유가 아니기 때문에 자식들의 개성을 존중해야 한다고 강조한다. 고부 갈등에 대해서도 며느리는 노예가 아니라는 점을 강조하면서 결혼한 자식은 분가를 시켜 살게 해야 한다고 권한다. 이만규는 자식이 한 집안의 보배나 노리개가 아니라 나라의 '공민'이라는 점을 강조한다. 사회인으로, 나라의 국민으로 훌륭한 일꾼이 되는 것을 먼저 생각하라는 것이다. 자식을 독립된 개체로 보는 입장이기 때문에 고부 갈등에는 시어머니의 책임이 더 크며, 아들에게 바라는 효성을 며느리에게 지우려 드는 데서 마찰이 생긴다고 지적한다. "무리한 노역과 까다로운 예절을 시키지 아니하며"[12]라고 설명하는 부분에서는 조선의 가족 구조가 며느리를 노예로 보고 있다는 점을 비판한다. 이를 해결하기 위해 그는 시어머니가 며느리에게 먼저 은애를 베풀기를 제안한다. "며느리는 아들의 안해요, 시부모의 자식이 아니다. 자식을 낳고 기르고 가르치는 데서, 부모의 은애가 생기고 자식의 효심이 솟아나는 것이다. 그런데, 며느리에게는 이러한 은애를 베푼 일이 없었으니 까닭 없는 효심이 있을 수 없는 것이다"[13]로 시작하는 '시어머니의 길'은 며느리의 인격과 권리를 보장해야 한다고 주장한다. 며느리의 효도 역시 당위적인 차원에서 요구되지 않는다. 절친한 친구의 친구를 정답게 대접해야 하는 것처럼 사랑하는 남편의 어머니에 대해서도 "남편의 마음을 기쁘게 하기 위하여, 남편의 수고를 돕기 위하여, 시어머니를 사랑하고 존경하여야 할 것이며" 노인의 생애를 평화하고 편안하게 보내도록 힘쓰는 것이 인간으로서 좋은 도덕이라고 지적한다. 경우에 따라서 시부모가 하는 말이 옳지 않으면 사리를 따져 거절할 수도 있고, 믿고 사랑하는 동시에 "만만히 보지 못하도록 힘쓰는 것"[14]을 설파하는 점을 보면, 며느리 역시 시어머니의 말을 무조건 따르는 것이 아니라 논리적으로 설득하는 과정을 거쳐야 한다는 점을 보여준다. 부부 중심의 가족을 상상한다는 점에서 '스위트홈'을 주장했다고도 할 수 있다.

여성의 역할을 가정 안으로 제한하는 대신, 그는 가정 내 여성에게 많은 권한을 부여한다. "가정 경제문제는 물론이고 가정 도덕문제까지도 주부가 주장할 힘을 가져야 한다"며 일부일처제를 수호하고 축첩을 단호히 반대한다. 이만규는 남성과 여성이 1대1의 독점적 애정관계를 맺는 가족 구도를 이상적인 것으로 생각하면서, 가족의 중심을 남성과 여성, 특히 여성의 가정 운영에 놓았다는 점에서는 근대적인 가족 양식을 모색하였다. "백년을 함께 늙을 부부", "우수한 자녀를 얻는 부부", "건강 무병한 부부", "기질, 성격, 연령이 조화되는 부부", "가족제도에 조화되는 부부", "생활문제를 해결할 부부" 등 낭만적 사랑을 완성하는 가족이라는 근대적 이상을 보여준다. 결혼을 통한 재생산을 "신성한 사실"로 명명하면서, "결혼은 사랑의 계약이니 이 계약을 이행키 위하여 정신이 충실하여야 한다", "결혼은 성적 생활을 서로 공급하는 것이니 상대편을 위하여 정조를 서로 엄하게 지켜야 할 것이다"[15] 등 사랑을 바탕으로 성실하게 지켜야 하는 계약으로서의 결혼을 강조하기도 한다.

그는 가정을 "부부, 친자, 또는 형제 조손이 단란하게 모이어 된 조그만 단체"[16]라고 규정하며, 확대가족의 가정 형태는 그대로 두되 가족 구성원들이 노력하여 보다 평등하고 진보적인 가족을 만들어가야 한다는 점을 강조한다. 부부는 부모와 자식 사이보다 가깝고 형과 아우 사이보다 정답다는 것처럼, 인륜의 시작이자 가족의 기초라고 명명된다. "서로 의무를 충실히 하고 권리를 인정"하고 "인격을 존중하여야 한다."[17] 때문에 아내는 남편의 잘못을 바로잡아야 한다. 첩을 두거나 도박을 하고 술을 마시는 남편과 싸워 못하게 하고, 비국민 행위를 하는 남편은 정성과 용기를 가지고 바로잡을 것을 강조한다. 축첩이나 술, 도박 등에 대한 비판은 해방 이전과 동일하지만, 비국민 행위에 대한 계도가 추가되었다. 새롭게 수립된 민족국가의 국민으로서 남편을 바른 길로 이끄는 것까지 여성이 해야 할 일로 제시된 것이다. "주부는 가정의 왕이 되어야 한다"[18]는 말을 통해서는 경제, 도덕까지 주부가 주도권을 가져야 한다며 주부의 이상과 실행력을 강조한다. 이는 우량한 인구의 재생산이라는 목표와 연결된다. 우수한 자녀를 출산하고 이를 잘 기르기 위해서 여성의 교육이 필요하다.[19] 주부의 학식은 높고 넓을수록 좋으며, 명모와 명처는 "두뇌가 명석하고 고집이 있고 과감한 용기가 있고 가정 처리를 자주장하려는 야심이 있고 어느 정도까지 자기 이상을 발휘"하는 사람이다.

그러나 부부 중심의 가족 관계를 강조한 이만규도 자유연애나 자유결혼은 인정하지 않는다. 학교에 다니는 딸들에게 편지를 보내거나 연애를 시도하는 남성 청년들을 단속하고 자신이 직접 딸들의 혼처를 알아보는 등 부모를 매개로 한 결혼을 추진한다. 결혼을 진행하는 주체는 이만규인 것이다. 다만 부모에 의해 전적으로 결정되는 조혼이 아니라 고등교육을 마친 딸들의 혼처를 자신이 알아보는 방식이다. 물론 딸이 해당 남성이 마음에 들지 않는다거나 문제가 있다고 말하는 경우, 이를 받아들였다. 자유연애나 자유결혼에는 찬성하지 않지만, 당사자의 의사를 완전히 무시하지는 않는 과도기적 형태다. 이를 종합해 보면, 이만규는 여성의 교육권은 인정하지만, 성적 주체로서의 권리는 인정하지 않는다고 할 수 있다. 이는 이만규가 '신여성'과 교육받은 여성을 분리하는 방식을 통해서도 확인할 수 있다. 그는 자유연애와 '붉은 연애'와 같은 성적 해방에 대해서 비난하면서 여성의 외모나 생활 태도, 소비 방식 등을 거론하고 교육받은 여성들은 신여성들의 이러한 행태를 닮아선 안 된다고 가르친다.

이만규가 여성을 인권을 가진 주체로 보고 있으며, 가정 내 여성의 권리를 증진 시키는 데 관심이 높았던 것은 분명하다. 그러나 그는 가정 밖 여성을 상상할 수 없다는 한계를 남겼다. 여성의 임신과 출산 등을 '천직'이라고 보고, "그 가치를 낼 수 있는 여자인 것을 자랑스럽게 생각해야 한다"고 말한다.[20] 『새 시대 가정여성훈』은 마지막 장에서 '문화적 여성의 길'이라고 해서 여성 국민의 나아갈 방향을 제시한다. '자녀 교육을 잘하라, 예술의 감상력을 가져라, 미신에서 해방되어라, 습관에서 해방되어라' 등은 자녀 교육이나 미신 타파, 생활양식의 간소화 등 식민지 시기 이전부터 강조하던 부분이다. 음력과 육십환갑을 폐지하고 제사법을 고치고 관혼상례를 간단히 하고 내외법을 폐하여 복잡하고 불편하고 시간 걸리는 생활양식을 없애라는 것 역시 이만규가 일제 말부터 강조하던 내용이다. 여기에 해방 이후 사회적, 정치적 지식이 추가된다. 전기, 수도 등 과학적 지식을 가져야 하고, 시장, 금융기관, 교통기관, 각 관청을 이용할 줄 알아야 하며, 국산품 애용으로 국가의 부를 돕는 애국적 살림을 하는 것이 강조된다. 국민으로서 여성이 해야 할 일을 강조하고 나선 것이다. 이는 문화적 여성이 되기 위해 정치에도 관심을 가질 것을 당부하는 데로 이어진다. 민주주의의 정의와 국민의 자격 의무 권리를 알고, 여성의 해방 문제와 각 나라 여성의 사회적 지위와 약소민족 여성들의 해방 활동과 그 발전을 참고하고, 국제적 관계와 약소민족의 동향과 민족 정책 등에도 관심을 가져야 한다. 경우에 따라서는 행동도 하여야 한다는 것은 여성들도 정치 사회 현실에 관심을 가져야 한다는 주장으로 이어진다.[21] 이는 해방 이후 달라진 민족국가의 위상과 국민의 역할을 고민하여 나온 것들이다.

가정독본과 여성해방운동의 낙차:
최화성, 『조선여성독본(여성해방운동사)』

사회적, 정치적 지식과 행동을 강조하는 이만규의 『새 시대 가정여성훈』에서 빠져 있는 것은 노동자로서의 여성이다. 그는 여성을 노동하지 않는 존재로 인식하면서 "고운 손 빛난 옷을 자랑 말고, 못 박힌 손 땀 밴 옷을 안 가진 것을 부끄럽게 여겨라. 온 정신과 몸이 저 노동하는 대중 속으로 들어가 그들의 친한 동무가 되어라"[22]라고 가르친다. 이는 여성은 노동하지 않고 소비만 하는 존재로 보는 전형적인 시각이다. 이만규 자신이 설명한 여성이 가정 내 존재였는데, 마지막에 갑작스레 '대중의 친구'가 되라고 요구하는 것이다. 대중의 친구가 아니라 대중/민중으로서의 여성을 주장하는 『조선여성독본(여성해방운동사)』

(백우사, 1949)은 사회주의자의 입장에서 여성해방의 필요성을 역설한다. 부부, 결혼, 가정, 위생, 영양, 보육 등을 강조하던 당대의 여성독본과 달리 여성해방을 정의하고, 이를 위한 사회적 역할을 진단하는 책이다.

『조선여성독본』

『조선여성독본』의 저자 최화성에 대해서는 알려진 사항이 많지 않다. 다만 어머니 박승호가 독립촉성애국부인회의 위원장, 남조선과도 입법의원의 여성의원 4인 중 1인이었다는 점, 아버지 최승만은 기독교 민족운동가이자 교육자로 이름을 알린 인물이라는 점 등이 특징적이다. 박승호와 최승만 모두 해방기 당시 우파 인사였지만 박승호와 최화성 등은 월북한다. 최승만은 자신의 회고록에서 딸들이 사위와 함께 월북했다고 설명한다.[23] 그러나 그 사위는 최승만이 회고록에서 밝히고 있는 것처럼 자신이 선택해서 중매한 사람이다. 그는 성결교회 최석모 목사의 아들 최희범과 장녀 화성을 중매한다. 물론 이러한 진술은 반공 이데올로기하 남한의 정치적, 사회적 상황을 감안해서 읽어야 한다. 딸의 이념을 긍정하는 것은 정치적 위험을 초래할 수 있었기 때문이다. 최화성의 월북 이후 행적에 대해서는 알려진 바가 없으나 해방기 최화성의 『조선여성독본』을 통해 그의 사상적 경향을 확인할 수 있다.

"조선의 해방은 동시에 조선여성들의 잠을 깨우게 하는 우렁찬 종소리"라고 명명하는 최화성은 조선 해방과 여성해방을 등치시키면서 조선의 부인운동을 논한다. 이는 기존의 여성독본이 가족 내 여성의 위치를 강조하여 여성해방을 제대로 다루지 못했다는 문제의식 때문이다. 특히 근대사회와 더불어 서양 문명이나 사상이 전 세계에 영향을 미치게 되었으며, 조선의 부인운동 역시 조선이 세계 생활권에 참가한 이후에 발생한 근대적 운동이기 때문에 전 세계의 부인운동의 일부분으로 명명한다. 이에 따라 『조선여성독본』의 1부는 조선의 여성운동이고, 2부는 서양의 여성운동으로 여성운동사를 개괄하는 것에서 출발한다. 엘렌 케이를 비롯한 서구의 여성론이 자유연애, 모성론 등

『조선여성독본』 목차

에 초점화되어 있다고 비판한 뒤 엥겔스와 베벨, 콜론타이를 통해 사회주의 여성해방론을 설파한다.

최화성은 부인운동의 정의를 책의 서두에 놓음으로써 여타 여성독본과의 차별을 꾀한다. 부인운동의 본질은 예속적 지위로부터의 해방에 있으며, 부인이 자신의 지위를 자각하고, 자유와 평등을 획득하는 것이다. 여성이 사회에 진출해서 일한다고 해도 여성의 육체를 손상시키는 결과를 낳고, 참정권을 보장받더라도 사회적 사실이 결부되지 않는 한 공허하며, 빈부의 차 없이 누구나 경제적 여유가 있고 생활이 간편화되어야 정치 활동이 가능하다고 지적한다. 사회관계의 변화에 따라 지위가 변화할 뿐 아니라 당면의 과제로서 여성의 완전 해방을 위해서도 여성을 사회적 존재로 규정해야 한다. 따라서 여성해방을 위해서는 일부가 생산수단이나 생활수단을 독점하는 사회체제를 개혁해야 한다. 이는 해방기 여타 여성독본이 가정독본이었던 것과 차이를 드러낸다. 최화성은 살림, 산아, 육아라는 여성의 독자적인 기능을 합리화하여 여성의 부담을 경감시키고 여성을 예술적 방면이나 경공업에 배치할 수 있다고 제안한다.[24]

사회주의자에 대한 고정관념과 달리 최화성은 기독교 문화의 영향력을 긍정적으로 언급하고 있다. 최화성은 여성을 가정 내 존재로 규정한 조선의 유교 문화로 인해 여성은 내방에 갇혀 인격을 인정받지 못하고 자식을 낳기 위한 도구이자 살림하는 종복일 뿐이었다고 진단한다. 이러한 상황이 변화한 것은 강화도조약 이후 서구 근대의 영향이다. 조선 사회가 동요하자 조선 여성들도 깨어나기 시작하였다는 것이다. 최화성은 기독교 여성운동의 영향력을 강조하면서, 기독교가 여성들에게 해방적 역할을 하였음을 설명한다. 사회주의자가 기독교의 존재를 직접 거론하면서 그 영향력을 강조하는 것은 드물다. 최화성은 지식을 가진 여성들이 기독교를 통해 교회에 가서 사회사업에 헌신하였다는 점에 주목한다. 교회는 여자의 집합소이며 여자들이 부엌에서 벗어나 웃고 이야기하며 하루를 보낼 수 있는 공간이다. 여성들은 찬송가, 성경을 통해 글을 배웠으며, 교회에 부속된 교육 시설을 통해 교육기관에 들어가 새 지식을 얻고 새 사상을 길렀다. 이들 선각자는 조선 여성 전체의 사회적 지위 향상을 꿈꾸며 그의 모체인 조선 민족의 해방까지 의도하였다. 이처럼 기독교가 여성해방에 미친 영향력을 강조한 것은 최화성 자신이 전도부인의 딸이자 기독교 가정의 여성 지식인으로 자라났기 때문이다.[25] 최화성은 여성동맹회, 애국부인회와 같이 직접 독립운동을 꾀한 여성들의 '순교자적·희생적 행위'를 높이 샀으며, 3.1 운동 이후 교육 사업과 근우회의 탄생 등에 주목하였다. 특히 YWCA의 경우, 부인해방이라고 간판을 내건 것은 아니지만, 부인개호운동을 하여 여성해방운동의 기초 공작을 하였다고 평가한다. 물론 사회주의와 무정부주의의 사상이 들어와 부인운동에 있어서도 여권론, 여성론, 사회주의 부인론 등이 조선에 알려진 것도 잊지 않는다.

최화성은 세계부인해방론을 논하면서 여권을 인권과 시민권의 결합으로 설명한다. 미국, 영국, 프랑스의 여성운동을 참정권 중심으로 소개한 것도 이 때문이다. 여성의 노동이 국가적 차원에서 엄중한 사실이며 여성의 이익을 보호하기 위하여서도 정치에 참여해야 한다고도 주장한다. 그러나 최화성이 보기에 이러한 참정권 운동은 자본주의의 이후 달라진 정치사회적 문제를 제대로 다루지 못한다. 정당정치는 출신 계급의 이익을 대변하는 방식으로 움직였고, 선거권과 피선거권이 주어지더라도 재산을 가진 부르주아 여성들만이 나설 수 있고, 교육받을 권리를 통해 학원을 개방하더라도 부르주아 여성만이 다닐 수 있다. 자본가 계급은 여성이 육체적 노동에 진출하는 것은 찬성하지만 정신적 노동에 진출하는 것은 반대한다. 이런 측면에서 여성의 교육권은 노동권과도 연결되는 문제다. 최화성은 노동할 권리에서 직접 파생된 것이 교육권이라고 주장한다. 여성의 교육권을 어머니 될 자격에서 찾았던 것에서 진일보한 지점이다. 여성이 남성에 비해 일하기 어려운 것은 직업적 훈련이 부족하기 때문이다. 여성이 남성에게 예속된 것은 경제적이고 사회적인 문제이며, 이 종속 관계를 벗어나기 위해서 여성의 개인적 경제 독립이 필요하다는 최화성의 주장은 여성 사회주의자의 면모를 보여준다.

해방기 사회주의자들은 소련을 모델로 삼고, 여성해방의 가능성을 진단한다. 북한에서 나온 여성독본류의 책에서는 소련 여성들이 세계대전에 군인으로 참전하거나 사회주의혁명을 위해 노력한 점을 강조하여 서술하면서, 조선 여성들도 직접 싸움에 나서야 한다고 독려한다.[26] 최화성 역시 전체 서술 기조에서는 이러한 경향을 보이지만, 소련 여성은 여성해방을 위해 단독 행동을 하지 않고 진보적 남성과 결탁하여 사회체제 개혁에 활동의 중점을 두었다는 점을 강조한다. 즉 여성들끼리만 여성해방을 위해 싸우는 것이 아니라 여성과 남성이 함께 싸워야 한다고 주장하는 것이다. 동시에 최화성은 '붉은 연애'를 비판적으로 접근한다. 그는 사회주의 여성해방론이 자유로운 연애와 동거, 이혼 등을 여성의 성적 권리로 보는 입장에 대해 우려하면서, 남녀의 방종에 가까운 동거 생활은 사회에 혼란을 가져오고 아이들에게도 영향을 미친다며 받아들일 수 없다고 주장한다. 일부일처제가 여성을 남성에게 경제적으로 예속시키는 제도라는 점에서 배격해야 한다는 주장에 대해 일부일처제의 해악이 여성의 가내노예화라면, 공산주의 사회에서는 사유재산제가 없기 때문에 생산수단의 독점도 없고, 부부관계에서도 필연적으로 지배-피지배 관계가 소멸된다고 반박한다.

이처럼 최화성의 『조선여성독본』은 여성해방을 위해 어떤 지식이 필요한가를 중심으로 독본을 구성한다. 여성해방운동사를 부제로 놓고 '여성독본'을 제목으로 한 것은 이 책의 내용이 조선여성들이 교과서처럼 읽어야 할 내용이라는 의미다. 해방기 여성독본이 여성의 몸이나 출산, 가정 살림 등에 초점이 맞춰져 있었다면, 최화성은 여성해방운동사의 관점에서 독본을 서술한다. 이것이 같은 사회주의자면서 기독교인인 이만규와의 차이점이라고 할 수 있다. 이만규는 새로운 국가의 체제를 여운형과 함께 상상한 사회주의자임에도 불구하고, 그의 여성독본에는 어머니, 아내, 딸로서 가정에 관한 내용이 중심을 이룬다. 어머니로서 자녀 교육을 위해, 가정의 경영을 위해서 여성이 교육받아야 한다고 주장한다. 최화성이 여성의 해방을 주장하는 것과 대조적이다. 물론 이러한 낙차는 세대와 성별의 차이로 인한 것이기도 하다.

3장

1950년대 여성잡지
『주부생활』과
'가장 여류다운 여류'

다음 달부터는 우리 주부님들의 청춘을 불러 이르킬 '후렛쉬'한 소설을 연재키로 되었습니다. 문단의 중진이신 여류작가 최정희 여사의 소설입니다.

— 「편집을 마치고」, 『주부생활』, 1957년 8월, 200쪽.

1950년대 여성잡지 시장과 여성문학

1950년대는 한글 해독자 비율이 1945년 22%, 1946년 41%, 1948년 70%로 급격하게 높아져 독서 인구가 폭발적으로 증가했고, 신문과 더불어 잡지 저널리즘이 사회문화적 영향력을 갖는 시기였다. 1950년 대 한국문학의 가장 큰 특징은 문단의 재정비와 각종 문학상, 문학 전집과 현상 문예 등을 통해 순수문학이 정전화되었다는 점이다.[1] 특히 문단 권력의 문제가 중요하게 작동한다. 모윤숙과 조연현의 주도로 시작된 『문예』(1949.8~1954.3, 통권 21호)나 그 후신으로 한국 문예지 사상 가장 긴 역사를 자랑하는 『현대문학』(1955년 1월~현재)은 한국 순수문학을 대표하는 매체이다. 그러나 순수문학의 제도화를 논하는 것만으로는 1950년대 문학의 부감을 제대로 살릴 수 없다. 1950년대 작가들은 다양한 매체를 통해 텍스트를 생산하며 매체를 주도하고 있었기 때문이다. 전시(戰時) 창간된 『희망』, 『신태양』, 『학원』의 상업적 성공은 전체 출판 시장을 재편할 만큼 강력한 것이었고, 신문과 잡지는 문학 중심의 편집을 통해 상업성을 담보하고자 하였다.[2] 장편 연재 비중이 95%로 증가하였으며 이로 인해 연재소설의 통속성이 강화되어 문단의 상업성과 문학성에 대한 상호배제적 인식이 극단화되기에 이른다.[3] 이는 순수와 통속이 담론적으로는 구분된 반면, 작가군은 미분화된 상태였음을 보여준다. 염상섭이 신문 연재소설을 쓰거나 최정희가 『주부생활』의 주간으로 부임하는 등 당시 작가들은 각종 매체를 넘나들며 활동했다. 매체의 필진이 겹치는 경우는 다반사였고 한 작가가 동시에 여러 작품을 연재하기도 하였다. 『문예』나 『사상계』에 글을 쓰는 최정희, 강신재와 『여원』, 『신태양』, 『주부생활』의 최정희, 강신재는 동일 인물이다. 이에 대한 세밀한 독해 없이 『문예』와 『사상계』에 실린 소설은 순수문학이고, 『신태양』, 『주부생활』에 실린 소설은 순수문학이 아니라고 단정하는 것은 결국 문단의 젠더화로 이어진다. 남성 작가들의 문예지를 중심으로 한 순문학과 여성 작가들의 장편 연재소설이라는 구분이다.

여성 작가들은 다양한 여성잡지에서 활발하게 활동했다. 1950년대 발간된 여성잡지로는 『여성계』(1952), 『가정』(1953)[4], 『새가정』(1954)[5], 『여원』(1955), 『주부생활』(1957) 등이 있다. 이 중 『가정』은 학회지였고,

『주부생활』 1958년 1월호(왼쪽)와 『여성계』 1957년 4월호(오른쪽, 표지 모델은 『여성계』 발행인 임영신).

『새가정』은 기독교인을 대상으로 한 것이었기 때문에, 대중을 상대로 한 여성잡지로는 『여성계』, 『여원』, 『주부생활』 등을 꼽을 수 있다. 『여원』은 『사상계』와 더불어 여대생들이 가장 많이 읽는 잡지로 꼽힐 만큼, 전후 여성 매체를 대표하는 잡지이다. 여성문학 연구자들은 『여원』을 다각도에서 조명함으로써 전후 문학의 장을 밝히고, 전문화된 여성 교양의 가능성을 논구하였다.[6] 1955년부터 1970년까지 발행된 『여원』에 비해 『여성계』와 『주부생활』은 발행 기간이 짧고, 『여성계』의 경우 분실된 권호가 많아 관련 논의가 부족한 실정이다. 『주부생활』은 『여성생활』로 제호를 변경하여 1960년 6월호(통권 41호)까지 발행되었고, 실제 잡지도 누락 없이 남아 있어 1950년대 여성잡지에 대한 상을 추측해보는 데 도움이 된다. 또한 여성 작가들이 편집주간을 맡았다는 데 특색이 있다.

『주부생활』과 편집주간 최정희

발행인 최상길, 주간 윤금숙[7]으로 창간한 잡지 『주부생활』은 1957년 1월호를 창간호로 하여 1960년 6월호를 끝으로 종간된다. 주간은 윤금숙(1957), 최정희(1958), 신송자(1960) 등으로 바뀌었고, 중간에 발행인만 있는 경우도 있었다. 1950년대 활발한 활동을 벌이고 있던 최정희는 잡지 『주부생활』에서 1958년 1월호부터 1959년 1월호까지 1년간 주간을 맡아 재직하였다.[8] 주부생활사의 사장 최상길은 "가정주부에게 참다운 벗이 되며 지혜의 보물이 될 만한 것이 하나도 없다는 데 의분심을 느끼게" 된 것이 발행 동기라고 밝히고 있다.[9] "책을 만들고 있는 것이 아니라, 국민 대중의 실생활상을 어루만지고 또닥거리고 있다"는 기분으로 "나날이 더해가는 생활고에 대비하여 우리 주부님네들이 알고 있어야 할 상식 등을 중요시했는가 하면, 어머니만이 느낄 수 있는 생활 미담도 가벼이 하지는 않았"다고 편집후기를 남긴다. 즉 실용적인 지식과 여성들의 수기, 부부생활 등을 중심으로 대상 독자인 주부들에게 필요한 정보를 전달하고, 계몽하는 역할을 자임한 것이다. 이는 가격을 낮추는 전략을 통해 가정주부들의 읽을거리를 만들겠다는 목표를 달성하는 것으로 이어진다.[10]

『주부생활』특집 및 논단

출간년월	특집 및 논단	관련 기사
57. 1	주부생활과 애정	미국의 민주가정(김창집) 부부간의 애정과 질투(정충량) 등
	가장론(박종화)	
57. 2	오늘도 새벽별을 가슴에 안고	납북 인사 부인들의 수기
	주부론: 당당한 부가장이 되자(염상섭)	
57. 3	부부싸움의 생태	아내가 남편을 꾀있게 조종(조현경) 주부의 허영심은 가정 불화를(김영림) 등
	자식론(김광섭)	
57. 4	남편을 다루는 비결	의처증이 심한 남편을 다루는 법(이태영) 오입쟁이 남편을 다루는 법(김현실) 때리는 남편을 다루는 법(김소희) 등
	주부참정론(박현숙)	
57. 5	세계각국의 식생활공개	미국, 불란서, 북구, 동남아의 식생활
	재혼론: 전쟁미망인을 중심으로(박순천)	
57. 6	결혼생활은 모두 행복한가	내 생활 내 가정(마해송) 춘향의 절개로 기다릴 뿐(김미림) 등
	결혼론(최석주)	
57. 7	고민하는 한국의 가족제도	시어머니에게 보내는 공개장(정충량) 재혼한 주부의 입장(김일순) 등
	가정론(이정수)	
57. 8	양지 없는 그늘 밑의 첩생활	첩에 대한 몇가지 법률문제(윤정남) 일부일처주의의 내력(이태영) 첩을 둔 남성에 대한 한마디(황신덕) 등
	부부론(최이순)	

『주부생활』의 창간호는 '부부생활과 애정' 특집으로 고제경, 김창집, 정충량, 손소희가 참여하고 있으며 박종화, 임옥인, 김광림 등이 등장한다. 이후로도 특집은 주부와 관련된 이슈를 선택한다.

『주부생활』은 부부싸움이나 첩 문제, 가족법 개정과 관련된 문제 등 주부들의 삶과 직결되는 주제를 특집으로 다루고, 산아제한과 피임에 대한 이슈도 소개하고 있다. 필진으로 문인이나 언론인에 박순천 같은 여성 정치인도 포함했다. 이러한 경향은 『주부생활』이 종간되는 1960년까지 유지된다.

초기 『주부생활』은 실용적인 지식과 계몽의 의도를 담은 언설이 중심을 이루었다. 초점으로 삼은 것은 어머니로서의 정체성이다. 『주부생활』은 '어린이 페이지'를 따로 마련해서 강소천의 소년소설 「아침행진곡」을 연재하고, 어린이들을 위한 옛이야기를 수록하는 등 어린이들의 읽을거리를 따로 마련한다. 창간호인 1957년 1월호만 보더라도 어머니의 애정 수기(「내 아들은 매일매일 조금씩 죽어갔다」), 모성애 실화(「소아과의사 부인이 말하는 어머니의 모습」), 태교(「착한 아이를 낳으실려면」), 중국 작가 단려의 소설(「엄마」) 등 어머니로서의 정체성을 강조하는 모습을 보인다. 의사가 나서서 태교의 중요성을 설득하거나 모성애의 중요성을 강조하는 수기, 소설 등이 다양하게 참조되었다. 또한 아이들의 입시를 위한 모의시험 문제를 잡지의 부록(1957년 3월호)으로 제공하기도 했다. 이는 필진의 구성에서도 드러나는데, 강소천, 윤석중 등 아동 문학가들과 소아과 의사 등이 등장한다.

문예면은 『주부생활』에서 중점을 두고 편집하는 지면이었다. 윤금숙과 최정희가 주간을 잇달아 맡은 만큼, 창간호에서부터 박종화, 임옥인, 김광림 등의 에세이를 싣고, 다음 호에는 김송, 최정희 등이 연달아 등장하는 등 작가들이 중심에 등장했다. 각 호의 편집후기에는 다음 호에 실릴 소설을 예고하거나 선전하는 것도 잊지 않는다. 이는 『주부생활』이 문예면에 중심을 둔 종합교양지라는 사실을 보여준다. 문예, 의식주와 건강, 자녀 지도 등 어머니 역할, 현대적 부부생활, 연예인이나 영화에 대한 소개, 명사 칼럼, 독자 상담 등 다채로운 구성과 연구 논문, 취재 기사, 번역물, 설문 조사, 인터뷰 등 다양한 형식을 통해 대중적 문화 교양지이자 시사 잡지 역할을 동시에 수행한 것이다.[11]

『주부생활』의 문예면은 최정희가 주간이 되면서 다시 한번 업그레이드된다. 최정희가 『주부생활』에 처음으로 등장한 것은 1957년 2월호의 「억류인사 부인들의 단장의 서」를 통해서이다. 조만식 부인 전선애의 「기다림에 기약은 없어도」, 이광수 부인 허영숙의 「성탄절에 약혼식을」, 김동환 부인 최정희의 「언제나 만나리―장농 속에서 우는 그의 모자」 등 세 편의 에세이가 실린다. 여기서 최정희는 「난중일기에서」와 「탄금의 서」에서도 밝힌 바 있는 김동환의 꿈 에피소드를 소개하며, 집에 걸려 있는 모자를 통해 파인(김동환의 호)의 존재가 여전함을 과시한다.[12] 이광수, 김동환 등의 친일 협력 전과를 가진 문인들이 납북 인사로 명명되며 그 사회적 지위를 회복하고 있음을 보여준다.[13] 이와 같은 납북 인사들의 부인 수기나 전쟁미망인 수기는 『주부생활』에서 반복적으로 다루는 주제였다. 1959년 6월호에서도 「납북인사 부인들의 생활과 염원」이라는 좌담회를 개최하였고, 전쟁미망인의 편지를 모집했다. 최정희 역시 납북된 남편을 가진 미망인으로 등장하여 민족 수난사의 일원으로서의 정체성을 획득한다.

1958년 잡지 『주부생활』은 작가 최정희 선생을 '어머니' 격인 주간으로 모시게 되었다는 동정을 전한다.[14] 최정희는 해당 잡지에 1957년 9월부터 「너와 나의 청춘」을 연재하는 중이었다. 이후 그는 『주부생활』의 주간으로서 각종 좌담회에 참여하여 모성과 가정을 강조하고 남편의 사랑을 받기 위해서는 아내들이 교양을 쌓고 노력해야 한다는 언설을 반복한다(「새해와 주부들의 가정설계를 말한다」, 1958.1; 「보다 문화적 가정 생활을 위하여」, 1958.8; 「연애 결혼 재혼 문제를 생각한다」, 1958.10 등). 좌담회의 사회를 보고 소설을 연재하면서 주간 역할을 수행하는 것이다. 그뿐만 아니라 최정희가 주간이 됨으로써 특별 연재가 시작된다. 마해송의 「사랑하는 사람에게」, 조지훈의 「생활의 꽃밭」, 모윤숙의 「내 아내의 수기」, 박목월의 「여인의 서」 등이 연재되었다. 최정희와 함께 공군종군문인단이었던 마해송, 조지훈, 박목월은 문학과 일상생활에 관한 수필을 쓴다. 모윤숙은 최정희가 주간을 맡기 시작한 1958년 1월호에 「현대여성의 특질을 살리는 길」을 통해 등장하여 2월호부터 종간까지는 「내 아내의 수기」를 계속 연재한다. 조지훈, 박목월, 모윤숙의 등장은 『주부생활』 필진을 문예 중심으로 재편하여 잡지 전체의 분위기에도 영향을 미친다. 이후 김동리가 최정희의 부탁으로 「애정의 윤리」를, 박경리가 「재귀열」을 연재하는 등 『주부생활』의 소설란은 한국 문단의 굵직한 작가들로 채워지게 된다. 또한 『주부생활』은 소설과 시, 수필의 독자 투고도 받으며, 이를 엄선하여 추천평을 붙이는 등 문예란을 강화하였다. 그러나 이러한 변화는 제호의 변경과 더불어 축소된다. 1959년『주부생활』은 "보다 넓은 독자층을 대상으로 하기 위하여"『여성생활』이라는 이름으로 개편된다. 이 개편은『주부생활』의 편제에도 영향을 미쳐서, 최정희가 주간이던 시절 축소되었던 살림법과 요리법 등의 실생활 관련 정보란이 강화되는 것으로 이어졌다.

여성 주인공의 연애와 주부들의 욕망

'가장 여류다운 여류 작가' 최정희와『주부생활』의 관계를 이야기할 때 빠지지 않아야 할 것이 총 17회에 걸쳐 연재된 소설「너와 나와의 청춘」이다. 주부들에게 '후렛쉬한 청춘'을 느끼게 해줄 것이라는 이 소설은 기혼 여성인 이주애가 회사에서 만난 다른 남자에게 이끌리면서 발생하는 고민과 열정, 가정의 불화 등을 그린다. 아프레걸[15]이 아닌 현숙한 가정주부가 취직을 해서 일을 하다 새로운 세계에 눈뜬다는 설정은『자유부인』의 오선영을 연상시킨다. 오선영이 파리양행을 통해 연애할 자유를 획득한 것처럼, 이주애 역시 노동자가 되면서 다른 남성을 만난다. 이주애는 '아저씨'라고 부르던 독립운동가 이정기의 열렬한 구애 끝에 결혼한 지 두 달 만에 그에게 아내와 아이가 있다는 것을 알게 된다. 아이를 업고 찾아온 여인은 충격으로 죽고, 주애는 그대로 아이를 맡아 키우며 좋은 아내이자 헌신적인 어머니로 살아간다. 소설은 이주애가 일자리를 찾지 못하는 이정기 대신 출판사에 기자로 취직하면서 시작된다. 남편 이정기와 같은 '남성적 구두 소리'를 가진 배영은 출판사에서 능력을 인정받는 직원이자 상사와 사장에게도 자신의 의견을 당당하게 밝히는 지식인이다. 배영 역시 사장의 딸이자 아프레걸인 한영실이 아니라 이주애에게 깊은 관심을 보인다. 이 둘 사이의 성적 긴장은 이정기가 삼척 탄광촌으로 일하러 떠나고, 출판사가 여름휴가를 겸해 이동 편집실을 열면서 고조된다. 배영은 이주애에게 자신의 감정을 표현하지만, 이주애는 오히려 휴가지에서 배영에 대한 호감이 사라지는 것을 느낀다. 이주애에게 배영은 일상에 배치된 비일상적 로맨스로서 의미가 있었던 셈이다. 하지만 이들의 만남은 남편 이정기에게 전해지고 소설은 이주애가 자신이 낳은 아이와 함께 버려지는 것으로 끝난다.

소설의 등장인물은 아프레걸과 가정부인, 과거의 영웅과 미래의 지도자로 이분된다. 이주애가 매력적인 것은 현숙한 가정부인이기 때문이고, 배영이 매력적인 것은 앞으로의 시대를 이끌어나갈 지식인이기 때문이다. 이는 이주애의 남편 이정기와의 대비를 통해 드러난다. 과거 민족 지도자였던 이정기는 다른 사람의 도움으로 사업을 할 수 있기를 기다리기만 하는 무능력한 인물로 나온다. 반면 배영은 문화 사업을 통해 민족의 미래를 일구어나갈 지도자형 인물이다. 그는 시인 이석기의 죽음을 특집으로 삼을 만큼, 새로운 문화 창조에 관심을 기울인다. 소설은 이주애가 아내이자 어머니의 자리로 돌아갈 것을 결심하는 결론으로 이어지며, 청춘이 이미 한여름의 로맨스로 지나갔음을 보여준다. 여성 인물이 자신의 욕망을 인정하고 자립하는 과정을 그리는 방향으로 나아갈 듯이 보였으나, 여성의 욕망은 낭만적 연애에 대한 상상일 뿐, 현실에서는 아내, 어머니의 자리로 귀환한다. 그러나 독자들이 '후렛쉬한' 매력을 느꼈던 것은 가정으로의 복귀가 아니라 가정으로부터의 일탈이 주는 쾌락이었다. 어머니, 주부로서의 교양을 이야기하는 잡지에서 가정 내 규범으로부터 일탈하는 이야기를 읽음으로써 독서의 쾌락을 경험하는 것이다. 구조가 단순하고 클리셰가 많은 할리퀸 로맨스 소설의 독자를 분석한 래드웨이는 로맨스는 일상과 전혀 다른 삶을 살게 해주는 매개체라고 설명한다. 자신이 지금 읽고 있는 책이 비현실적이고 비일상적이라는 것은 알고 있지만, 일상에서 벗어나 가족들과 단절되어 즐길 수 있는 매우 개인적인 행위가 독서라는 것이다.[16] 그런 점에서 살피자면, 『주부생활』과 같은 잡지가 여성 교양을 표방하면서 통속적인 소설을 싣는 것은 자연스러운 일이다.

4장

명동다방의 여대생:
'여대생 소설'과 감정의 절대화

"내가 여경의 집으로 가겠어."

그러는 민수의 모습이 눈물 속에 흐려 보였다.

'나의 전부를 이해하는 사람. 그래서 나를 원하는 사람에게 나를 주자.'

길 위에 서서 나는 그렇게 중얼거리고 눈앞에 떠오르는 민수의 모습을 밟으며 집으로 향했다.

— 신희수, 『아름다운 수의』, 문학예술사, 1980, 460쪽.

'문학소녀'와 센티멘털리즘

1950년대 중반 문학소녀들이 가장 사랑한 것은 프랑소와즈 사강의 『슬픔이여 안녕』이었다. 이후 등장한 '여고생 작가', '여대생 작가'에게 '한국의 사강'이라는 칭호가 붙을 만큼, 『슬픔이여 안녕』은 일종의 전범이 되었다. 1950년대 중반 세계문학 장에 등장한 프랑소와즈 사강은 『슬픔이여 안녕』을 통해 '천재 소녀 작가'로 소개된다. 자전소설에 가깝다는 『슬픔이여 안녕』(1955)이 번역된 데 이어 신작 역시 동시대적으로 번역된다. 각 신문은 사강의 일거수일투족을 기사화했다. 교통사고나 결혼과 이혼, 잃어버린 강아지를 찾는다는 소식까지 신문에 보도되었다. 그야말로 사강 신드롬이라고 지칭할 만한 현상이었다. 1955년 『경향신문』의 한 앙케트에서는 이화여대 영문과 4학년이라고 자신을 밝힌 학생이 무엇을 읽고 싶냐는 질문에 사강의 『슬픔이여 안녕』을 읽고 싶다고 대답한다.[1] 여대생의 자살 기사에도 사강이 등장한다. 아버지의 외도로 인한 가정불화와 미국 유학을 못 간 슬픔 등으로 자살한 여대생의 관에 친구들이 사강의 책 『어떤 미소』를 동봉한다.[2] 아버지로 인한 가정 문제로 일탈하는 딸의 서사는 사강 소설에서 핵심적인 갈등 구조다. 『슬픔이여 안녕』은 주인공인 세실이 바람둥이인 아버지가 약혼하자 사건을 일으켜 결혼을 방해하는 내용을 그린 소설이다. 여자들과 데이트를 즐기지만 자신에게는 무척이나 친절한 아버지라는 설정은 한국사회에 자연스럽게 안착한다. 외도하는 아버지와 그로 인해 고민하는 감성적인 딸이라는 코드가 한국 여성들에게 무리 없이 이해되었기 때문이다. 그런 아버지 밑에서 자신의 욕망을 실천하는 사강의 자유로움은 글쓰기를 꿈꾸는 여성들이 닮고 싶은 지점이기도 했다.

1961년 여중생 양인자가 『돌아온 미소』(문호사, 1961)를, 1963년에는 중학교 3학년인 이형숙이 『조용한 슬픔』(인간사, 1963)을 출간한다. 이들은 어린 나이에 소설을 발표한 '문학소녀'로서 자신의 입지를 다져나간다. 재미있는 것은 이들의 이력에서 이 소설들은 '등단작'이 아니라는 것이다. 이미 장편소설을 발표한 작가이지만 양인자는 1974년의 『한국문학』, 이형숙은 1964년의 『학원』으로 등단한 것으로 기록되어 있다. 그 전에 발표한 장편소설은 정식 등단작이 아닌 것이다. 이는 문학 장에서 '문학소녀'들의 소설을 인정하지 않았다는 것을 보여준다. 이처럼 '한국의 사강'으로 호명된 '여고생 작가', '여대생 작가'는 여학생 독자군과 비슷한 나이로 출판계에 등장하여 사소설적 성격의 작품을 발표한 여성들을 지칭한다. 젠더화된 독서를 통해 여성적 교양을 확보한 이들은 자신들의 삶을 직접 이야기하는 소설을 창작한다. 그것이 1950년대 후반부터 등장하기 시작한 '여대생 작가' 열풍이다. 1950년대 후반부터 1960년대 초반 독서 시장에 등장한 '여대생 소설'은 '단지 흥미로울 뿐' 아무런 비평적, 미학적 가치를 갖지 않은 것으로 여겨졌다.[3] 최희숙, 박계형, 신희수 등의 '여대생 작가'는 순문학의 정전이 된 남자 대학생 소설가나 평론가와 대조적으로 통속적이고 대중적인 소설을 썼다는 평가를 받으며, 한국문학사의 바깥에 위치했다.[4]

이화여대 국문과를 다니던 최희숙은 1959년 『슬픔은 강물처럼』을 통해 일약 스타가 된다. 이화여대 영문과 졸업반이었던 신희수는 1960년 서울신문사의 500만 환 장편소설 공모전에 당선되었다. 고려대 영문과 출신의 박계형은 1964년 동양라디오(TBC) 개국 기념 현상 모집 상금 50만 원에 당선되며 등장했다. 『머무르고 싶었던 순간들』은 1975년까지 베스트셀러 목록에 올랐으며, 박계형은 한 해에 베스트셀러를 2~3권 내놓을 만큼 인기 작가가 되었다. 이들은 '현역' 여대생인 작가가 여대생의 연애와 사랑 이야기를 쓴다는 점에서 세간의 관심을 집중시켰으며, 고액의 현상 공모에 당선되었고 영화로도 제작되었다. 신춘문예나 추천제, 문예지의 등단 코스가 아닌 현상 공모 방식으로 작가가 된 탓에 이들의 소설은 언론과 영화계와 독서계에서는 뜨거운 호응을 받았지만, 문단과 평단에서 외면받았다.[5] 한국문학사에서 '여대생 작가'는 문학사에서 감정적인 부르주아 여성들의 취미일 뿐이라며 비평적 논의의 대상이 되지 못하고 스캔들로 취급된 것이다. 하지만 여성 작가들의 베스트셀러는 '문학소녀'로 불리던 여학생 독자들이 베스트셀러 시장에서 한국의 독서 문화를 주도하고 있었다는 것을 보여주는 증거이기도 하다.[6]

풍기문란한 사강의 후예들: 최희숙

1958년 여자 대학생은 전체의 12%로 약 9189명 정도였고, 1961년 9월 이화여대의 정원은 1개 대학원, 7개 대학, 35개 학과에 8천 명 정도였다.[7] 이화여대와 숙명여대 등 여자 대학이 여자 대학생의 절대 다수를 차지했다. 그러니 여대생이라는 사실만으로도 세간의 주목을 받을 수밖에 없었다. 사창가 단속에서 검거된 성매매 여성에게서 이화여대 학생증이 발견되었다고 하여 가보면 가짜 학생증이었다는 에피소드가 난무할 만큼, 여대생의 섹슈얼리티는 그 자체로 주목의 대상이었다. 1955년 박인수 혼인빙자 간음 사건의 피해자 중 '4명의 이화여대생과 2명의 처녀'가 있었다고 보도할 만큼 여대생은 성적 타락의 주범으로 세간에 오르내렸다. 댄스홀이나 다방 등에서 연애하는 여대생들을 향해서 힐난의 눈초리가 거세졌고 이는 여성 섹슈얼리티에 대한 단속으로 이어진다. 교양 있는 여성을 위한 읽을거리를 표방하며 등장한 잡지 『여원』은 창간호 좌담회에서 여학생들의 연애를 허용해야 하는가를 두고 논쟁을 벌인다. 모윤숙, 이건호(고려대 교수) 등 참가자들은 학생에게 연애를 허용해서는 안 된다고 주장한다. 모윤숙은 미국에서 1차 세계대전 후에 데이트-약혼-결혼이 일종의 코스처럼 되어 있고 피크닉, 댄스홀, 캠핑 등이 규율처럼 여겨진다고 하지만, 한국에서는 시기상조라고 단언한다. 이건호는 지성인이어야 할 대학생들이 타락하는 이유가 기성세대가 축첩 생활이나 UN 마담, 사창가 등 타락한 모습을 보였기 때문이라고 지적한다. 이에 대해 모윤숙이 아버지들이 나쁘다고 하자, 이건호는 어머니들이 자식을 제대로 지도하지 못했기에 어머니들이 나쁘다고 응수한다.[8] 좌담회의 이 장면은 매우 상징적이다. 아버지들의 품행은 단속의 대상은 아니지만, 여성, 특히 딸의 품행은 지도와 단속의 대상이라는 점을 보여주기 때문이다.

같은 호에서 이태영은 여성들이 권리만을 찾는 유행병에 걸렸고, 자유를 부르짖다 그 도가 지나쳐 방종으로 흘러가고 있다면서 성도덕에 대한 변모를 초래하여 결혼과 연애가 성생활과 별도라는 관념이 생기고 일시적 육체적 성교가 사랑의 표현인 것처럼 오인하는 관념이 생겼다고 비판한다.[9] 보수적인 이 주장은 1950년대 중반 이후 한국사회가 남성도 정조의 대상이 되어야 한다고 주장하는 것과 짝을 이룬다. 즉 정조로부터의 해방을 주장하는 것이 아니라 남자들도 축첩하지 않고 정조를 지켜야 한다고 요구하는 것이다. 박순천은 "첩을 두 서너씩 두고서 온갖 지랄 갖은 호강을 다하는 특수 계급의 존재를 묵인하고서 도 '사회적 특수 계급의 제도는 일절 인정치 아니하며' 운운하는 헌법 제8조 제2항도 쓸데없는 공문"이라고 하면서 여성들이 축첩폐지운동 에 참여하여 '싸울 의무'가 있다고 주장한다.[10] 남녀 모두에게 도덕적 규범을 요구하는 담론이 등장했지만, 현실적으로 남자의 축첩, 기생 관광, 사창의 확산 등 남성의 섹슈얼리티는 규제 대상에 포함되지 않 았다.

　타락할 위기에 놓인 여대생은 가시화되고 남성의 축첩은 심화되는 분위기에서 출발한 '여대생 작가'들은 소녀적 감수성의 여학생과 풍기 문란한 아프레걸이라는 두 얼굴을 갖는다. 최희숙은 이러한 분위기 속 에서 탄생한 '여대생 작가'였다. 그는 '한국의 사강'으로 불리며 공론 장에 등장한다. 『슬픔은 강물처럼』이라는 제목은 사강의 소설 『슬픔이 여 안녕』을 연상시키며, 1960년 영화 개봉 시 "전편에 넘쳐흐르는 애 증의 갈등. 한국의 '싸강' 현대 여대생 최희숙의 이색적인 애정수기 영 화화!"로 홍보되었다. 이 소설은 1958년 5월부터 1959년까지 여자 대 학생 희숙의 편지를 통해 '아프레걸'의 사랑 이야기에 주목한다. 주인 공은 작가와 이름이 같은 희숙이다. 희숙의 발걸음을 따라 명동을 중 심으로 전시되는 낭만화된 소비 기호들은 편지와 시 등 센티멘털한 감 정을 묘사하는 데 주력한다. 편지와 독백은 주체의 내면을 드러내는 가장 좋은 방법이기도 하다. 희숙은 군대에 간 애인 영(엄영일)이나 보 헤미안에게 편지를 써 보내고, 시나 소설을 쓰겠다는 꿈을 갖고 있다.

그녀가 사랑에 빠진 보헤미안은 문학잡지에도 시를 싣는 시인이며 희숙이 보헤미안과 만날 약속을 정하는 곳은 문예 살롱이다. 희숙은 친구들과 서정주 선생님을 만나러 가거나 시를 써서 편지에 동봉한다. 이는 여학생들에게 교양으로 주어진 문학, 특히 그중에서도 여성의 특징으로 꼽히는 센티멘털한 감정을 자극하는 방식으로 이루어진다. 희숙의 편지는 낭만적인 여고생의 편지와 닮아 있다.

> 『어떤 미소』(사강 작)에 그 계집애가 극장에서 모르는 잘생긴 남자와 키쓰를 하고 그 남자가 못올 데까지 손을 뻗치자 곧 뛰쳐나와버린 계집애. 그걸 또 아무렇지도 않게 금새 잊어버린 계집애.[11]

희숙은 데이트를 청하는 외국인과 영화를 보러 가서 사강의 소설을 떠올린다. 극장에서 자신에게 접촉해온 남자 때문에 자연스레 사강의 소설이 생각난 것이다. 변덕스럽게 여러 남자와 데이트를 하고 그것을 편지를 통해 애인들에게 고백하는 희숙은 사랑이라는 감정을 절대화한다. 이는 그동안 공론장이나 문학이 여성들에게 가르쳐온 감정 교육이기도 했다. 『슬픔이여 안녕』처럼 집에 정착하지 못하는 희숙은 자신에게 사랑을 고백하는 여러 남자들과 데이트를 하며 댄스홀, 다방, 카바레 등을 돌아다닌다. 명동을 중심으로 한 희숙의 산책은 일종의 여성 성장소설로 서사화된다. 아버지의 사업상 어려움으로 빚쟁이들이 집에 찾아오고 그 과정에서 세계와 갈등하고 주체가 성숙하는 등의 주제로 이어지는 듯하였으나 그 긴장감은 오래 유지되지 않는다. 사실

희숙의 '산책'은 이런 갈등 때문에 생겨나지 않는다. 소설이 상세히 묘사하는 것은 주체와 세계의 대결이 아니라 감정을 절대화한다는 명제다. 그래서 통과의례로서의 데이트가 서사의 대부분을 차지한다. 『슬픔은 강물처럼』이라는 제목과 달리, 소설에서 주로 묘사하고 있는 것은 여대생의 데이트다. 그야말로 클라이맥스도, 결론도, 의미도 없는 세계로서 데이트의 기호를 전시한다.[12] 희숙이 만나는 여러 종류의 남자들이 희숙에게 구애하면서 손을 잡거나 키스하는 과정이 일기 형식으로 기록되는 것이다. 앞서 살펴본 것처럼 여학생들의 데이트는 젠더 규범에 어긋난 것으로 비난받았다. 하지만 여학생들 사이에서 데이트라는 문화적 기호는 활발하게 유통되었다. 여성들의 중·고등학교 진학률이 높아지고 고등교육이 확장되던 시기, 마담 보바리가 연애소설과 잡지를 통해 파리의 사교계를 욕망한 것처럼 최희숙의 소설은 여대생들의 데이트를 대신하여 체험할 수 있게 해주는 매개체였던 셈이다.

데이트를 비롯한 로맨스의 상품화는 친밀성과 섹슈얼리티가 새로운 여가 산업과 기술에 의해 규정되어 가는 과정을 보여준다. 드라이브, 새로운 영화, 댄스파티 등의 상업적 오락이나 청년 문화에 새로운 형태의 성적 자유가 결합되어 낭만적 만남은 소설화된다. 소비 행위와 더불어 등장한 로맨스의 정치경제학은 로맨스를 시장에 묶어 놓았다. 낭만적 사랑은 여가 상품의 소비뿐만 아니라, 사회적 구별짓기와 뒤얽혀 지위 소비 형태와 맞물리게 되었다. 데이트는 '사심 없이' 투자할 잉여 시간과 돈을 전제로 할 뿐만 아니라 상류층의 '고상한' 태도를 요구한다.[13] 소설은 데이트로 인해 생겨나는 감정과 데이트를 즐기는 태도를 독자에게 체험시켜준다. 비어홀, 우아한 레스토랑, 드라이브, 교외의 피크닉 등의 활동은 현실의 삶과 텍스트 속 삶 사이의 경계를 사라지게 만든다. 최희숙의 소설은 독자에게 명동과 여대생의 세계를 보여주고, 독자는 낭만적 아우라를 대리체험한다.

데이트만큼 중요한 것이 성적 모험이다. 『슬픔은 강물처럼』에는 '아프레걸'만이 아니라 희숙에게 사랑을 고백하는 남자들도 있다. 이들은 처음 본 희숙에게 반해 그녀를 쫓아와서 사랑을 고백한다. 작가는 남성 인물의 외모를 섬세하게 묘사하고, 그들과의 키스를 기록한다. 보헤미안의 집에서 '어른이 되지 않은 채' 애무를 하는 장면에서는 삽입섹스는 하지 않았지만 희숙이 생리 중이었던 탓에 이불에 혈흔이 남는다. 그야말로 정조를 지키면서 섹슈얼리티를 실험하는 방식이다. 이는 규범에 어긋나지 않으면서도 성적 행위를 하는 즐거움을 준다. 신희수의 소설에서도 주인공에게 구애하는 남자들의 입술과 그들의 키스 실력을 상세하게 묘사하며 성적 접촉을 상상하게 한다. 이는 '여대생 소설'이 섹슈얼리티에 대한 관심을 중심으로 구조화되었다는 것을 보여준다.

명동을 중심으로 펼쳐지는 여대생 작가들의 상상력은 낭만적 소비 활동을 소설을 통해 전유한다. '돌체', '갈채', '문예싸롱', '산호다방', '서라벌다방', '엠프리스', '왕자다방', '쎄시봉' 등 온갖 다방과 빵집, 음악 감상실 등의 소비 기호가 나열된다. 물론 1950년대 신문 연재소설에서도 이러한 낭만적 소비 활동은 등장했다. 그러나 자유부인들은 반성하고 가정으로 돌아간 반면, 희숙은 소설의 마지막까지 영과 보헤미안 사이에서 갈등한다. 보헤미안을 사랑하지만 영과 헤어지기도 어려운 것이다. '아프레걸'은 처벌되지 않고 사랑을 계속한다. 이는 여대생 작가의 소설에서 처벌을 통한 반성을 거부한다는 것을 의미한다. 소설은 센티멘털리즘의 외양을 통해 여성성의 기표를 입고 있지만, 데이트 체험을 비롯한 성적 모험의 쾌락을 체험할 수 있게 하기에 위험한 것이 된다. 이는 소설의 영화화 버전에서 처벌 코드가 등장하는 것을 통해서도 확인할 수 있다. 영화 〈슬픔은 강물처럼〉은 보헤미안 규식이 죽는 것으로 끝난다. 보헤미안이 자신의 방탕했던 지난날을 반성하고 죽음으로써 불량 청년들은 처벌받는다.[14]

순결한 연인들의 섹슈얼리티 상상으로서의 순정: 박계형

남성들에게 『선데이서울』과 같은 잡지들이 주어졌던 것처럼, 여성들에게 허용된 읽을거리로 여성 취향 소설이 있었다. 여성잡지에 연재되는 여성 대상 독서물들은 '여성적 감수성'이라고 불리는 센티멘털의 외피를 통해 안전망을 획득한다. 여대생들의 성적 모험은 '감성적인' 여자들이 하는 일이라는 이유로 용인되어 왔기 때문이다. 이를 보여주는 것이 최희숙의 소설에서 등장하는 비 모티프다. 비가 오면 청년들은 거리를 헤맨다. 주인공은 죽거나 가족을 잃거나 연인을 잃고 슬퍼한다. 이와 같은 비애의 정조가 기의를 포섭하여 '슬픔'의 정서를 전면에 내세운 것이 박계형의 『머무르고 싶었던 순간들』[15]이다.

박계형에게는 "현재 고려대 재학 중 19세 소녀 작가"라는 타이틀이 붙어 다녔다. 그녀는 '여대생 작가' 중 가장 많은 작품을 썼으며, 대중적으로도 높은 인기를 누렸다. 데뷔작인 『머무르고 싶었던 순간들』은 1966년 단행본 출간 후 12월부터 베스트셀러 순위에 올랐고 30~40만 부 판매되었다. 유방암으로 죽음을 앞둔 윤희가 남편과의 만남과 연애, 결혼에 이르는 전 과정을 회상하는 이 소설의 제목은 행복했던 그 순간에 머무르고 싶었다는 바람을 담는다. 소설의 시작이 죽음인 만큼 비애의 정조를 전면화하지만, 서사의 대부분을 차지하는 것은 이 둘의 사랑 이야기다. 주인공인 윤희와 성호는 부모님의 친분으로 인해 중학교 때부터 한집에서 자란다. 이들은 대학생이 된 성호에게 호감을 표시한 여자 동기 덕택에 연인으로 발전한다. 질투와 사랑의 발견은 자연스레 둘의 교제로 이어진다. 독점적 애정 관계는 가족들의 눈을 피해 매일 방을 오간다거나 포옹하는 것으로 이어진다. 상대방에게 호감을 표시하는 이성이 나타나면 다툼을 벌이고, 질투한 남자는 여자의 뺨을 때리기도 한다. 하지만 둘의 성적 접촉은 결혼해서 '내 여자'가 되기 전까지 키스 이상은 하지 않겠다는 맹세로 이어진다.

그는 내 말에 웃지 않았다.

나직한 숨결로 잠잠히 있었다.

그러더니 잠시 후 그 청결한 숨결이 조용히 내 입술 위로 닥아왔다.

감기듯이 부드러운 살결이었다.

첫 키스였다.

나는 심연에 가라앉듯 넋이 빠져 버렸다.

무어가 무언지 몰랐다.

가슴이 뛰고 머리는 몽롱했다.

그건 성숙해서 숱하게 체험해 온 그런 키쓰와는 달랐다.[16]

그는 갑자기 덤벼들어 짓씹듯이 내 입술을 빨더니 얼굴을 사납게 비벼댔다.

옛날처럼 포근하고 아늑한 포옹과는 달랐다.

다룸이 훨씬 광포해지고 호흡은 뛰듯이 거칠게 들먹거리고 있었다.

나는 그 모든 걸 확연히 의식했다. 그의 행동에서 받는 나의 감정도 달랐다.

조용한 희열이나 감미로움이 아니고 전신으로 몸서리치는 흥분이 뻐쳤다.

그건 훨씬 깊고 강력한 것이었지만 어린 날의 그것보다 더 행복한 것인지

아닌지는 몰랐다.

단지 우리들은 성숙한 것뿐이었다.[17]

박계형은 단문으로 문단 나누기를 하며 짧은 호흡을 유지한다. 특유의 리드미컬한 문장은 질투와 분노 등의 감정이나 키스와 포옹 등의 신체적 접촉을 묘사할 때 효과적으로 사용된다. 게다가 윤희와 성호가 부모님과 함께 사는 집에서 서로의 방을 오가는 연인이라는 설정은 근친상간적 쾌락을 제공하기도 한다. 이들은 '순결해야 하기 때문에' 결혼하기 전까지 키스와 포옹만 계속하지만, 스킨십에 대한 감각적이고 세밀한 묘사는 여성 독자들의 성적 판타지를 자극하기에 충분했다. 중학생 때부터 "윤희. 크면 내 귀여운 부인이 돼 주지?"라는 말을 주

고받던 소년과 소녀가 결혼한다는 서사는 순결한 사랑을 전형화한다. "순결한 사람들의 결합이니까 그만큼 오래고 한결같은 것"(176쪽)이라는 성호의 말은 낭만적 사랑의 판타지를 제공한다. 게다가 남자 주인공인 성호는 대학 졸업 전에 사법고시에 통과하여 변호사 사무실을 개업한 엘리트이며, 가족들은 둘의 사랑을 알게 되었을 때 모두가 축복하고 시어머니는 딸처럼 윤희를 사랑해준다. 사랑에 대한 장애물은 두 사람의 감정을 확인하는 과정밖에 없다. 이런 점에서 『머무르고 싶었던 순간들』은 성공적인 로맨스물의 공식을 모두 모아 놓은 텍스트인 것이다.

계급이나 부모의 반대 등의 외부적 요인이 제거된 연인의 서사에서 긴장감을 더하기 위해서 첨가된 것은 여성 주인공의 섹슈얼리티에 대한 위협이다. 신혼여행 길에 한국전쟁이 발발하여 피난하였을 때, 마을의 공산군 장교는 윤희를 강간하려 시도한다. 박계형은 "정상적인 체력을 가진 성장한 여자라면 아무리 미친 듯이 날뛰는 남자의 완력이라도 거절할 수가 있다"는 "위대한 교훈"(197쪽)을 주장하며 윤희를 강간의 위험으로부터 구한다. 텍스트 전반에서 수동적인 여성으로 등장하는 윤희는 사랑과 정조 문제에서만큼은 적극적이다. 그녀의 영리함은 순결을 지키기 위해서만 작동한다. 영화에서는 공산군 장교가 윤희를 고문하여 불임으로 만듦으로써 반공 이데올로기를 강화한다. 성호의 어릴 적 친구였던 달수는 성호와 윤희에 대한 질투로 윤희를 강간하려고 시도하고, 이에 실패하자 그녀를 고문한다.[18] 소설에서 두 사람이 무사히 서울로 귀환하여 아들과 딸을 낳으며 행복하게 살아가는 것과 대조적이다. 이는 영화 제작 과정에서 첨가된 부분으로, 북한군을 악마화해야 한다는 이유로 삽입된다. 반공 이데올로기로 인해 공산군 장교에게 거짓으로 만남을 약속하고 그 사이에 굴에 가서 숨는다는 낭만적 거짓은 불가능해진다. 순애를 강조하기 위해 그 어떤 현실적 장애물도 다 넘어서는 서사, 이는 흔히 '순정'이라고 불려온 세계관이다.

1950년대 잡지에는 순정소설이라는 일련의 장르가 있었다. 명랑소설, 순정소설 등 아직 미분화된 장르명이 혼재하는 가운데, 순정소설은 여성 독자들을 대상으로 한 사랑이야기가 주를 이루었다. 만화잡지사들은 독자로 소녀를 상정하면서 소녀 취향을 만들어가고 그 과정에서 순정만화라는 순수와 감상성의 세계가 발전되었다.[19] 이러한 낭만적 사랑과 비애의 정조를 주조로 하는 순정소설의 세계에 섹슈얼리티가 결합된 것이 '여대생 소설'이다. '여대생 소설'이 순정과 섹슈얼리티의 세계를 동시에 재현하는 것은 소설이 만화나 영화 같은 매체보다 검열로부터 상대적으로 자유로울 수 있었기 때문이다. 박정희 체제 이후 검열과 대본소 독과점이 강화되어 만화 시장이 축소된다. '치마가 무릎 위로 올라오면 안 된다', '앞머리를 내려 멋을 부려도 안 된다', '퇴폐적이고 사치 풍조 조장이다', '반지나 귀고리 등 사치 풍조를 보여서는 안 된다', '한 컷에 남녀 2명만 나오면 안 된다' 등 심의가 엄격해져서 여성 대상의 순정만화 시장 자체가 위축되는 결과를 낳았다.[20] 1960~1970년대 대중문화론의 중심인 TV와 영화에서도 명랑과 도의를 지키기 위해 검열이 강화된다. 그러나 소설은 방송이나 영화에서는 금지된 것 이상으로 '미풍양속'을 해치는 내용을 형상화할 수 있었다.[21]

소비생활로 기호화된 연애와 이를 바탕으로 한 연애 체험은 TV나 영화보다 소설에서 훨씬 더 자유롭기 때문에 소설에서는 이성 간의 성적 접촉도 훨씬 노골적으로 묘사할 수 있었다. 여대생 소설이 '아프레걸'처럼 보이는 여성들을 재현하는 것은 연애와 섹슈얼리티를 억압하는 분위기에 대항하여 독자의 욕망을 대신한 것이기도 하다. 즉 순정소설의 상상력에 성적 모험을 결합시켜 로맨스 소설을 완성한 것이다.

정조에 대한 반사회적 상상력: 신희수

『아름다운 수의』는 "기성 도의에 저촉하는 한 여자 대학생이 그가 꾸민 새로운 도의에 적응하여 현 사회에 아름답게 영합하는 과정을 이틀간 일어난 일로 엮은 소설"로, 이화여대 출신의 작가 신희수가 이화여대생 이여경을 주인공으로 삼았다는 데서 화제를 모았다.[22] 이 소설은 '아프레걸'처럼 보이는 여대생을 통해 직접 가부장제 한국사회를 비판하고 있다. 그 제목만 보아선 멜로드라마를 떠올리게 되지만, 실상 소설은 사회 비판적이다. "60년 『서울신문』의 5백만 환 현상 장편소설 모집에 당선됐을 땐 이화여대를 갓 졸업한데다 젊은 여성에 대한 여러 가지 제약을 수의에 비유해, 너무 저돌적이라는 비판도 받았지요"[23]라는 작가의 말은 그의 소설에 대한 세간의 평가를 짐작하게 한다.

『아름다운 수의』는 검은 옷이 잘 어울리는 여대생 이여경의 이틀을 따라간다. 이 이틀간 여경의 유년기부터 성장 과정이 회상을 통해 설

『아름다운 수의』 표지

명된다. 영문과 학생인 여경은 시를 쓰고 싶어 하는 약혼자인 유학생 민수가 있지만, 일상의 우울과 권태로 여러 남자들과 데이트를 즐긴다. 이때 우울의 근원은 "나는 집이 정말 싫다"(20쪽)는 데 있다. 여경의 아버지는 늘 외도를 하고 어머니는 그로 인해 아프다고 누워 있거나 가족들에게 신경질을 부린다. 게다가 한때 잘되던 아버지의 금광 사업마저도 풀리지 않아 집에는 연일 빚쟁이나 세무 공무원이 찾아온다. 와중에 아버지가 유학 시절 사랑했던 여자가 나타나면서 가족의 일상은 무너진다. 집이 싫어서 집 밖을 헤맨다는 여경의 방황에는 이유가 있는 것이다. 이 소설은 '아프레걸'처럼 보이는 여경이 아버지의 죽음과 순결의 상실을 딛고 성장하는 소설이라는 점에서 사강의 『슬픔이여 안녕』을 연상시키기도 한다. 자신을 한없이 사랑하는 아버지에게 결혼 전 연인이 있었고, 그 연인과의 사이에서 아들이 있다는 사실 때문에 여경은 방황하기 시작한다.

"남자들은 모든 면에서 폭군같아. 마치 외아들같이 버릇들이 없어요. 귀여운 손자에게 오히려 수염을 뜯기는 할아버지를 생각해 봐요. 기성도덕이란 그 할아버지 역할을 해서 망나니이고 외아들격인 남자의 횡포를 관용하거든요. 그런 남자들이 여인들을 이해하느니 동정한다느니 할 때도 있어요. 그러나 그런 사람조차 자신이 피로하면 '결국 너는 여자다'하고 적의 편으로 돌아서지요. 여자들의 무시할 수 없는 영향이나 힘을 그들은 알면서도 못본 체하고 눈을 일부러 딱 감고 있는 거예요. (…)"[24]

"제가 말하고자 하는 것은 남자들이 과대한 노력을 경주하고 있는 여자의 가치를 너무 과소평가 내지 무시하고 있다는 것이에요. 그리고 여자의 혜택에 너무 무감각해졌어요. 왜냐? 그것은 남자가 너무나 오랫동안 그 은혜 속에 젖어 내려왔기 때문이지요. 그리고 우연히 그 애정에서 추방 혹은 자신이 스스로 버렸을 경우에 비로소 그들은 그것이 자기네들에게 얼마나 큰 힘을 주고 있었나를 깨닫게 되는 것일 거예요. 정확히 따지자면 남자란 커다란 개구쟁이들입니다."[25]

여경은 적극적으로 남성 중심 사회를 비판한다. 여경이 남자들에게 유리하게 만들어진 세계를 비판할 수 있는 것은 아버지와 같이 부도덕한 기성세대로 인해 질서를 의심하는 주체로 거듭났기 때문이다. 이러한 여경의 사회 부적응은 같은 과 친구인 순희의 약혼자 박영과 만나면서 두드러진다. 친구의 애인이라는 불문율, 정해진 약혼자가 있다는 규범 등은 여경에게 적용되지 않는다. 친구들이 비난하고 친구인 순희가 졸도하는 지경에 이르렀어도 여경은 자신이 잘못했다고 생각하지 않는다. 여기에 의붓오빠인 영민과 친구의 애인 경호, 다방에서 마주친 미국인 등 여러 남자들이 그녀에게 열정적으로 사랑을 고백한다. 최희숙의 소설과 마찬가지로 여경 주변의 남자들과 여경이 데이트하는 광경은 빵집, 맥주홀, 다방, 카바레 등 소비 기호들과 함께 전시된다. "아직 젊고 애인을 구하고 있는 나이에 있는 우리들의 심리란 얼마나 야릇하고 위선에 차고 이기적인가를 생각했다"(35쪽)는 여경의 독백처럼, 친구들은 약혼자와 결혼이라는 인생 과제를 향해 몰두하고 있는 반면, 여경은 거기서 한 발 떨어져 그들의 내면을 관찰하고 묘사한다. 목표 의식 없이 데이트를 즐기는 여경은 "권력과 부에 대한 막연한 반항과 질투의 변형"(76쪽)을, 즉 사회와의 갈등을 가시화하는 것이다. 이러한 불온성은 신희수의 소설이 주는 독서의 쾌감이기도 하다. 박영을 좋아하는 순희는 부잣집 딸인 모범생이고, 여경의 약혼자 민수 역시 건설 회사 사장의 아들이다. 그들 사이에서 방황하는 여경과 영은 자본을 갖지 못한 청년들이다. 이들의 박탈감에는 타락한 기성세대에 대한 불만과 계급에 대한 분노가 녹아 있다.

소설에서 가장 핵심적인 갈등은 여경이 섹스를 하느냐 마느냐이다. 유혹하는 많은 남자들이 있음에도 불구하고 여경은 삽입 섹스만은 하지 않는다. '아프레걸'처럼 보이는 여대생들에게도 여전히 순결은 중요한 이슈인 것이다. 그러나 여경은 댄스홀에서 아버지를 만난 날, 박영과 풀숲에서 섹스를 한다. 이 첫 경험은 데이트 강간에 가깝다. 댄스홀에서 누나를 만난 박영이 홧김에 폭력적으로 여경을 압박한 것이다. 여경은 그동안 그토록 순결을 고수해왔던 것과 달리, 순결을 상실했다는 데 자책하거나 괴로워하지 않는다. 이미 벌어진 일을 담담하게 받아들이며, 두 사람의 실수였다고 설명하는 것이다.

"그건 이렇다. 사회가 그것을 죄악으로 인정을 하게 한다. 사랑하는 사람들의 그런 행동이 왜 죄가 될까? 그런 사회 속에 우리는 자라고 있거든. 우리가 우리 행동의 정당성 혹은 순결성을 아무리 주장해도 사회란 지나치게 차가운 곳이다. 그 냉정함은 그것을 배격하고자 하는 반역자들의 머리 속에도 이미 있었다. 그래서 우리도 그것을 죄악으로 인식해 버리는 거야."[26]

영은 여경과 충동적으로 섹스를 한 후 자신들의 행동에 대해 우리가 정당하다고 주장해도, 사회가 그것을 죄악으로 인정하게 만든다고 설명한다. 사회가 청년들이 사랑할 자유를 가로막는 것이다. 그런데 소설은 이 대목에서 사회로 상징되는 가부장의 죽음을 배치한다. 카바레에서 여경을 만난 일에 대해 야단치던 아버지는 그날 밤 뇌일혈로 사망한다. 갑작스런 아버지의 죽음은 여경을 괴롭게 하던 어머니를 성숙시키고, 여경이 사회와 화해할 기회를 제공한다. 아버지가 죽음으로써 여경은 이제 누군가의 딸에서 독립된 개인이 될 수 있다. 소설은 여경의 섹스와 아버지의 죽음을 같은 장에 배치한다. 딸을 사랑했지만 가족을 배신한 아버지를 죽이고 성장의 통과의례를 완성하는 셈이다. 그런 점에서 이 소설은 여성 성장소설의 모델이 될 만한 텍스트이다.

반사회적 위치에서 기존 질서를 비웃던 여경은 아버지와 의붓오빠의 연이은 죽음으로, 자신을 옭아맨 구질서와 결별할 수 있게 된다. 아버지의 부도덕한 질서는 사라졌고, 여경이 새롭게 만드는 질서가 가능해진다. 여경은 아버지의 장례가 치러지는 중에 친척들의 비난에도 불구하고 검은 옷을 입고 화장을 한 채 약혼자가 귀국하는 공항으로 마중을 나간다. 하지만 곧바로 공항에 가는 것이 아니라 명동에 들러 친구 미숙을 만나고 의붓오빠 영민과도 조우한다. 여경의 이 일정은 과거의 가족 질서와 결별하는 과정이다. 여경은 영을 사랑하면서도 프로포즈를 거절한다. 자신의 친구인 모범생 순희와 약혼자 민수를 생각할 때, 영과 여경의 결합은 불가능하다는 것이다. 민수와의 결혼도 불확실하다. 공항으로 민수를 만나러 가기는 하지만, "눈 앞에 떠오르는 민수의 모습을 밟으며" 집으로 향한다. 이와 같은 열린 결말은 여경이 자유로운 개인으로 성장하였다는 것을 의미한다.

여경은 자신의 존재를 한 번도 의심하지 않는다. 그는 순결을 잃었다는 데 충격을 받지만, 이를 죽어야 하는 이유라든가 약혼자에게 사과해야 할 이유로 여기지 않는다. 영과 자신이 충동적으로 저지른 일이라고, 누구의 잘못도 아니라고 이야기하는 여경의 태도는 여성의 섹슈얼리티에 대한 새로운 접근을 보여준다. 이런 지점이 '지나치게 급진적'이라는 평가를 받게 한 원인일 것이다. 소설이 영화화되는 과정에서 결말이 바뀐 것 역시 이를 뒷받침한다. 영화에서 여경은 돌아온 약혼자에게 사죄하기 위해 죽음을 선택한다.[27] 5만 명이 관객이 관람한 이 영화에서 처벌받는 것은 여성 주인공이다. 정조를 잃고도 처벌받지 않는 여성 주인공이라는 설정은 반사회적이기 때문이다.

감정의 절대화

서울 중산층–고학력 여성인 여대생들이 다방을 순례하는 풍경은 1950~1960년대 대중소설에서 빈번하게 등장한다. '아프레걸'들은 명동을 산책하며 자신들의 젊음을 소비한다. 미국 영화와 한국 작가의 고유명사들이 소설의 지면을 넘나들고 문학, 음악, 그림 등 각종 취향의 기호가 선별된다. 이러한 특성은 박경리의 『녹지대』(1964~1965)에서도 등장한다. 명동의 음악다방 '녹지대'에 드나드는 하인애는 부모가 전쟁 중에 죽고 삼촌 집에 얹혀사는 신세지만, 열심히 공부해서 좋은 사람을 만나 결혼하여 자신의 기반을 닦는 것과 같은 꿈은 꾸지 않는다. 그는 시를 쓰고, 그림을 그리는 친구들과 어울려 다니면서 동인들을 이끌고 다니는 '부랑 청년'이다. 인애의 친구들이 엄마를 이해할 수 없는 존재로 여기면서도 결혼을 선망하는 것과 달리, 인애는 가족과 절연한 채 절대적 사랑을 모험한다. 이는 이 시기 대중소설만이 그릴 수 있던 여성 행위성(agency)이다. 즉 감정을 절대화해야만, 여성들은 행동할 수 있는 것이다.

최인호의 『별들의 고향』이나 한수산의 『바다로 간 목마』와 같은 대중문학 텍스트는 무의식적인 집단 정서와 유행성 등을 주된 심리적 특질로 갖는다.[28] 이들 대중소설에서 중요한 것은 여성의 섹슈얼리티를 경유한 남성의 내면 고백 혹은 성장이다. 여성의 육체가 남성의 내면을 성장시키는 것이다. 반면 '여대생 소설'은 여성의 섹슈얼리티와 내면 그 자체를 중심으로 내세운다. 이들은 여성 독자의 흥미를 자극하기 위해 당시에 유행하던 공간, 데이트 방식, 소설, 음악을 적극적으로 차용하고, 여성의 내면과 감정 변화를 세밀하게 따라간다. 감정의 절대화라고 할 수 있을 소설의 서사구조는 비애와 슬픔을 주요 정서로 한다. "요즘 '슬픔'이란 말이 제목 중에 많지"[29]라고 할 정도로 '슬픔'을 제목에 넣은 책들이 독서 시장에서 큰 인기를 끌었던 것도 이러한 여대생들의 독서 취향을 반영한 것이기도 하다. 이처럼 '여대생 소설'은 여자다운 감상성을 보여주는 것처럼 보이지만, 정작 중요한 것은 성적 행위성과 섹슈얼리티의 기쁨을 발견하는 여성들의 욕망이다.

5장

여학생과 불량소녀 사이:
잡지 『여학생』과 소녀다움

유라 자신, 어릴 때와는 달리 공연히 흥분하는 일이 있었고, 공연히 죽을 만큼 슬퍼지는 일도 있었기 때문이었다. ―내분비물의 언밸런스(불균형)에 의한 사춘기 현상―이라고 어느 책에선가 읽은 적도 있었다. 아닌 게 아니라 자기도, 수옥이도, 하나 몫의 완전한 어른이 되기 위해 발달해 가는 도중, 지금 어딘가 울퉁불퉁하게 고르지 못한 데를 딛고 선 중인가보다고, 그런 궁리도 하였다.

— 강신재, 「유라의 가을」, 『여학생』, 1965년 12월호, 128~138쪽.

『여학생』은 1965년 12월 창간되어 1990년 11월 폐간될 때까지 약 25년간 발행된 잡지로,[1] 국판 420면, 호화 화보 50면에 정가 100원으로 시작했다.[2] 400면에 달하는 월간지는 여학생 모니터 요원들이 각 학교의 소식을 전하는 지면을 본문 앞쪽에 배치하였고, 애독자들의 엽서와 독자 투고로 문예면을 운영하여 여고생 작가를 등용하는 등 자기표현의 장을 만들었다. 『여학생』은 (여성)문학-교양의 형성, 여성의 대중적 문학/문화 감수성의 형성, 젠더화된 문학 양식, 세계문학의 수용을 비롯한 문화 번역, 문학소녀의 형성 등을 밝혀주는 자료가 되었다.[3] 영화, 팝송과 같은 대중문화에서부터 서양 명작 소설과 클래식 음악에 이르기까지 '취향의 공동체'를 형성했고, 소녀 클럽을 통해 또래 문화를 만들었다.[4] 이처럼 『여학생』은 당대 많은 여학생들이 읽고 즐기는 텍스트였다.

『여학생』의 발행인 박세기는 창간사를 통해 『여학생』이 "여성으로서의 교양을 쌓고 실력을 길러 사회의 기초가 되고 훌륭한 한국의 여성들이 되어 주시기를 바라"는 마음으로 창간되었으며 "교양지이되 지식의 보급이냐, 진학을 위한 어드바이서가 되느냐, 우리 여성들의 가난한 내면세계를 위한 카운슬링의 역이 되느냐의 진로를 찾기 수개월—결연히 면모를 형상화한 것이 교양지가 되되 우리 여성들의 내면세계를 위한 카운슬링 역이 되자는 데 역점을 두게 된 것"이라고 이야기한다.

정신을 차릴 수 없게 혼탁하고 서로 펴 볼 수 없도록 궁색한 생활 속에서도 교양과 인격과 학문을 겸비한 좋은 인간성을 배양하고 남을 존경할 줄 알고 남과 협력하여 항상 겸손하고 예의가 바르고 진실한 생활을 영위할 수 있는 인격을 배양하는 것이 종자를 위한 기름진 땅에 비할 수 있는 우리들의 소망일진대, 이 중요한 시기에 기틀을 잘 잡아 놓아야 할 것입니다. 월간지 『여학생』을 창간함에 있어 이 교양지가 회의에 빠진 우리 여학생들에게 꿈이 되고 청량제가 될 수 있기를 빌며 또한 여러분들이 여성으로서의 교양을 쌓고 실력을 길러 사회의 기초가 되고 훌륭한 한국의 여성들이 되어 주시기

를 바라며 이것으로 창간사를 대신합니다.[5]

실제로 『여학생』은 교양지로서의 성격과 진학과 진로지도, 고민 상담 등의 카운슬링 등 여러 측면을 종합하여 지면을 구성했다. 특히 권말의 상담실 코너를 통해 독자들의 진로와 심리 상태에 대한 카운슬링을 제공하고, 불량학생들의 수기를 통해 품행을 선도하는 등 계몽의 의도를 강조했다.

사춘기 여학생의 혼란

창간호에 실린 강신재의 소설 「유라의 가을」은 사춘기를 인식하는 10대 소녀의 목소리를 재현한다. 유라는 프랑스에 가신 부모를 떠나 공부를 위해 이모댁에서 생활하고 있다. 하지만 이모의 딸 수옥이 유라를 자신의 경쟁자로 인식하기 때문에 불편함을 느끼고 있다. 소설은 이를 사춘기의 탓으로 돌린다. "내분비물의 언밸런스"로 인해 복잡한 감정들이 생겨난다는 것이다. 특히 가출은 하이틴의 가장 큰 문제로 자주 다루어진다. 10대들이 봄에 가출을 많이 하는 것이나 가족과의 문제로 갑작스레 가출을 결심하는 것 등은 사춘기의 의학적, 심리학적 차원에서 논의되어야 하는 것으로 명명된다. "자기 몸속에 '불'을 느낄 때 소녀들은 당황한다. 갖가지 매스컴이 전하는 성의 개방 풍조는 '순결'을 위협한다. 여학생답게 깨끗하고 아름다운 몸과 마음을 가져야만

1965~1972년『여학생』사춘기 특집 일람

권호수	특집 제목
1966년 10월	십대의 한계
1966년 11월호	아름다운 청춘을 위하여
1966년 12월호	죽음을 생각하는 마음: 십대의 자살
1967년 11월호	일선교사의 관측과 교단에 온 위기
1968년 2월호	십대의 의학
1968년 6월호	바람에 바람에 청산별곡
1968년 7월호	십대의 지대
1968년 10월호	신학기의 학원생활 건강한 신체에 건전한 사색을 위해
1968년 12월호	십대를 치루는 성야
1969년 2월호	그날: 정기예방손님 연구
1969년 3월호	학교의학에 대한 제언: 순결교육 지침서와 학교당국의 이런 인식은 어떨까?
1969년 4월호	불가사의 십장 : 사춘기군 해학에세이
1969년 5월호	틴에이저문화
1969년 8월호	십대, 그 개화를 위한 취주악
1969년 11월호	십대의 계절풍
1971년 7월호	그건 안 돼 잊어야 돼
1972년 4월호	방황하는 십대의 가출
	길 잃은 한 마리의 어린양

이 행복한 여성이 될 수 있다" 등 여학생의 특징을 설명하는 데 사춘기의 특성이 핵심에 놓인다.

이는 과학의 권위를 통해 더욱 확고해진다. 사춘기가 되면 남성과 여성이 각기 다른 성향을 보인다. 남자는 과학적, 분석적으로, 여자는 감성적으로 변한다는 주장은 의사나 이학 교수의 이름으로 유통된다. "하루 밤 사이에 소녀의 마음은 돌변을 해버린다", "이런 변화를 일으키게 하는 동기는 자기 이외에도 아무도 짐작을 할 수 없다. 가령 하루 이틀에 걸쳐서 읽은 소설의 영향을 받기도 하고, 또는 자기와 가까운 여성의 결혼 같은 것들도 계기가 될 것이다"[6]라는 과학의 목소리는 여학생은 변덕스럽고, 종잡을 수 없는 비합리적 성격을 가지고 있는 '생물'이라는 점을 강조한다. 이는 불량소녀의 수기에서도 반복된다.

오영희는 병원집 딸로 어려움 없이 자랐지만, 3~4달에 한 번씩 자살을 기도한다. 손목을 긋고 피가 흐를 때만 살아 있다는 감각을 느낄 수 있다는 고백이다. 이에 대해 수기를 쓴 본인은 자신이 정말 죽고 싶은 것인지 모르겠다며 자문하고, 가족들 역시 센티멘털한 십대의 반항 정도로 치부한다.[7] 10대의 자살이라는 심각한 현상을 부르주아 여고생의 예민한 감수성 탓으로 돌리고 있다. 함께 실린 이상혜의 수기 역시 사춘기 여고생의 감수성 탓에 문제를 일으킨 사례로 거론된다. 자신과 이름이 같은 착한 큰상혜가 싫어서 홈룸 박스에 들어 있는 친구들의 건의 사항에 손을 대고, 그로 인해 선생님으로부터 반 전체가 추궁을 받는 상황에서도 입을 열지 않았던 것은 아주 사소한 반항 심리, 혹은 투정으로 여겨진다. 이러한 마음은 자신이 경쟁자로 생각하는 닮은꼴 큰상혜가 나서서 자신이 했다는 거짓 고백을 하는 것에서 정점을 찍는다. 상혜의 고백에 대해 "난 네가 싫단 말야"라고 외치는 화자의 모습은 예민한 여학생이라는 고정관념을 떠올리게 한다.[8]

자살을 통해 존재의 의미를 확인하는 오영희는 실존적 고민과 직면

해 있고, 자신의 더블과 같은 큰상혜와의 분리 의식에 날을 세우는 이상혜의 모습은 자아의 고유성, 개성의 문제와 맞닿는다. 그러나 『여학생』은 이를 모두 사춘기 여학생의 까다로움으로 인해 생겨난 문제들로 소개하고, 이들을 '불량소녀'로 명명한다. 소위 '소녀성'으로 통칭되는 이러한 특성은 과학의 이름으로 여학생의 성격을 규정짓는다. 개성 혹은 깊은 사고는 모두 불량소녀의 범주에서 다뤄져야 하는 대상이 된 것이다.

이러한 경향은 친구의 입장에서 불량소녀의 행적을 기록하는 '불량소녀를 벗한 마음의 행로'에서 더욱 두드러진다. 이들이 친구를 불량소녀로 명명하는 데는 개성이 큰 영향을 미친다. 깡패, 연애 대장, 노라 등의 별명을 가진 숙자는 "남에게 피해가 되지 않고 내 양심에 부끄럽지 않는 한에서 내 행동의 구속을 받진 않겠어. 그것이 나의 모랄이야"라는 모랄론으로 모범생인 친구를 화나게 만든다.[9] 숙자의 사례처럼 학교에서 갈등을 일으키는 여학생에는 수업 시간에 웃긴 이야기를 한다거나 눈에 띄는 행동을 하는 학생들이 포함된다. 영어 선생님과 교제한다는 잘못된 소문으로 인한 고민[10]도 불량소녀의 수기에 포함된다. 실제로 선생님과 연애를 한 것도 아니고, 그런 소문을 적극적으로 부인하지 않은 것만으로도 '문제소녀의 너울'을 쓰게 되는 것이다. 이처럼 개성이 강한 소녀들에 대해 불량소녀라고 명명하는 것은 사춘기 소녀들의 심리적 특성의 일부로 설명된다.

사춘기 여학생에 대한 과학 담론은 여학생의 순결 교육으로도 이어진다. "장차의 흥망성쇠는 바로 이 미래의 주부가 되고 어머니가 될 오늘의 한국 소녀들이 얼마나 건실한 사고방식과 인생관과 또 그들에게 끊임없이 당면해 오는 제문제들 앞에서의 성실성을 보이는가에 따라 좌우된다"는 목소리는 여학생들이 건실한 사고방식과 인생관을 가져야 하는 이유를 예비 모성이라는 점에서 찾는다.[11] "한 여성으로서, 장차 사랑하는 남편에 대해서 그 사랑을 구체적으로 나타내는 헌신의 미덕을 닦고, 거기서 생겨나는 나의 생명의 연장인 자녀들의 양육이 있을, 오늘의 소녀 시대에 배금주의에 젖어서 자기를 잃는다는 것은 장차 자기의 갈 길을 잃는 것밖에 안 된다"는 연세대 철학과 교수 조우현은 "육체의 포기는 곧 인간의 포기를 의미"한다고 단정지으면서, 여학생들을 예비 모성으로 호명한다.[12] 이는 당위성을 강조하는 차원뿐 아니라 공포를 과장하는 것으로도 나타난다.

『여학생』 1968년 2월호의 「10대의 의학 특집」에서는 십대의 성윤리가 중요한 것은 한 번의 성관계도 이후에 영향을 미칠 수 있는 '선부유전'과 같은 현상이 나타나기 때문이라고 강조한다. "여학생 시절 십대의 처녀가 단 한 번 흑인 남자에게 몸을 허락한 것이 원인이 되어 흑인 아이를 출산했을 것인가?"라는 괴담을 통해 사춘기를 "정신적으로 이상해져가지고 사고를 일으키기가 쉬운 시기"로 규정하고, 이러한 시기에 "여자로서 한번 실수를 하면 영원히 회복할 수 없는 큰일을 저지르게 될 것이다"라며 인종주의적 공포를 주입한다. 그러면서 이학 교수인 글쓴이의 직업을 살려 "정조 관념을 강조하는 때문이 아니라 과학적인 면에서도 이와 같은 조류를 막아야겠다고 본다"는 당부로 끝을 맺는다.[13] 백인 소녀가 사춘기 시절 흑인 남자에게 강간당한 결과, 대학 졸업 후 결혼한 백인 남편과의 사이에서 흑인 아이가 태어났다는 식의 비과학적 이야기를 '과학'의 이름으로 유통시킴으로써 순결은 도의적 차원에서뿐만 아니라 과학적 차원에서 당연히 지켜야 하는 것으로 만드는 것이다.

과학의 외피를 입은 순결 담론은 '명랑한 학원 생활'의 토대로서 제시된다. 그러나 담론 속에서 여학생들의 순결은 늘 위협당하고 의심받는다. 1962년도 국립과학수사연구소는 비행소년들에게 거의 '불순 성교'의 경험이 있다는 조사 결과를 발표한다. 비행청소년 여자의 90%, 남자는 63.4%가 불순 성교의 경험이 있으며, 남자들에게 성교 상대를 조사하니 여학생이 42.32%로 가장 높게 나타나서 여학생들의 '행실'을 염려해야 한다고 지적하는 것이다.[14] 이는 성과학이 여성의 섹슈얼리티에 대한 통제로 이어지는 상황을 잘 보여준다.[15]

제3자화된 불량소녀와 수기의 형식적 불일치

『여학생』은 여학생들을 위한 잡지를 표방했으나 구독자들이 직접 지면에 참여할 수 있는 것은 각 학교의 소식을 전하는 '안테나' 코너와 문예란, 그리고 수기들밖에 없었다. 특히 불량소녀에 관련된 수기는 『여학생』에서 가장 장기연재된 코너다.[16] 이는 불량소녀 수기가 상당한 인기를 끌었음을 알려준다. 불량소녀 수기는 처음에는 「일선교사를 울린 불량소녀라는 이름」이라는 제호하에 교사나 카운슬러의 글을, 1966년 3월호부터는 「불량소녀를 벗한 마음의 행로」 꼭지로 문제학생의 친구 입장에서의 고민을, 9월호부터는 「문제소녀란 너울을 벗는 날은 언제」로 제호를 바꿔 문제학생 본인이 직접 자신의 수기를 기록한다. 이후에도 「17세의 기록—미스테이크 여학생 10경」(1968년 4월호), 「사건 여학생」(1970년 6월)을 통해 불량소녀, 문제학생에 대한 수기를 지속적으로 연재한다.

이처럼 『여학생』이 불량소녀를 고정적으로 등장시키는 이유는 무엇인가. 『여학생』은 이를 계몽적 효과로 인한 것이라고 설명한다. 불량소녀가 "잘못을 어떻게 뉘우치고 탈피하느냐가 중요한 문제"이기 때문이다.

> 만일 당신에게 이러한 고귀한 경험이 있고, 그리고, 당신이 벗과 후배를 사랑하신다면 아낌없이 본사에 투고해 주시기 바랍니다. 당신의 따뜻한 인간애가 한 사람이라도 더 행복으로 이끌고, 그래서 사회를 밝게 할 수 있다면 얼마나 보람된 일이겠읍니까? 200자 원고용지 20매 내외. 게재분은 사례합니다.[17]

이 광고에서는 불량소녀의 수기가 친구와 후배들을 행복으로 이끄는 '인간애'의 표현이며, 사회의 명랑성을 창출한다고 지적한다. 이는 불량소녀와 관련된 수기의 목적이 계몽과 명랑성 도모에 있음을 보여준다. 불량소녀의 고백을 통해 여학생 스스로가 자신을 돌아볼 수 있도록 하는 것이다. 수기의 자기 반영성은 이러한 목적에 부합하는 글쓰기 양식이다. 그러나 실제 수기를 보면 이러한 목적과 길항하는 다른 목소리가 발견된다.

자기 고백 형식의 글은 10대 여성의 자살 기도나 학교 내 갈등 등을 여성적 감수성으로 포장하여 불량소녀 문제를 개인화한다. 문제의 원인을 가족으로 지목하기도 한다. 소년원과 같은 교화 시설 체험담 역시 그러하다. "독을 말끔히 제거하고 우리의 죄를 용서해 달라! 저 슬픈 가난을 추방해 달라. 모진 냉대와 부끄러운 경멸과 아픈 무관심을 사랑으로 돌이켜 달라"[18]며 비행의 근본적 원인이 가난이나 화목하지 못한 가족에 있음을 지적한다. "죄가 무엇인지도 모를 나이에 죄를 범한 소년 소녀들을 집단 보호 교정하는 소년원의 낮은 밤너머 새어 나오는 소리들은 원망과 분개에 참회와 희망이 엇갈려 있다. 그들 대부분이 가난과 결핍된 사랑의 희생자들"이라는 고백은 불량소녀 중 상당수가 가정 문제로 인해 생겨난다는 것을 보여준다.[19] 그런데 흥미로운 것은 김영란의 목소리와 수기의 결말이 충돌하는 지점이다. 경제적으로 무능한 부모를 대신하여 돈을 벌기 위해 학교를 그만둔 김영란은 회사 동료로부터 계 사기를 당하고 충동적으로 공금을 횡령한다. 그는 소년원에 들어가는 순간까지 자신의 죄를 뉘우치지 않는다는 이유로 순경에게 혼나기도 한다. 같은 방을 쓰는 절도 상습범인 다른 소녀들과 자신을 분리하는 것도 이 때문이다. 김영란은 스스로 자신을 '문제소녀'와 다른 사람으로 규정하며, 자신의 범죄는 부모와 사회에 원인이 있음을 밝힌다. 그러나 수기는 "소년원이라면 아주 나쁜, 버려진 아이들이 옥살이 하는 줄만 아는 사회인들이 따뜻한 보호 속에 죄를 깨끗이 뉘우치고 나가는 나와 동료들을 저 벽에서 나를 보고 있는 '어머니의 사랑'의 어머니처럼 일체의 편견을 버리고 혼연히 맞아주길 바라고 싶다"(173)로 끝난다. 이는 수기의 초중반에서 보여준 당당하고 자신감에 찬 태도와 상반되는 것으로, 수기의 글쓰기가 충돌하는 지점을 노출한다.

여기서 더 나아가 가족을 고발하는 도구로 수기를 사용하기도 한다. 철도청 고급 관리였던 아버지가 부정 사건에 연루되어 회사를 그만둔 후 바람을 피우고 어머니에게 폭력을 행사하자 딸인 '나'는 아버지를 향해 폭언을 퍼붓는다. 그러나 그런 '나'를 어머니는 도리어 야단치고, 그로 인해 집을 나와 거리를 헤매게 된다. 이러한 수기는 문제의 원인을 직시하지 못하는 부모에 대한 분노로 인해 '밤고양이'가 된 자신의 사연을 고백한다. 불량소녀인 자신이 아니라 소녀를 지켜주지 못한 가족을 고발하는 것이다.[20] "내가 없어져야겠네요. 그게 좋겠어. 내가 왜 이렇게 됐을까. 내가 어느 사이에 이렇게 사나운 아이가 됐을까. 누가 나를 이렇게 만들었을까. 엄마는 도대체 어떤 성분으로 만들어져 있는 여잘까"[21]라는 독백은 수기가 자기반성이 아니라 타인을 고발하는 도구로 쓰이고 있는 지점을 보여준다. 이러한 고발은 소년계 경찰의 고백과도 공명한다. 남대문경찰서 소년계 소속의 학사 경관인 김경희는 "어떤 때는 그 아이의 부모가 얼마나 원망스러운지 몰라요. 왜 자기 자식이 저렇게 되게끔 했을까 하구요……"라며 부모의 책임을 묻는다.[22] 이는 반성과 회개의 형식에 고발의 내용을 담은 것으로 『여학생』의 불량소녀 수기가 반성과 고백, 계몽의 의도를 초월하는 지점을 보여준다.

　이러한 결절은 『여학생』이 불량소녀를 제3자화한다는 점에서도 발견된다. 『여학생』에서 다루는 불량소녀 수기의 특징은 카운슬러 같은 선생님이나 반 친구의 입을 빌려 고백하는 것이 더 먼저 시도되었다는 점이다. 흔히 수기라고 하면 자신이 직접 겪은 일을 쓴다고 생각하기 마련이다. 더구나 불량소녀에 대한 수기라고 하면 불량소녀의 자기 고백을 떠올리기 쉽다. 그런데 『여학생』은 불량소녀에 관한 수기를 전면적으로 광고하고 다루면서도, 그 수기의 주체를 선생님, 동료, 불량소녀 본인, 기자로까지 확장하고 있다. 심지어 1970년 6월부터는 신문사 사회부 기자, 경찰 등이 여학생이 얽힌 사건을 소개하는 「사건 여학생」이라는 시리즈물로 바뀐다. 「사건 여학생」은 "사춘기 소녀 특유의 반항 심리와 유혹에 약한 나약성으로 인해 스스로 빠져든 수난의 내용과 원인 그리고 선도된 경위가 사건을 직접 취재한 일선 기자의 날카로운 필치로 엮어질 것"을 예고한다.[23] 이는 수기 모집 공고에서 나왔던 것처럼 불량소녀를 통해 교훈을 주려는 것이 아니라 어떤 사람이 불량소녀로 명명되는가를 통해 불량소녀의 낙인을 재생산하고 타자화하는 것이라 볼 수 있다. 이에 따라 불량수기의 내용은 한층 자극적인 양상으로 전개된다. 이는 불량소녀 수기가 계몽적 효과뿐 아니라 일탈 행위의 재현을 통한 오락성을 확보하고 있다는 것을 보여준다.[24]

　『여학생』 창간호는 새어머니의 동생이 가정교사를 하던 중 여학생을 성폭행, 임신한 사연을 다룬다. S여고의 카운슬러인 제보자는 여학생의 부모에게 해당 학생의 문제를 알려, 원만하게 해결한 것을 큰 기

뺌으로 생각한다고 진술한다. 학교에 알리지 않고 학생의 가족 내에서
문제를 해결했기에 원만하다고 보는 것이다.[25] 카운슬러는 성폭행으로
임신한 여학생이 학교를 계속 다닐 수 있도록 도왔다는 기쁨으로 가득
하다. 학교 몰래 임신 중단 시술을 진행한 덕택이다. 결국 이 여학생을
불량소녀라고 호명한 것은 그가 강간당했기 때문이다. 이유를 불문하
고 임신한 여학생은 불량하다는 낙인을 찍을 뿐이다. 이는 『여학생』이
「사건 여학생」에서 사랑과 연애로 인한 파국을 다루는 기사에서도 반
복된다.[26]

친구들이 불량소녀를 기록하는 수기인 「꽃샘바람」은 모범생인 '나'
의 입장에서 거짓말과 커닝, 도둑질을 일삼는 강애를 기록한다. 여기
서 강애의 불량 행동은 친구인 '나'의 우정으로 치유된다.[27] 특히 이들
의 문제는 새어머니라든가 아버지의 폭력, 어머니의 무관심 등 가족에
서 원인을 찾을 수 있다고 제시된다. 친절한 새어머니에게 반항하는
자미[28]나 어머니와 아버지의 이혼으로 양쪽을 오가는 미나[29] 등 '정상
가족'을 벗어나면 불량소녀가 된다. 소년범죄에 관심이 많았던 법조인
권순영[30]은 청소년들의 범죄가 가족의 불화로 인한 것이라고 설명한
다. 돈벌이에 바쁜 부모나 새어머니에게 사랑을 받지 못하고 자란 소
녀들이 전과가 있는 남학생들의 꼬임에 넘어가 어머니의 재산을 훔쳐
달아난 사건을 통해 청소년 범죄의 책임이 가정에 있다고 주장한다.
권순영은 부모의 구박이 심했고, 부모의 사랑을 만족하게 받지 못했으
며, 부모들이 감독을 소홀히 하고 그들의 흥미를 키워주지 못하고 방
임한 것, 자식의 일탈을 예방할 마음조차 없었다는 점을 그 원인으로

지적한다.[31] '법창에서 들리는 사랑의 말씀'이라는 제호로 실린 이 글은 불량청소년 문제가 한국전쟁과 국가, 사회의 역사적 책임으로부터 개인의 사적 영역에서 벌어지는 문제로 완전히 넘어왔음을 보여준다.

이처럼 『여학생』은 불량소녀를 과잉 재현함으로써 박정희 체제가 불량청소년 명랑 담론을 의도적으로 생산하고 있는 것은 아닌가 하는 의심을 품게 한다. 학생 풍기에 관한 『동아일보』 좌담회는 이러한 온도 차가 잘 드러난다. 이 자리에 참석한 중·고등학교와 대학 당국자들은 소년범죄에 대한 사회의 시각이 일부 학생들에게서 나타나는 성의식의 개방성, 폭력, 극장 출입을 빌미로 과잉 일반화하는 것이라고 지적한다. 반면 문교부 관련자인 공무원들은 학생 풍기가 대단히 문란해졌고 심각한 사회문제로 대두했다고 지적하며, 도의 교육의 경시와 정조 관념의 희박을 원인으로 꼽는다. 유물론적 인생관에 빠진 학생들에게 정서 교육을 실시하고 제복(교복)을 도입함으로서 지도해야 한다는 것이 문교부의 입장이다.[32] 불량소녀의 과잉 재현은 교복의 도입으로 이어진다. 이는 불량소년을 선도하는 것이 먼저가 아니라 교복을 입은 학생이라는 시각적 구별짓기를 통해 학생 집단을 창출하는 것이 먼저임을 보여준다.

이러한 문제의식은 한 여학생의 투고에서도 발견된다. 1967년 11월호는 「특집 여학생이란 할인받는 지옥사회 캠퍼스를 어둡게 하는 거리의 교육」을 통해 라디오, 텔레비전, 영화 등 현대의 상업문명이 여학생들에게 영향을 미친다는 담론을 전개한다. 그런데 이에 대한 여고생의 답변은 소위 전문가들이 말하지 않는 핵심을 찌르고 있다. 서울에고 2학년인 이옥주는 "새로운 것을 알아야 하고 배우며 또 앞으로 이 새로운 사회를 세워나가야 할 우리가 새로운 문화를 받아들이지 않으면 누가 할 것인가?"라는 질문을 던지며 "눈을 뜨시고 좀 자녀 교육을 위해 개방적인 생각을 가지셔서 보탬이 됐으면 하는 생각이 나뿐이 아니라 그런 부모님 밑에서 자라는 학생들은 다 원하는 것일 것이다"라고 꼬집는다. 그러면서 기성세대에 대한 강한 비판을 제기한다. 여학생의 불량이 문제가 아니라 학생들이 보고 배울 것이 없는 사회라는 점이 더 큰 문제라는 것이다. 이옥주는 "주위 사회에서는 우리가 보고 배울 만한 것이 없고 그러므로 또한 유혹엔 아직은 익숙지 못하고 눈이 없는 우리는 우리 스스로의 판단으로 하자"며 학생의 일을 본인이 결정할 수 있는 자율권을 주장한다.[33] 이러한 주장은 불량소녀 선도 담론을 생산해내는 기성세대와 체제에 대한 불신과 재질문이자 수기에서조차 제3자화된 불량소녀의 과잉 재현에 대한 냉정한 비판이다.

6장

호모 이코노미쿠스가 된 여학생:
박정희 체제의 통치성과
여성 노동자의 등장

여학생(주우니어들)은 나라의 꿈을 이해, 존재하는 우상일지 모른다. 여학생의 꿈은 곧 나라의 꿈과 직결되어 있다는 말이 진리라던 본지가 지닌 사명이 얼마나 중차대한가를 자성케 한다. (…) 우리가 나라를 위해 무엇을 하고 있는가 하는 꽃봉오리의 향기 짙은 꿈을 자랑스러워 할 수가 있는 것이다.

　　　　　　　　　　— 조윤식, 「필통로우터리」, 『여학생』, 1967년 2월호, 434쪽.

노동하는 여학생

『여학생』의 편집장 조윤식은 '여성의 진화'와 '개화'를 창간 목표로 삼아 잡지 『여학생』을 꾸려 나가겠다고 다짐한다.

참 인생의 꿈을 안고 세계를 향해 비상하려는 소녀들에게 보다 따뜻한 햇살이 아쉽고 새로운 벗이 필요했습니다. (…) 내일의 모성을 위해서라기보다 여성의 진화를 위해서는 현실의 소녀상이 좀 더 밝아져야 하고 그 어진 개화를 위해 『여학생』은 밑거름이 되고자 합니다.[1]

조윤식은 여학생에게 햇살이자 벗이 되고자 『여학생』을 창간했다고 밝힌다. 이는 여학생을 예비 어머니로만 명명하던 것에서 더 나아가 '꿈'을 가진 존재로 보는 입장이다. 바람직한 여학생은 나라의 꿈을 이해하는 존재이고, 나라를 위해 할 수 있는 일이 자랑스러운 꿈으로 이어진다. 박정희 체제 국가의 목표는 '빈곤의 악순환'을 끊고 인간 혁명과 사회 개혁을 통해서 '건전한 복지민주국가', '잘 사는 나라'를 만드는 것이었다. 개인의 경제생활이 필연적으로 사회적 영향을 가지며 민족 전체로 이어진다는 사상을 바탕으로, 경제 혁명, 산업혁명으로 실업자를 구제하고 국민소득을 향상시켜 개인의 최저 경제생활을 보장하는 것이 바로 '경제적 민족애'로 대변되는 '나라의 꿈'이다. 이는 개인이 자신의 능력을 발휘하여 행복과 번영을 찾을 수 있는 자유로 이어진다.[2] 하지만 사실상 이 일할 수 있는 자유는 의무로서 부과된다.

박정희 체제의 통치술은 전 국민을 호모 에코노미쿠스로 조직하였다. 산업 발전은 국력 강화, 승공의 이데올로기를 통해 뒷받침되었으며, 국민들의 노동과 경제성장이 곧 혁명이라는 메시지를 전달했다. 『국가와 혁명과 나』는 자립 경제의 건설과 산업혁명을 혁명의 목표로 설정하였으며, 이를 통해 빈익빈 부익부 현상을 극복해야 한다고 지적한다. "516 혁명이 '국민혁명'으로, 국민혁명이 민족의 '산업혁명'으로 다시 진전되어야" 하며, "이 싸움을 싸워서 이겨내야만 살 수 있고, 지면 죽는 도리밖에 없다"는 것이다. 여기서 제시하는 행동 강령은 '경제 지상, 건설 우선, 노동 지고'이다.[3] 노동의 당위성을 강조하며 근면 성실함을 기반으로 한 경제성장을 자신들의 존립 근거로 삼은 것이다. 이는 국민교육헌장과 같은 교육 이데올로기 속에서도 드러난다. 적성을 계발하고 창조의 힘을 기르는 것, 공익과 질서를 바탕으로 능률적인 협동 정신을 키우는 것, 국가 건설에 참여하고 봉사 정신을 드높이는 것 등 반공주의, 민족주의, 발전주의, 국가주의, 민주주의, 평등주의가 얽혀 있는 박정희 체제의 통치 이데올로기는 특히 발전주의와 민족주의의 결합을 통해 뒷받침된다. 이 둘은 '민족중흥'의 핵심적 슬로건을 뒷받침하는 지렛대 역할을 했다. 이러한 국민정신교육은 국가 근대화와 경제성장이라는 목적하에 기술교육, 실업교육의 강조로 이어졌다. 혁명정부가 세운 재건학교는 국어, 수학 등의 지식 교과보다 실과 과목이 더 높은 비중을 차지했으며, 노동 인력을 양성하는 데 초점을 맞췄다.[4] 노동자가 되는 것은 국가와 사회가 요구하는 의무가 되었다.

『여학생』이 말하는 여성의 '진화'와 꿈은 박정희 체제의 통치성이 만들어낸 자유의 두 얼굴이기도 했다. 여성은 노동자가 될 자유가 있었지만, 동시에 체제가 요구하는 범위 안에서만 노동자일 수 있었다. 이는 여성 노동 담론의 양상을 통해 확인할 수 있다.

『여학생』의 여성 노동 담론과 내치술

1960~1970년대는 산업 노동자로서 여성이 가시화되는 시기이다. 박정희 체제는 여학생들에게도 진학이나 결혼 외에 취직이라는 선택안을 제공하였다. 여학생 수의 증가와 발맞추어 고학력 여성이 노동자로서 공적 영역에 진출하는 것을 촉구하는 사회 분위기가 형성된 것이다.[5] 이 시기 여성의 경제활동 참가율은 1963년 37%에서 1975년 40.4%로 완만한 증가 추세를 보였지만, 산업별 분포에 있어 농업 지배적 취업 구조에서 제조업 부문이 빠르게 상승하고, 임금노동자의 비율이 증가했다.[6] 1963년 21.8%였던 여성 임금노동자는 1978년 36.9%로 증가하였고, 상시 고용자는 11.4%에서 28.8%로 15년 사이에 17.4%의 성장을 보였다. 동시에 일시적 고용자는 10.4%에서 8.2%로 감소하였고, 비임금노동자 역시 78.2%에서 64.1%로 큰 폭의 감소를 보였다.[7] 이처럼 증가한 여성 노동자는 박정희 체제 수출산업의 근간이었던 가발, 섬유공업을 지탱하였으며, 저임금, 장시간 노동으로 잉여자본을 축적하는 토대가 되었다. 또한 전문 기술, 행정관리직과 사무직에서의 여성 비율이 빠르게 증가하였다. 이는 중·고등학교 혹은 대학 졸업한 여성 노동력의 비중이 높아지기 때문으로, 고학력화는 이들 세대의 직종 구성을 생산직에서 사무직과 전문 기술 및 행정기술직으로 전환시킨다.[8] 계몽성을 가진 잡지로서 『여학생』은 진로 선택, 직업 소개란을 강화하였으며, 여학생의 꿈을 발전시켜 나갈 것을 촉구한다. 매호 진로 지도 및 진로 가이드, 특집 등을 통해 여학생들에게 직업에

관한 정보를 제공하고, 취업의 세계로 이끈다.

1966년 3월호부터 시작된 진로 지도는 해당 직업에 필요한 학력, 코스, 조건 등을 소개하고 대략적인 월급 액수와 근무 환경 등의 정보를 제공한다. 이러한 진로 지도는 1969년에는 진로 선정 특별 르포, 1971년에는 직업인 소개, 1977년에는 직장 탐방으로 바뀌지만 다루고 있는 정보의 양과 내용에 있어서는 유사하다. 여성 직장 견문 시리즈는 1977년 11월호를 시작으로 「취업, 어디가 좋을까」(1977.11), 「과자동산 해태제과를 찾아서」(1977.12), 「현대칼라: 섬세한 감각이 필요해요」(1978.1), 「대한항공: 구름을 뚫고 푸른 창공을 날아요」(1978.2), 「성모병원: 흰 가운엔 사랑과 봉사정신이」(1978.3), 「숭인초등학교: 동심 속에서 산다」(1978.4), 「지폐 백 장을 20초에 세는 요술사」(1978.5), 「고객에게 친절을 파는 하루」(1978.6), 「국제전신 전화국 전화과: 보이지 않는 외교관」(1978.7), 「정독도서관: 지식의 보고 속에 묻혀」(1978.8), 「고속버스, 스피드와 낭만과」(1978.9), 「우리는 컴퓨터 시대의 기수」(1978.10) 등으로 1978년까지 이어진다. 제과 회사, 항공사, 병원, 학교, 은행, 백화점, 전화국 등 다양한 직장의 여성들을 다루고 있다.

1965년부터 1979년에 이르기까지 진로 지도를 통해 소개된 직업은 스튜어디스, 기자, 아나운서, 비서, 교사, 의사, 사서, TV탤런트, 영양사, 간호원, 통역사, 은행원, 통화교환원, 디자이너, 약사, 타이피스트, 수녀, 디테일 레이디[9], 귀금속 디자이너, 실내장식가, 수의사, 초등학교 준교사, 타자원, 보조간호원, 미용지도원, 속기사, 키펀처,[10] 고속

진로 지도에서 소개한 직업 목록

발행년월	직업	발행년월	직업
1966.3	스튜어디스	1967.2	은행원
1966.4	여기자	1967.3	통화교환원
1966.5	아나운서	1967.4	디자이너
1966.6	여비서	1967.5	여약사
1966.7	여교사	1967.6	속기사
1966.8	여의사	1967.7	가이더
1966.9	사서	1967.8	타이피스트
1966.10	TV 탈렌트	1967.9	프로듀우서
1966.11	영양사	1967.10	여건축사
1966.12	간호원	1967.11	수녀
1967.1	통역사	1967.12	변호사

버스 안내양, 관광 가이드, 텔렉스사[11], 유치원 교사, 보모, 비서, 극장 안내원, 경리원 등이다. 스튜어디스나 영양사, 간호원이나 디자이너와 같은 전통적인 직업뿐 아니라 통화교환원, 타이피스트, 속기사, 가이드 등과 같은 새로운 직업들도 소개된다. 특히 타이피스트학원과 양장 학원 등은 빈번하게 광고란에 등장하여 '여성 최고의 No.1 직업' 타이틀을 자랑한다. 탤런트나 아나운서 등 방송 관련 직종이 새로운 여성 직업으로 떠오르고, 연예인을 비롯한 대중문화 종사자에 대한 관심이 높은 것도 특징이라 할 수 있다. 여기서 주목할 것은 '전문가'의 양성 이다. 텔렉스사, 타이피스트, 키펀처 등의 기술직이 여학생들에게 새 로운 가능성으로 제시되었다.

1970년대는 전문가의 시대라고 불러도 과언이 아닐 만큼, 적성에 맞는 기술교육을 통한 직업 선택이 강조된다.

도약의 70년대를 맞아 청소년들은 '내 나라'와 '내 조국'을 번영과 비약과 발전으로 이끌어 나가도록, '예지'와 '덕성'과 '기능'을 발휘하는 학도가 되도록 새로운 결의와 보람된 자세를 가져야 할 것이다.[12]

경희고등학교장인 윤양모는 학도로서의 꿈과 한국인으로서의 얼, 민족인으로서의 멋과 배달의 멋을 풍기고 살아나가는 주체성 있는 한국인이 되기 위해 예지와 덕성, 기능을 강조한다. 국가와 개인을 일치시키는 예지와 덕성을 바탕으로 전문가적 기능을 발휘하여 조국을 발전시켜야 한다는 것이다. 여기에 필요한 것은 "이 나라의 '지도자될 자질과 능력과 신념'을 굳건히 할 것"이다. 도약의 70년대는 청소년들이 자신의 삶의 지도자가 되어 예지, 덕성, 기능을 발휘할 때 가능해진다는 것이다. 이는 박정희 체제가 강조하는 지도자도의 일환이다. 박정희는 "국내, 대외적인 적의 침략으로부터 조국을 방위하여 국가를 재건하기 위하여 국민과 국군의 총역량을 기울여야 할 때 가장 긴급한 과제가 그 역량을 바르게 이끌어나갈 지도자"라고 말한다.[13] 근대화를 위해 필요한 것은 지도자이며, 현대적 지도자는 "피지도자와 이해관계를 공통으로 가진 평등한 지위에서 일보 앞서 그들과 같은 길을 걷는 사람", "피지배자를 가장 잘 대표하는 자"로 정의하고, 국민 개개인이 지도자가 될 수 있음을 강조하고 있기 때문이다. 즉 국민 개개인이

피지도자에서 지도자로 탈바꿈하는 것이 국가의 근대화를 앞당길 수 있다는 발상이다. 이에 따라 『여학생』 역시 1970년대는 민족적 도약의 시발점이고, '우리 시대'를 만들기 위해 학생들이 기능을 기르기 위해 노력해야 한다는 메시지를 전한다. 기능을 통해 국가 근대화에 이바지하는 여학생이 되어야 하는 것이다. 이는 전문가가 되어야 한다는 메세지로 등장한다.

1970년 4월호의 진로백과는 1970년대를 '스페셜리스트의 시대'로 명명한다. 이때 전문가 담론은 남녀동권의 목소리를 적극적으로 내기 시작한다. 특기를 살린 엘리트 직업을 통해서 남존여비, 삼종지도의 삶을 탈피할 수 있다는 것이다. 1973년 4월호의 특집 「여학생과 직업선택」은 이제 여성이 가정 이외의 사회에도 참여해야만 하는 시대가 왔다는 것을 강조하며 직업여성의 활동이 요구된다고 말한다. 같은 호의 「여성에게 유리한 직업이란」은 간호원, 간호보조원, 약제사, 치과 기공사, 보모, 카운슬러, 사서, 스튜어디스, 건축사, 염색기술사, 임상검사기사, 물리요법사, 전화교환수, 변호사, 특수학교 교사, 미용 이용사, 디자이너, 아나운서, 비서, 타이피스트, 신문사 기자 등을 여성친화적 직업으로 제시하기도 한다. 이는 그동안 제시했던 여성 직업군에서 기술을 보다 강조한 직업군으로의 이동을 보여준다. 전화교환수나 비서, 타이피스트 등은 여성만의 직종이라 할 수 있고 특수학교 교사나 물리요법사처럼 보살핌 노동에 관련된 것들이 많아 성별 분업에 기초하고 있다는 것을 알 수 있다.

『여학생』은 졸업생이나 중퇴생들이 직업전문학교를 통해 자격증을 취득하고 사회로 나아갈 수 있다는 점을 강조한다. 간호학원, 경리학원, 공예학원, 병아리 감별학원, 타자학원에 이르기까지 각종 기술을 배울 수 있다는 점을 강조하는 것이다.[14]「중퇴생, 어디서 어떤 대우를 받나?」는 "기술은 자립할 수 있는 최적의 길"이라며 국가시설인 시립 부녀사업관을 찾아 양재, 기계편물, 타자, 미용 등 "여성들이라면 누구나 쉽게 익힐 수 있는 것들"을 알려준다는 정보를 제공한다.[15] 이는 여성들이 전문적으로 취득할 수 있는 기능이란 상대적으로 간단한 것임을 의미하기도 한다.

타이피스트, 통화교환원, 키펀처, 디테일 레이디, 텔렉스사 등과 같은 여성 '전문' 기능직들은 기술학교를 통해 자격증을 따야 하는 직업군이다. 하지만 이들은 전문적인 동시에 게토화되어 있기도 하다. 여성들에게 "NO.1"으로 일컬어지던 타이피스트가 지금은 사라진 것처럼, 이들 여성 '전문' 기능은 미숙련직의 범주에서 벗어나지 못했다. 새로운 시대의 기술직으로 일컬어지던 키펀처, 텔렉스사 등은 이내 다른 기술에 의해 대체되었다. 이들 직업의 존망은 여성 노동이 전문직, 기능직을 말할 때에도 이내 쉽게 대체가능한 미숙련 노동의 영역에 한정되었음을 보여준다. 그렇다면 박정희 체제는 왜 여성 노동을 권장함과 동시에 게토화시켰을까. 이는 여성 노동이 전문적이고 장기적인 것이 아니라 결혼과 출산을 중심으로 재구성되는 단속성을 바탕으로 해야 하기 때문이다. 여성에게 권유되는 좋은 직업은 쉽게 그만둘 수 있는 것이어야 한다. 이는 직업에 대한 구체적인 가이드를 통해 확인해 볼 수 있다.

좋은 직업과 '불량' 직업의 이분법

『여학생』의 진로 특집은 여학생들이 진로를 찾아가기 위해 자신의 적성을 파악하고, 그에 맞는 직업을 선택할 수 있도록 도와주는 역할을 수행한다.

창간호의 특별기획은 「주니어를 위한 직업 가이드」로, "하늘의 별따기처럼 어렵다는 취직난 속에서, 당신이 당신에게 꼭 알맞는 직장을 구하여 거뜬히 들어갈 수 있는 비결"을 공개한다. 취업에 필요한 특기를 소개하고 자신의 특기와 적성을 파악하는 것에서부터 이력서 작성이나 면접시험에서 유의해야 할 사항을 꼼꼼히 기록한다. 이때 『여학생』은 취업을 유리하게 하는 특기를 둘로 나눠서 실무에 직접 필요한 주산, 타이프, 속기, 영어회화, 펜글씨, 자동차운전 등과 각종 스포츠, 작곡, 성악, 회화, 사진, 서도, 장기 등 취미와 교양의 영역까지도 포함시킨다. 즉 교양 있는 여학생이 취업에도 성공할 수 있다는 것으로, 여성의 가능성은 교양과 직결된다. 1970년 1월호 특집 「여학생이 열 수 있는 가능성의 세계」는 문학, 음악, 미술, 연극을 여학생의 가능성으로 제시한다. 1972년 10월호 특집 「교양미를 지닙시다」 역시 독서, 음악, 미술작품 감상, 연극감상, 여행, 컬렉션, 스포츠, 카메라, 화초가꾸기, 글씨쓰기 등 취미선택에서부터 옷차림, 말투까지를 교양의 항목으로 삼는다. 해외펜팔이나 우표수집과 같은 취미활동을 권장하는 광고, 유행하는 옷차림과 몸매관리를 위한 체조까지, 여성성을 둘러싼 전 영역을 교양으로 포섭한다. 이러한 교양은 직업을 묘사하는 데서도 빈번

진로 특집 일람

발행년월	진로가이드
1965.12	주니어를 위한 직업 가이드
1968.7	적성에의 재발견
1968.11	진로발견테스트 : 당신의 진로를 마아크 합니다
1969.9	당신은 어떤 직업을 희망하는가
1969.11	10년 후의 직업미래도
1970.4	여학생과 직업 선택
1971.3	고교출신과 직업선택
1971.10	여고졸업 OL의 취직전망
1971.1	여고 졸업생을 위한 취업 지도
1971.6	당신의 개성을 어떤 직업에서 살려야 좋을까?
1972.5	고교출신이 얻을 수 있는 기능직
1972.6	성공 여류가 말하는 나의 취업기
1972.7	성공인이 말하는 자기개발의 요소
1972.8	당신의 미래의 직업은
1972.9	여학생의 꿈 어떻게 변했나
	미래의 유망직종은?
	당신에게 가장 맞는 직업은?
1972.12	직장은 당신을 기다리고 있다
1973.1	기술과 능률의 시대를 위한 취업 가이드
	사회진출에의 제3의 길, 기술학원
1973.2	전문가가 됩시다
1973.4	여성에게 유리한 직업이란
1974.7	고졸자를 위한 나는 어느 직업을 택할까?
1976.1	기능직 직업가이드 : 기능사가 됩시다
1976.2	전수학교의 실태와 특색 : OL양성처, 전수학교가 환영받고 있다
1976.10	여고출신의 유망직종과 전국기술학원 안내: 유능한 직업인이 됩시다
1977.7	주경야독의 현주소, 공단학교·특별학급: 일하며 배우는 시대, 우리는 의욕에 산다
1978.7	누구나 유능한 여사무원이 될 수 있다
	각 기업체가 말하는 바람직한 여사무원상
1978.9	가야할 길을 결정하자! : 여자 신입사원, 어디서 어떻게 뽑나?
1978.10	전문학교 및 고등기술학교 안내 : 밝은 전망의 기술계통
1978.11	신입 OL입문 : 직장, 이런 마음가짐으로 출발하자
1979.1	여고 졸업생을 위한 직종 안내
1979.2	이런 학교도 있죠 : 방송통신학교
1979.4	출범! 사회로의 닻을 올린다
	어떤 직업에서 당신의 개성을 살릴까
1979.7	전문직업인이 됩시다
1979.12	신입 OL의 직장체험기: 새날의 창을 연다
	여성의 진학과 결혼: 삼종지도만으로 여자는 행복할 수 없다

하게 등장한다.

여성을 위한 유망직종으로 손꼽히는 스튜어디스는 "아름다운 용모와 체격, 상당한 수준의 회화실력과 거의 완전한 건강"을 갖추어야만 가능하며 "여성 직업 중에서도 가장 매력 있는 직업의 하나"로, 세련된 매너를 갖춘 교양 있는 여성의 상징으로 여겨진다. 이런 스튜어디스의 조건으로는 가장 중요한 것이 용모단정이다. "너 예쁘다"는 소리를 듣는 여학생, "키가 작아서는 실망", "물 찬 제비같이 날씬하면 더욱 좋다" 등 여성의 외모에 관한 조건이 우선시된다. 국적기인 KAL과 해외 항공사에 취업하기 위해 좁은 문을 거치고 나면 "여성으로서는 상당한 액수의 보수"가 주어지고, "결혼자금을 넉넉히 모을 수 있다"는 장점이 있다.[16] 결혼을 하지 않는 이상 30세까지는 일할 수 있다는 점 역시 장점으로 제시된다. 교양 있는 여성의 직업으로 일컬어지는 스튜어디스 역시 결혼을 기점으로 그만두어야 함을 의미한다. 이는 상대적으로 성별화되지 않은 직업인 기자에 있어서도 마찬가지이다.

여기자에 대한 소개는 "지나치게 똑똑한데다 자기가 똑똑한 여자라는 걸 과시하고 아주 건방지다"라는 통설과 함께 시작한다. 그러나 이러한 편견과 달리 "굉장히 복잡하고 거치른 직업 같지만, 사실은 안온하고 흥미 있는 직업"이며 "오직 끈기가 필요"할 뿐이라며, 여성적 가치들을 부여한다. 안온하고 끈기 있는 직업이기 때문에 여성성을 해치지 않는다는 것이다. 이는 결혼을 위해 필요한 가치이다. "직장의 여자는 일을 위해서 겸 화분 역할을 위한 존재라는 일반적 관념"이 통용되는 분위기상, 24~27까지 미혼인 여성만 될 수 있으며 결혼과 함께 그만두는 것이 불문율[17]이라고 당부하며 성차별과 불평등을 그대로 수용한다.

『여학생』이 직업을 소개하는 데 가장 중요한 사항은 결혼과 출산이다. 스튜어디스는 결혼하기 전까지 오래 일할 수 있으며, 아나운서나 인형연구가 등의 직업은 결혼 후에도 지속할 수 있다는 장점이 있다. 의사 역시 개업을 하면 가정살림과 동반할 수 있다는 점을 장점으로 꼽는다. 공무원은 근무시간이 확실하기 때문에 안정된 직업으로 추천된다. 반면 여기자나 운전수[18] 등의 직업은 결혼이 늦어질 수 있고, 결혼하고 나면 지속할 수 없는 직업이라고 못박는다. 이는 "여성은 인류의 중요한 꿈을 키우는 대지"이며 "여성의 여자다움만은 변할 수 없다"는 설명에 의해 뒷받침된다.[19]

여성이라는 생물학적 특성은 직업의 수행 방식까지 결정한다. "타이피스트는 한 직장에 여성적인 부드러움을 주어 항상 밝고 명랑한 분위기를 이루도록 해야"하고, "관광 가이드는 손님들을 즐겁게 해주어야 하며 여타한 불평도 참아 넘길 수 있어야 한다" 등 여성들의 노동은 감정노동을 기반으로 구성된다.[20] 일반 사무원[21]도 "자존심이 강하고, 완고한 성격의 사람은 부적당하다"고 제시하고 있다. 이는 '여성이기 때문에' 사무실의 꽃으로서의 역할을 수행해야 한다는 공론장의 규범에 어긋나기 때문이다. 남성의 영역으로 성별화된 직업을 묘사할 때, 해당 직업인들의 여성성을 강조하는 것도 이 때문이다.

한국에 1명뿐인 1급 건축사 지순과 변호사 이태영은 인물 인터뷰 형태로 등장한다. "지순 씨는 약간 차가운 인상. 그러나 얘기해보면

퍽 부드러운 여자라는 것을 이내 알게 된다. 목소리가 필요 이상으로 작고, 피부 빛깔은 약간 검은 편"이라며 여성적인 외모와 성격을 어필한다.[22] 여성 변호사 1호인 이태영에 대한 묘사도 마찬가지다. "짙은 남색 치마저고리에 새하얀 피부. 여사는 그 모습에 반주처럼 어울리는 고운 음성을 갖고 계셨다"[23]며 이태영 변호사가 섬세하고 성실한 태도로 가정에서의 역할을 수행한다는 것을 강조한다. 이는 태권도 사범이나 경찰관에게도 마찬가지이다. "태권도 사범이기 전에 좋은 여성이"어야 하고,[24] 청소년 선도를 위해 노력하는 따뜻한 심성을 가지고 있다는 점이 강조된다.[25] 이처럼 여성들의 직업은 여성성을 강화하거나 살리는 방향으로 제시되며, 규범화된 여성성을 벗어나는 직업을 가진 여성은 가정에서의 면모를 강조하면서 '여성다운 여성'임을 입증한다.

여성에게 올바른 노동은 여성성의 범위를 벗어나지 않는 것으로, 가정과 결혼을 우선시하는 것이다. 이는 '1등 시민'이 되기 위한 직업 선택에서 여성들에게 필요한 것은 결혼과 국가사회에 대한 봉사라는 것과도 통한다. 여교사는 '인종의 천직의 길'이고, 영양사는 '국민보건의 바로미터를 재는 사람'이다.[26] 간호원 역시 '병상을 지키는 하얀 비둘기의 헌신'으로 명명된다. "숭고한 인간애에 입각한 인류에의 봉사"라는 것이다.[27] 여행 가이드는 "외화획득을 목표로 한 관광객 유치 작전이 비교적 주효하고, 국민 경제 생활이 안정선을 넘어서자 갑자기 활기를 띠기 시작한 관광산업"을 활성화하는 것이 그 역할이다.[28] 이처럼 여성 직업군은 성별 분업을 전제로 한 감정노동, 보살핌노동 중심이고, 이 노동들은 '봉사'처럼 아름답고 숭고한 것으로 포장된다. 이는 여성 노동이 공적 영역에서 봉사와 희생의 담론으로 포장될 때만 존재할 수 있다는 것을 보여준다. 박정희 체제 여성담론이 여성의 공적 영역 진출을 격려하는 동시에 철저하게 차단하고 있는 것과도 통한다.

성적 유혹이라는 함정

『여학생』의 불량소녀 수기 중 상당수는 돈을 벌기 위해 가출하여 성적으로 타락한 여학생들에 관한 이야기이다. 여학생들은 "순수하고 아름답지만", 여성이기 때문에 "밑바닥에 깔려 있는 허영과 사치심"을 갖고 있어 의상실, 극장, 생맥주 홀, 고고클럽 등을 드나들며 이성과 접촉하고 육체와 정신을 낭비한다.[29] 『여학생』은 여름방학 피서를 위해 부산에 내려간 여학생들이 피서 자금을 마련하기 위해 살롱의 호스티스가 된다든가[30] '신인가수모집'이라는 광고를 통해 소녀들을 유혹하여 요정이나 윤락가에 팔아먹는다 등의 메시지를 반복해서 전달함으로써 성적 유혹을 조심하라고 강조한다.[31] "공부 대신 돈을 벌기 위해 직업소개소나 신문광고 등을 통해 직, 간접적으로 생활전선에 뛰어들고 싶어 하는 불행한 소녀들"에게 직업소개소는 "요정, 다방, 맥주홀, 음식점 등 유흥접객업소를 소개한다"는 것이다.[32] 이는 여학생의 노동은 구두나 옷 등 사치품을 위한 것이고, 그 과정에서 남성과 만나 성적으로 타락할 위험이 있다는 편견으로 이어진다. 이를 소설적으로 재현한 것이 「기억 속의 세발 자전거」이다.

「기억 속의 세발 자전거」는 제보를 바탕으로 구성한 소설로, 『여학생』의 계몽성을 잘 드러내고 있다. "나는 지금 어느 작은 회사의 사무원으로서 보람 있는 나날들을 보내고 있읍니다만, 한때는, 세상에서 흔히 여러분들이 말하는 비행소녀였습니다"[33]라는 1인칭 고백체의 서문은 저자와 화자 사이의 거리를 좁혀 독자들이 몰입할 수 있도록 만든다. 미니스커트를 입고 화장을 한 주인공 우진미는 가족들의 무관심 속에서 친구들과 어울리며 유흥을 즐긴다. 이들은 "아르바이트를 해서 오늘 밤은 철저하게 놀아주마"라며 백화점, 상점 등에서 물건을 훔친다. 절도가 아르바이트인 것이다. 소설은 우진미가 감시원에게 붙잡히고 주간지에 폭로되어 가출을 감행하지만, 방황 끝에 가족으로 돌아가는 것으로 끝을 맺는다. 사치스러운 여학생이 범죄의 늪에 빠졌다 회개하는 과정을 통해 소설은 여학생들의 사치가 그들을 타락시킨다는 점, 그 선도와 회개, 반성은 '건전한' 노동자가 되는 것이라는 점을 설파한다. 그러나 이는 여학생들의 노동이 성적 위협으로부터 분리하기 어렵다는 것을 보여주는 것이기도 하다.

『여학생』이 경고하는 '불량' 노동은 금전적 손해나 착취, 폭력의 문제보다 더 중요한 여성성의 영역을 위협한다. 여학생들이 배금주의 때문에 순결을 잃는 것은 "육체의 포기"이자 "인간의 포기"이다. "한 여성으로서, 장차 사랑하는 남편에 대해서 그 사랑을 구체적으로 나타내는 헌신의 미덕을 닦고, 거기서 생겨나는 나의 생명의 연장인 자녀들의 양육이 있을, 오늘의 소녀 시대에 배금주의에 젖어서 자기를 잃는다는 것은 장차 자기의 갈 길을 잃는 것밖에 안" 되기 때문이다.[34] 이는 여학생의 몸과 섹슈얼리티가 가족을 위한 것이라는 점을 잘 보여준다. 국가주의 실현을 위한 개인 개발의 중심 원칙은 성별적인 동시에 성차별적이기 때문에 여학생을 자식과 남편을 위한 어머니, 아내로만 보아 순결 교육의 대상으로 삼는다.[35] 여학생의 미래는 남편에 대한 헌신과 자녀 양육에 있고, 이에 따라 순결을 잃는 것은 자기의 미래를 잃는 것과 똑같다. 여학생에게는 노동자로서의 자신보다 어머니로서의 여성이 더 중요하다.

1960~1970년대 예비 여성 노동자의 주체화와 그 명암

『여학생』 1966년 1월호는 은행, 방송국, 신문사 등에서 일하면서 학교에 다니는 여학생들을 화보로 등장시킨다. 이들은 가정 형편이 어려워서, 장녀이기 때문에, 혹은 자신의 학비는 자신이 책임지고 싶다는 생각 등으로 낮에는 직장에 다니고 저녁에는 학교를 다닌다. 1972년 11월호는 현대자동차에서 사무직으로 일하면서 야간학교를 다니는 여학생을 기획 화보를 통해 소개한다. 그는 동생 학비를 도와주면서 대학 진학을 위해 적금을 붓고 있다.[36] 일하면서 학교를 다니는 어려움은 '가족을 위해', '배움을 위해'라는 말로 대신한다. 심지어 다른 직원들보다 월급이 적은 것도 학비를 보조받고 있기 때문에 당연하게 받아들이고 수용한다. 여성 야학생들이 스스로를 노동자가 아니라 학생으로 정체화하고 있기 때문이다. 은행이나 대기업에서 사무원으로 일하는 여학생들은 중졸 이상의 고학력 노동자이지만, 자신의 노동을 임시 방편이자 수단으로 인식한다. 『여학생』 역시 이들을 학업을 위해 일시적으로 일하는 노동자로 호명한다. 이들에게 중요한 것은 자신의 노동에 대한 정당한 임금이나 직급이 아니라 '건전한 여학생'이라는 인정이다.[37] 이러한 담론은 여성 노동을 부차적인 것으로 만든다. 노동자이기 전에 여학생, 노동자이기 전에 예비 어머니인 것이다.

산업혁명에 의한 공장 노동은 여성 노동자들을 집 밖으로 나오게 했고, 그로 인해 공적 영역과 사적 영역의 분리가 일어났다. 가정과 노동, 모성과 임노동, 여성성과 생산성이 대립된다. 여성 임금은 남성보다 더 값싸고 덜 생산적이며, 여자들은 젊고 미혼일 때만 노동에 적합하며, 특정한 종류의 노동(미숙련직, 임시직, 서비스직)만을 할 수 있다. 하지만 조안 스콧은 이 성별 담론이 성별 분업을 정교화시키고 고학력 여성들을 저임금으로 사용하기 위해 만들어낸 담론의 효과라는 점을 지적한다. 모성에 대한 보호로 통용되는 여성 노동에 대한 규제는 사실상 다양한 입장의 여성들을 기혼 여성이라는 하나의 틀로 묶어내어 여성 노동자를 제한하는 결과를 낳는다. 즉 여성은 잠재적 어머니이기 때문에 필연적으로 특정한 종류의 일자리에만 제한되어야 하는 노동자이며, 어머니가 되기 전까지만 노동에 적합한 가정 안의 존재라는 점을 강조하는 것이다. 이로 인해 남성의 임금은 가족 전체를 부양할 수 있어야 하지만, 여성의 임금은 보조적이라는 담론이 생산된다.[38]

여성의 '진화'를 위해 노력하겠다는 『여학생』은 여학생들의 진로에 공적 영역에서의 노동을 추가했다. 이는 인구를 호모 에코노미쿠스로 재명명한 박정희 체제의 통치성에 따른 것이기도 하다. 바야흐로 여학생들에게도 일할 '의무'와 직업 선택의 '자유'가 주어진 것이다. 그러나 이 '자유'는 이내 여러 가지 제한과 맞닥뜨린다. 성별 분업에 의거하여 여성 기능직을 단순화, 게토화하고, 결혼과 출산을 중심으로 여성의 직업을 제한한다. 그뿐만 아니라 직장에서 여성성을 발휘하여 생활하여야 한다는 사실을 계몽한다. 이는 여성 노동은 곧 저임금, 미숙련 노동이며 단속적이라는 인식을 만들어낸다. 상대적으로 고학력인 여성 노동자들도 스스로를 임시 노동자이자 예비 어머니로 생각한다. 이들 예비 여성 노동자들은 항시 자본과 기업에 의해 쉽게 쓰고 버릴 수 있는 대체제로 인식된다. 여학생 스스로도 자신을 차별받는 노동자로 정체화하고도 불평등을 느끼지 않게 되는 것이다. 여성 중졸 대 남성 고졸, 여성 고졸 대 남성 대졸의 구도로 요약되는 1960~1970년대의 한국 노동시장 구조와 성별 분업, 그에 따른 임금 격차는 이러한 인식을 바탕으로 정당화되고, 박정희 체제는 이렇게 생산된 초과 이윤을 국가와 사회의 몫으로 가져갈 수 있었다.

7장

애국과 봉사의 마음:
한국여성단체협의회 기관지
『여성』과 국가 페미니즘

눈에 보이는 벅찬 건설과 경제성장을 위해 남성들이 정력을 기울여 일하는 이 해에 여성들은 사치와 허영의 꿈에서 깨어나 근면과 절약으로 소비건전화의 참된 역군으로 올바른 정신교육을 맡아야 할 것입니다.

국가 발전에 큰 암이 되는 부정부패는 아내의 올바른 태도와 슬기로운 조언, 어머니의 성실한 교육으로만 근절되리라 확신합니다. 여성들의 이와 같은 깨끗한 생활신조로 사회는 모르는 사이에 점차 정화되고 질서가 잡히리라 믿습니다.

— 육영수 신년사, 『여성』, 1971년 1·2월호, 2쪽.

1970년대 여성 대학생의 비율은 전체 25%에 육박하였고, 교육대학의 경우에는 여성이 남성보다 더 높은 비중을 차지했다.[1] 여성들의 교육수준이 올라간 만큼, 여성 교양에 대한 관심도 높았다. 1969년 삼중당에서 출간한 『현대여성백과사전』[2]의 4권은 『교양/서한』으로 박목월이 저술하였다. 이때 교양의 내용은 서양문학과 역사, 서양음악, 동서양의 미술, 서예까지 포함하고 있으며, 책의 앞쪽에는 괴테, 옥스퍼

드 등을 소개하는 컬러 화보가 포함되어 있다. 베토벤의 교향곡과 우표수집과 같은 취미, 단테의 『신곡』이 여성에게 필요한 '교양'이라는 이름으로 묶이는 것이다. 이때 교양은 예술의 양식미를 감상할 수 있는 능력을 의미한다.

반면 1971년 출간된 『현대여성교양전집』[3]은 『현대여성백과사전』이 다루고 있는 전 영역을 교양 안으로 포섭한다. 여성에게 필요한 모든 지식(백과사전)이 '교양' 안으로 들어가는 것이다. 이 전집은 김은우, 모윤숙, 유달영, 이어령, 조경희, 최정희 등 6명을 편집위원으로 하여 편찬되었고, '1권 이브의 탄생(생애 주기), 2권 미와 매력(아름다움), 3권 청춘의 단계(젊음), 4권 사랑의 신비(사랑과 결혼), 5권 주부의 슬기(가사), 6권 자녀교육 노우트(양육), 7권 여권의 행진, 8권 예술에의 초대, 9권 행복의 구름다리, 10권 구원의 여인상'으로 이루어져 있다. 『현대여성백과사전』이 여성의 생활에 도움이 되는 실용적 지식의 한 부분으로서의 교양이었다면, 『현대여성교양전집』은 여성의 행복이나 구원과 같은 철학적 탐구까지를 교양의 대상으로 삼는다. 특히 여성의 권리라는 주제가 새롭게 등장한 것에 주목할 만하다. '이브'로 태어난 여성이 내면의 지성미, 교양을 획득함으로써 신사임당으로 거듭난다는 '주부교양'의 차원뿐 아니라 여성의 권리가 교양의 범주로 포함된 것이다. 이는 1970년대 한국사회에서 여권이 교양으로 등장했음을 알리는 신호이기도 하다. 교양이 일종의 주체화 실천으로 정치적 의미를 가질 수 있다고 할 때,[4] 여권과 교양의 만남은 여성들의 주체화와 연관될 수밖에 없다.

한국여성단체협의회의 탄생

한국여성단체협의회(이하 '여협')은 ICW(세계여성단체협의회) 가입과 국내 여성단체 활동의 총화를 위해 1959년 설립된 단체로, 독립촉성 애국부인회를 비롯한 우익 여성단체들이 결집한 '전국여성단체총연맹'의 후신이라 볼 수 있을 정도로 미군정 요직 출신의 여성 인사들이 포함되어 있었다. 미군정과 자유당은 일제 협력의 과거를 가진 인사들을 내세워 부녀국을 운영하면서 여성단체를 정권의 정책을 홍보하고 여성 유권자를 동원하기 위해 사용하였다. 1950년대 여성단체는 부녀행정과 연계되어 성장했으며, 이로 인해 '여성운동의 암흑기' 또는 과도적인 시기로 규정된다. 이는 여성단체뿐만 아니라 사회단체 전반적인 현상이었다. 한국전쟁을 기점으로 하여 모든 사회단체는 친정부, 관제적이어야 했기 때문이다.[5] 여협 역시 그런 성격을 가지고 있었는데, 이는 발기인과 소속 단체를 통해 확인할 수 있다.

여협은 김활란(대한여학사협회), 박마리아(대한YWCA연합회), 박에스더(대한YWCA연합회), 박인순(보건사회부 부녀국), 박덕순[6](대한여자청년단[7])의 5명을 발기인으로 하여, 대한여학사협회, 대한어머니회, 대한YWCA연합회, 부녀보호사업전국연합회[8], 대한부인회[9], 여성문제연구회[10], 학생문제상담소[11], 한양여성클럽[12] 등 8개 단체가 창립총회에 참여하였다. 발기인들은 해방 이후 김활란과 박마리아를 중심으로 활발하게 활동해오던 남한 우익 여성 인사들이다. 여기에 부녀국 국장이던 박인순까지 합류한 것을 통해 여협의 성격을 짐작해볼 수 있다. 여협의 탄생은 해방 이후 한국 여성운동의 성과인 동시에 한계였다. 여성들이 모여 자신의 목소리를 내고, 공창제 폐지와 축첩 타파 등 여성의 지위 향상을 위해서 정치적 영향력을 확보한 것은 분명 의미 있는 일이다. 반면, 여협이 자유당과 정부의 정책에 여성을 동원하였다는 혐의 역시 지울 수 없다. "여성단체간 협력과 친선을 도모하고 여성단체의 발전과 복지사회를 이룩하는 일에 여성이 적극 참여하도록 권장하며 여성단체의 의견을 정부 및 사회에 반영"한다는 목적하에 여성의 사회참여를 권장하고, 아래로는 '어머니, 아내, 딸'을 여론 조성의 대상으로, 위로는 정부를 대화의 상대로 호출하였기 때문이다.[13]

『여성』의 소명과 여권의 교양화

여협의 기관지로 출발한 잡지 『女聲(여성)』(이하 '여성')은 1964년 9월부터 지금까지 매월 발행되고 있다. 『여성』 창간호에서 회장 김활란은 "우리의 소리를 대변하는 『여성』을 간행하게 된 것을 자축한다"며, 올바른 여론 조성과 여성단체 간 유대에 힘쓰자고 주장하고 있다.[14] 여협 소속 각 단체의 동정을 소개하고 각 단체 사이의 원활한 소통과 총화를 돕는 역할을 하는 동시에 여성운동 의제를 공론화하고 개발하는 역할을 수행한 것이다. 권두언인 「女聲(여성)」을 비롯하여 특집, 주제강연, 제언, 가입단체 활동, 「우리들의 광장」으로 마무리되는 형식의 『여성』은 1970년대 말에 이르면 매월 3200부, 연간 3만 5200부를 제작하였으며, 영문 *The Women*도 연1회 발행하여 각국 대사관이나 ICW 등에 배포하였다. 1970년대 여협 가입단체가 18개, 가입회원 수가 12만이었던 것을 감안해본다면, 발행 부수는 적었지만 공람률(公覽率)이나 회람률(回覽率)이 높았을 것을 예상할 수 있다.

1960~1970년대『여성』의 발행인은 초대 여협 회장 김활란, 2대 이숙종, 3대 이철경이었지만, 실상 잡지에 관한 일은 정충량이 총괄한 것으로 보인다.[15] 발행인과 편집인이 모두 여성으로만 이루어진 매체인 것이다. 김활란은 여러 여성단체를 설립, 운영한 여성 교육자이자 각종 국제행사에서 한국을 대표한 인물이었고[16], 이숙종은 성신여자사범대의 창립자이자 유신체제에서 대통령 추천 국회의원이 되기도 하였다.[17] 이철경은 1대 신사임당상 수상자이자 대한주부클럽연합회 회장이었으며[18], 정충량 역시 한국 최초의 여성 논설위원이자, 여협 부회장, 대한주부클럽연합회 회장 등을 역임하였다.[19] 대한민국일등수교훈장(김활란), 국민훈장무궁화장(이숙종), 국민훈장모란장(이철경) 등을 수상할 만큼, 정부와 가까운 곳에서 일하는 친체제 인사들이기도 했다. 그렇다면 잡지『여성』의 성격은 어땠을까.

『여성』지 내용에 대해서는 여러 가지 의견도 있었으나 많은 여성 교양지가 상업적인 면에서 발행되는 이상 섣불리 교양지로서 발간하면 설 자리도 없었거니와 기관지를 내는 단체가 많지 않은 형편에서 단체의 연합체적인 여성단체 협의회로서는 모든 단체의 활동을 종합적으로 기록하는 것이 좋겠다는 결론을 내리게 되었었다.[20]

여성단체 활동의 자료지적 성격으로 출발한『여성』지는 일반 교양지들의 성격과 달리 여성의 활동에 관한, 또한 앞으로 한국 여성단체운동이 나아가야 할 방향 등이 초점이 되어 왔습니다. 주로 다루었던 문제를 보면, 여성운동의 방향, 아동복지, 여성복지, 기타 근로여성문제, 국가여성지위향상위원회 기구의 필요성, 또 여성 능력개발과 사회 기여, 인구문제, 모자보호문제, 불량식품불매운동, 교육정상화, 과열과외, 한국 여성활동의 진로, 가족법 개정, 여성단체의 발전상 등의 여성 및 여성단체와 관련된 내용으로 대개 200호까지 그런 성격을 지녀왔다고 봅니다.[21]

정충량은『여성』이 일반 교양지와 다르다는 전제에서 출발한다.『여성』이 창간될 당시 여성 교양지로는『여원』(여원사, 1955),『여상』(신태양사, 1962),『주부생활』(학원사, 1965),『여성동아』(동아일보사, 1967),『여성중앙』(중앙일보사, 1969) 등이 있었다. 신문 자본을 필두로 한『여성동아』와『여성중앙』의 공세, 잡지 자본이었던 학원사의『주부생활』 등이 독자의 흥미를 자극하며 기사를 쏟아내고 있었고,『여원』은 그 위세에 밀려 1970년 폐간에 이른다. 즉 상업적 여성 교양지가 풍미하기 시작한 시대라고 할 수 있다. 정충량은 이러한 상업잡지를 다분히 의식한 상태에서『여성』은 교양지가 아니라 자료지의 성격을 가지고 있었다고 지적한다.『여성』은 여성의 외모나 에티켓 등 규범적 행위 태도에 관한 일반적 지식이 아닌 한국 여성단체운동이 나아가야 할 방향에 초점을 두었다고 강조하는 것이다.

물론 초기『여성』은 교양지로서의 성격을 다분히 가지고 있었다.[22]

그러나 정충량의 주장처럼 주제강연과 특집, 소비자운동과 관련한 보고서 등에 적극적으로 분량을 할애하여 독자를 계몽하는 데 힘을 기울였다. 시사, 환경, 식품, 의학, 교육, 안보 등 다양한 분야의 전문 지식을 전달하기 위해 대학교수, 기자, 회계사, 여성단체 회원 등 각종 전문가의 글을 수록하였으며, 여성 관련 보고서나 논문을 발췌하여 전문적인 지식을 게재하기도 했다.

『여성』은 창간 이후 1970년대까지 67편의 논문을 수록한다. 학술지 『아시아여성연구』(숙명여대)나 『여성문제연구』(효성여대)에 수록된 것을 재게재하는 형태도 있었다. 1970년대는 아직 여성학의 학문적 체계가 자리 잡기 이전이었다. 1970년대 중반에 이르러서야 『아시아여성연구』와 『여성문제연구』 등의 학술지가 등장한다. 한국여성학회(1983)도 설립되기 이전이기 때문에, 사실상 여성학의 전문적 지식을 유통시킬 창구가 많지 않은 현실이었다. 그런 상황에서 『여성』은 여성 관련 전문 지식의 생산과 유통에 적극적으로 참여하여 시의적절한 이슈를 발굴하여 특집을 내고, 이를 통해 여성주의적 지식을 생산했다.[23]

이를 통해 확인할 수 있듯이 『여성』은 정치, 어린이·청소년, 인구문제와 가족법 개정 등에 관한 주제를 자주 다루었다. 『여성』이 청소년 일탈이나 재수생 문제, '세계어린이의 해'에 관한 특집을 마련한 것은 실질적 필요에 의한 것이었다. 그뿐만 아니라 『여성』은 가족 내에서 자신의 권리를 지키고 자신의 목소리를 내기 위해 적극적인 정치행위자가 되거나 지식 생산자가 되기도 하였다. 여권과 전문 지식으로서의 여성 교양이 만나는 지점이다. 이를 가족법 개정 과정을 통해 확인할

1970년대 『여성』 특집 목록

출간년월	특집 제목	참고사항
67. 4	4.4 심포지엄	가정을 외면한 한국 정치풍토의 개혁
71. 4	지도자 훈련	저소득 근로자 여성문제
71. 5	I.C.W/소비자 보호	소비자 보호운동의 현황
71. 6	제8대 국회 여성의원의 계획	모윤숙, 편정희, 김현숙, 김윤덕
73. 8·9	자원문제	자원위기에 대한 대책
74. 5	여성과 교육	유아의 발달 심리, 청소년 육성
74. 6	여성발전 연구	제도적 측면에서 본 여성지위의 변천
74. 9	가족법 개정요강 해설	
74. 11	소비자보호운동 실무자 훈련	소비자보호운동의 현황과 문제점
75. 1·2	세계여성의 해에 우리는 무엇을 할 것인가	미국대통령, 유엔사무총장 메세지
75. 3	한국의 부녀복지사업 어디까지 왔나?	가출여성 실태
75. 4	여성과 인구	인구증가와 가정 경제
75. 5	우리는 매스미디어에게 바란다	여성과 매스미디어
75. 6	"여성과 인구" 세미나	인구문제 해결을 위한 새로운 가족관
75. 7·8	광복 30주년, 여성활동의 회고와 전망	한국여성운동 30년사
75. 11	지혜로운 월동대책	가계에 맞는 지혜로운 월동준비
75. 12	불우근로여성의 당면문제와 국가개발 세미나	미혼모 현황, 윤락여성의 실태 및 문제점
76. 3	청소년 문제를 진단한다	좌담: 재수생 대책
76. 4	여성 개화 백년	
76. 5	현대사회와 가정	이혼사유로 본 부부관
76. 6	모자보건법 개정	인공 임신중절 찬반 논란
76. 7·8	내 고장의 여성활동/미국독립200주년과 미국 여성	
77. 4	근로자의 남녀차별과 이의 개선책	근로여성의 지위향상 대책
77. 5	청소년 문제를 진단한다	청소년 육성대책, 방황하는 청소년
77. 7	공해와 환경	대기오염, 수질오염, 여름철 유해식품
77. 10	가족법은 통과되어야 한다	
77. 12	근로여성문제 세미나	근로여성의 특별보호
78. 1·2	가족법 개정	원안 중 개정 안 된 조항
78. 3	애국심을 진단한다	3.1 독립운동과 여성들의 활약
78. 4·5	세계 어린이 해를 앞두고	어린이 교육문제, 근로청소년 문제
78. 6	잊지말자 6.25	국제기류와 한국의 위치, 북한 바로알자
78. 7	특수아동	특수교육
78. 11	여성과 정치	여성 정치활동의 역사적 추이
78. 12	인력	인력부족 문제의 장기적 해결방안
79. 3	근로여성문제 간담회	여성근로자의 인력확보와 근로조건
79. 4	10대 여성국회의원	김옥렬, 김윤덕, 김영자, 신동순, 현기순
79. 5	어린이의 생활환경을 진단한다	급식 급수 등 학교시설의 위생문제
79. 6	어린이의 안전사고	어린이 안전교육의 중요성
79. 7	어린이의 독서환경	추천도서 목록 첨부
79. 8	세계 아동의 해 기념 세미나	오늘날의 아동관 정립, 성 역할과 아동관
79. 9	어린이의 영양	어린이 영양식품, 유해식품
79. 11	소외된 어린이	특수아의 교육 및 복지
79. 12	어린이 해를 보내면서	

수 있다.

해방 이후 여성단체와 활동가들에게 가장 큰 이슈는 불평등하게 제정된 가족법을 개정하자는 움직임이었다.[24] 『여성』역시 세 차례의 특집과 50여 건의 기사를 통해 가족법 개정의 필요성을 역설해왔다. 이 중 눈에 띄는 것이 가족법 개정의 10개 항목을 설정하고 그 내용과 필요성을 알린「가족법 개정요강 해설」(1973년 7월~1974년 9월)과「혼외자법」(1975년 1·2월~11월) 시리즈다. 여기서는 호주제도의 폐지, 동성동본 불혼제도 폐지, 이혼 배우자의 재산분배 청구권, 상속제도의 합리화, 유류분제도 등 친족 범위를 평등하게 하고 협의이혼제도를 합리화하는 데 초점을 맞췄다. 또한 한국과 세계의 혼외자법을 8차례에 걸쳐 정리함으로써 적모 서자와 계모자 관계를 시정하는 데에도 관심을 기울었다. 이처럼 『여성』은 평등을 요구하기 위한 전문 지식을 생산함으로써 가족법 개정에 대한 근거를 마련하고, 대중을 설득하려 했다. 이는 1975년 '세계여성의 해'를 준비하는 과정에서도 드러난다. 여협은『세계여성의 해 기념자료집: 1975년 세미나를 중심으로』를 통해서도 한국 여성에게 가장 시급한 과제로 가족법 개정을 꼽았다.[25] 이처럼『여성』은 주부 교양에서 더 나아가 여권이라고 하는 보다 적극적이고 젠더화된 지식을 생산하는 것으로 나아갔다.

여성 역량의 사회 진출과 봉사의 젠더화

『여성』의 일차적 독자는 여협 소속 단체와 단체회원들이었다. 개인 회원을 염두에 두고 구독 안내 광고를 싣기도 하였지만, 기본적으로는 여협 소속 단체와 가입회원을 수신자로 상정하였다. 따라서 담론도 활동가를 중심으로 구성된다. 『여성』은 여성단체에 활동가들이 부족하다는 인식에서 출발하여, 여성단체 활동가들의 질적 성장을 위해 지도자 훈련을 실시했다. 이때 중요한 것은 중산층 여성의 봉사정신이다. 이효재는 국채보상운동과 3.1 운동 등 역사적 상황에서 여성들이 활발하게 활동해왔음을 지적하고 '중류 계급' 여성들의 여성단체 활동이 시급함을 역설한다.[26] 여성들이 '봉사정신'을 바탕으로 사회활동에 참여하는 것이 중요하다는 주장이다. 이때 중류 계급 여성들의 사회참여는 '근로'보다는 '봉사'에 초점이 맞춰져 있다.

『여성』 1965년 2월부터 1966년 2월까지 11회에 걸쳐 'Volunteer는 새로운 세계를 창조할 수 있다'는 연재를 진행한다. 봉사정신을 통해서 사회의 일원이 되고, 그것을 통해 새로운 세계가 형성된다는 담론을 유통시키는 것이다. 그뿐만 아니라 권두언에서도 「유휴노력을 복지건설에 활용하자」(1965년 2월), 「봉사회원의 강한 정신을 방방곡곡에 펴보자」(1965년 4월), 「여성은 사랑의 역군으로 봉사대열에 참가하자」(1965년 11월) 등 여성이 여가 시간에 봉사정신을 갖고 여성단체 활동에 임하기를 촉구한다. 그런데 이 봉사의 소명은 스스로를 지도자로 만드는 것이 국가재건의 길이라는 '지도자도(指導者道)'와 동심원을 그린다. 박정희 체제는 "국내, 대외적인 적의 침략으로부터 조국을 방위하여 국가를 재건하기 위하여 국민과 국군의 총역량을 기울여야 할 때 가장 긴급한 과제가 그 역량을 바르게 이끌어나갈 지도자"라고 말한다.[27] 근대화를 위해 필요한 것은 지도자이며, 현대적 지도자는 "피지도자와 이해관계를 공통으로 가진 평등한 지위에서 일보 앞서 그들과 같은 길을 걷는 사람", "피지배자를 가장 잘 대표하는 자"로 정의하고, 국민 개개인이 피지도자에서 지도자로 탈바꿈하는 것이 국가의 근대화를 앞당길 수 있다고 주장한다.[28] 여협 역시 여성 하나하나가 봉사를 통해 국가발전에 기여하고 근대화 완성을 위해 일할 수 있다는 점을 강조한다.

부인단체 조직은 모든 여성의 자아의식을 성장시킬 수 있고 국가발전의 촉매역할이 되며 사회교육중 부인도 성인교육을 전담해 가는 기구로 발전하고 있습니다. 따라서 앞으로 부인단체의 집단적 육성이 점점 불가피해 가고 있는 이유가 여기에 있는 것이 아니겠습니까? (…) 적어도 우리나라의 여성 50%가 단체를 활용하고 성장하도록 힘을 합하도록 마질하며 70년대의 근대화완성을 이루는데 여성의 힘이 크기를 바라마지 않으면서 첫선을 이렇게 내보입니다.[29]

1970년 1·2월 합병호 『여성』은 70년대의 목표를 "1.자료수집, 2.지도자훈련, 3.계몽사업, 4.회관건립 추진운동"으로 세우고 국가의 발전 노선에서 여성단체의 나아갈 바를 모색한다. 여성단체 활동은 자아의

식의 성장과 국가발전, 성인교육 모두를 책임지는 것으로 한국 여성들에게 불가피한 것으로 그려진다. 자신의 여가시간을 여성단체에 투자하는 것은 '문화인된 사명'이요 '문화공존을 위한 거룩한 의무'인 것이다.

가정이 있다고 아이들이 있다고 틈이 없다고 핑계삼는 일은 이미 구시대에 속하는 사고방식이다. 자기의 가정을 합리적으로 관리하고 그리고 남은 힘을 나누는데 인색하지 말라. 그것은 문화인된 사명이요, 문화공존을 위한 거룩한 의무이기도 하다. 빈곤, 무지, 사회악을 제거하고 보다 나은 사회를 건설하는데 우리가 기대할 수 있는 것은 여성이다. 특히 강인한 인내, 불꺼질줄 모르는 사랑, 굳센 정의감, 이런 여성들의 복지사회 건설에의 참여는 보다 의의가 크고 성과가 크기 때문이다.[30]

일시적인 향락, 자신의 평안만에 급급하던 환락 후에 물밀 듯 밀어닥치는 공허감과, 피로하지만 남을 위해 일한 기쁨을 비교할 때 후자의 기쁨은 인류양심 밑바닥에 깔린 선한 고귀한 그 무엇에서 우러나오는 진정한 사람다운 긍지를 가질 수 있는 기쁨일 것이다.(…)오늘의 이 봉사회원들의 적은 봉사의 기쁨과 보람이 번져서 여성 누구나가 발 벗고 사회봉사에 나선다면 그것이 뭉쳐 나라부흥의 동력이 될 수 있는 가능성은 위 예와 마찬가지이다. 훗날 우리조국이 안정되고 더 살기 좋은 나라로 이룩될 때 우리의 후손들이 부귀와 영화 속에 평화를 누리게 할 수 있는 그 소지를 마련할 수 있는 것은 이런 봉사의 집약일 것이며 그것이 여과되어 문화의 유산될 수 있는 것으로 믿는다.[31]

『여성』은 여성들에게 자신의 가정, 일시적인 즐거움에 머무르지 말고 '사람다운 긍지'를 가질 수 있도록 봉사의 기쁨을 누리라고 전한다. 이때 인내, 사랑, 정의감은 여성의 속성으로 명명되고, 여성은 복지사회에 적합한 인재로 거듭난다. "희생과 봉사의 정신으로 이바지하자(2회), 단체의 단결과 조국근대화 참여(4회), 한맘 한뜻 한정성이 조국발전에 공헌하여야 한다(5회)"는 표어는 여성의 이해와 희생, 단체활동이 조국발전으로 이어진다는 생각을 보여준다.[32] 이는 1970년대 근대화 담론을 조직하는 과정에서 형성된 '일을 통한 국가적 헌신'의 여성지도자 버전이라고 할 수 있다. 박정희 체제는 일을 국가와 가족에 대한 '도덕적이고 윤리적' 관계로 형성함으로써 '근로자'들의 희생과 헌신을 강요한다.[33] 이것이 여성단체 활동으로 오면 개인의 봉사가 "나라부흥의 동력"이 될 수 있고 후손에게 평화를 줄 수 있는 문화유산으로 전환되는 것이다.

『여성』은 봉사를 지식이 있고, 여가 시간이 있는 중류 계급 여성들이 반드시 참여해야 하는 것이라고 주장한다. 이는 여협이 전국여성대회에서 시상하는 용신봉사상을 통해서도 드러난다. 농촌계몽운동의 상징이던 최용신의 이름을 따 만든 이 상은 1964년 제3회 전국여성대회를 시작으로 현재까지 계속되고 있다.[34] 처음에는 최용신과 같이 농촌의 사회개발에 공이 큰 여성을 대상자로 했지만, 점차 "조국발전에 이바지하는 여성들, 그중에서도 희생적 봉사로서 지역사회개발에 공헌이 현저하고 탁월한 창의성을 발휘하여 향토건설에 모범이 된 여성"으로 범위를 넓게 되었다.[35] 여성이 조국발전에 이바지하는 것은

'근로'나 과학기술의 개발이 아니라 철저하게 비경제적인 봉사를 통해서인 것이다. 이는 민족에 대한 '순결한 사랑'의 서사로 완성된다. 최용신기념비 제막식에서 『여성』은 최용신에 대해 "20대의 처녀로 순결한 사랑을 이 겨레에 바쳤다"고 평가하며 그를 여성 교육자, 사회사업가, 간호사 등 여성 사회참여의 표상으로 불러온다. 여성을 표창할 때는 사업가, 기술자, 근로자로서가 아니라 희생과 봉사를 필요로 하는 성별 분업에 의거한다. 이것이 바로 『여성』이 봉사를 젠더화하는 방식이다.

전국여성대회를 통한 국가담론의 계몽과 산업화 시대의 신사임당

『여성』은 보사부와 재건국민운동본부의 요청과 후원 아래 매년 전국여성대회를 개최한다. 영부인이나 보사부장관의 치사로 시작하여, 건의문, 결의문을 수록하는 것으로 끝나는 전 과정은 『여성』 지면에 중계되기도 하였다. 1960~1970년대 전국여성대회는 여성의 능력 개발과 지위 향상, 통일과 안보, 국방에 관한 주제로 개최된다. 여협이 주요한 화두로 삼아왔던 가족법 개정은 전국여성대회에 등장하지 못한다. 이는 전국여성대회가 국가가 발신한 여성 이슈를 전달하는 기제로서의 역할을 하고 있음을 보여주는 지점이다. 특히 인구와 소비자 문제는 1970년대 박정희 체제가 한국사회에서 여성을 호명하는 토대이다.

1970년 전국여성대회 주제를 '70년대와 인구문제'로 삼은 것에서 부터 시작하여 1974년 임신 안 하는 해, 1975년 남성이 더 피임하는 해, 1976년 나라사랑 피임으로 캠페인 등 여협과 『여성』은 가족계획 사업에 적극적으로 협력한다. 36차례에 걸쳐 인구문제와 자원 부족

1963~1980년 전국여성대회 주제 및 주제 연사

연도	회수	주제	연사
1963	제1회	오늘의 한국 오늘의 여성 일으키고 세우자	이태영
1964	제2회	자라는 한국 여성의 힘으로	김옥길
1965	제3회	알뜰한 주부살림 나라자원 늘인다	이효재
1966	제4회	근대화에 참여하는 여성의 책임	정충량
1967	제5회	오늘의 어린이 내일의 나라주인 올바르게 키우자	김활란
1968	제6회	국토방위 너도나도	주정일
1969	제7회	여성능력의 개발과 효과적 기여	모윤숙
1970	제8회	70년대와 인구문제	양재모
1971	제9회	인간환경의 위기	권숙표
1972	제10회	민족통일을 향한 여성의 자세	강원용
1973	제11회	자원고갈의 위기	조동필
1974	제12회	세계여성의 해와 한국여성의 현실	박보희
1975	제13회	발전하는 사회가 기대하는 여성	정희경
1976	제14회	산업사회와 여성	백재봉
1977	제15회	여성기능의 생산화	김옥렬
1978	제16회	시민사회와 여성	이한빈
1979	제17회	자원난 시대의 생활전략	김덕중
1980	제18회	80년대 복지사회와 여성	고영복

에 관련하여 지면에서 다루고 있으며, 각종 캠페인(1974년 1·2월 통합호 임신 안하는 해 캠페인)과 강습회(1973년 12월 주부클럽연합회주최 지도자강습회 등), 세미나(1972년 6월 여성세미나 '인구문제 특별사업의 개요', 1975년 6월 '여성과 인구' 세미나, 1978년 11월 인구문제 세미나, 1978년 12월 인구문제 지도자 세미나 공개토론 등), 특집(1973년 8·9월 통합호 자원문제 등)을 통해 가족계획의 중요성을 강조하고 있다. 인구 증가는 환경을 해치는 것은 물론이고 경제력을 약화시키며 조국의 발전을 늦춘다는 것이다. 1970년대 인구정책은 출산과 재생산을 근대화의 사회적 생산력의 일부로 편입시키면서, 여성의 재생산을 근대화의 한 프로그램으로 구성한다. 개별적 여성의 몸이 국가에 의해 사회적 몸으로 변형되는 것이다.[36] 가족계획이 국가 시책이기는 했지만, 여성들에게는 직접 필요한 것이었다. 임신과 출산에 지친 여성들은 자발적으로 인구 조절에 나서기도 했다.

소비자운동은 1970년대 여협과 대한주부클럽연합회, 대한YWCA연합회 등의 여협 소속 단체가 선도한 부문으로서, 『여성』에서도 적극적으로 다루고 있다. 소비자보호와 관련되어 1960년대부터 1970년대에 걸쳐 총 44차례에 걸쳐 소비자보호운동의 필요성과 방법에 관한 기사를 다루었으며, 1978년에부터는 매호마다 '소비자보호 리포트' 섹션을 따로 마련하여 대략 6~10면 정도를 할애하였다. 가족법 개정이나 인구문제보다도 훨씬 더 높은 비중을 차지하며 중요하게 다루어지고 있는 것이다. 이 소비자보호 리포트에서 중요한 것은 불량식품 및 상품을 퇴출시키는 것, 상품 직거래를 통해 가격을 낮추는 것 등 가정주부들의 일상생활을 세밀하게 구조화하는 것이다. 이는 소비의 생활화와 과학화, 절약을 통해 여성들이 '역군'이 되어야 한다는 담론과 결합한다.

건설과 경제성장을 위해 여성들이 근면 절약하여 소비 건전화를 이루어야 한다는 목소리는, 남성을 정열을 바쳐서 일하는 국민으로, 여성을 사치와 허영의 꿈에 빠진 존재로 그린다. 산업현장에서 일하는 남성이 가장 이상적인 주체이고, 여성은 정신교육이 필요한 대상이다. 정신교육을 통해 근면 절약하는 '역군'으로 거듭날 때에만 여성은 국가 발전의 서사에 등장할 수 있다. 이때 여성의 정신교육이 중요한 것은 여성=어머니라는 등식 때문이다. "조석으로 그들의 생활을 지켜볼 수 있는 위치에 있는 우리 어머니들은, 그들과 함께하는 일상생활, 그 자체가, 항상 참되고 성실하며, 이론만이 아닌 실천으로서 수범하는 산 교육자가 되고 또한 사랑으로 감싸주는 자애로운 어머니가 되고 있는가를 다시 한번 생각해보아야 하겠습니다"[37]라는 언급 역시 여성=어머니라는 등식으로 연결된다. 이는 박정희 체제가 신사임당의 부활을 통해 노린 효과이기도 하다.

박정희 체제는 국가영웅화 사업의 일환으로 신사임당을 담론화한다. 신사임당은 민족, 식민주의, 국가와 여성의 관계가 화두가 될 때마다 떠오른 여성상이다. 식민지를 거쳐 현모양처의 표상으로 자리 잡은 신사임당에 근대화를 수행하는 여성 주체의 표상을 덧입힌 것이다. 1900년대 국권 상실의 위기감, 1940년대의 황민화와 총동원체제, 1960~1970년대의 발전주의 국가민족주의 사업 등 다양한 변주가 이루어진 것이다.[38] 이에 대한주부클럽연합회는 신사임당상[39]을 제정하여 시상 및 백일장이나 그네뛰기 등의 부대 행사를 진행한다.[40] "덕이 높고 어진 어머니이며, 지극한 효녀로서 학문이 깊고, 시문·서예·그림·자수에 이르기까지 탁월한 재능을 보였던 신사임당을 한국의 여인으로 부각시키는 한편 이를 통해 건전한 여성상을 확립하고 여성들의 부덕과 재능을 발굴·개발함으로써 건전한 여성문화를 이룩하기 위한" 것이다. 여성은 현명한 주부나 어머니의 역할을 통해서만 '역군'의 호칭을 얻을 수 있고 표창의 대상이 될 수 있다.

육영수와 총후부인의 현대화

여성이 소비자운동, 절약운동을 통해 안보의 담당자로 떠오르는 것은 박정희 체제가 만들어내는 위기론에 기대고 있다. 박정희는 유신체제를 뒷받침하기 위해 반공주의를 강화하며 긴급조치를 선포한다. 위기를 상시화하는 전략을 통해 국민들의 불안감을 조성하고 국가에 대한 협력을 요청하는 것이다. 이는 육영수 피격, 베트남전 패배, 주한미지상군 철수 등 국내외 상황을 통해 가중된다. 이 중 『여성』이 가장 분노한 것은 1974년 8.15 기념식에서 벌어진 육영수 피격 사건이다.

『여성』은 육영수를 '국모'로 형상화하며 여성들의 민족의식을 불러일으키는 데 사용한다. 당시 여협 회장이자 육영수여사추모식 준비위원장이었던 이숙종은 '육영수여사 서거 범국민궐기대회'의 개회사에서 "1895년 민비살해사건 이후 79년만에 다시 우리나라 어머니에 대한 살해를 어떻게 우리 전국민이 묵과할 수 있겠습니까? 일본의 무책임한 언동과 행위를 우리는 도저히 참을 수 없읍니다. 우리는 북괴와 일본에 대해 우리의 자세를 변화시킬 때가 왔읍니다"[41]라며 범인을 조총련계의 사주를 받은 일본인으로 명명하고, 명성왕후 시해 사건과 연결시켜 민족적 분노를 자극한다.

"신이 육영수 여사를 앗아감으로서 잠자고 있던 우리 국민의 얼을 일깨워 주셨습니다. 고인의 순국의 죽음이 대통령을 구하시고 우리 모두를 살리셨습니다. 공산주의 도발에 대해 모든 국민이 각성하고 경계하게 되었으며 반공정신무장을 일깨워 주셨습니다. 우리는 어려운 시기를 당했습니다. 우리는 예부터 어떠한 시련에 좌절되지도 자초하지도 않았습니다. 인내와 슬기를 가지고 오로지 고인의 숭고한 유업을 계승하여 국가와 민족의 영광된 번영을 위해 다같이 매진합시다."

이숙종의 연설에서 육영수는 대통령을 구함으로써 '우리 모두'를 살린 영웅이 된다. 육영수의 죽음을 계기로 반공정신이 투철해지고 민족의 얼이 되살아났다는 것이다. 이러한 입장은 같은 호에 실린 모윤숙의 주제강연에서도 드러난다. 모윤숙은 「故 육영수 여사의 서거와 우리의 주장」을 통해 '하나의 시민 박정희'와 '적의 총탄에 쓰러진 어느 육군소장 대장보다 더 위대한 흰 옷 입은 한국의 한 여성'을 소환한다. 박정희와 육영수를 개인으로 호명하여 둘의 사랑을 미화함으로써 모든 아내들에게 공감을 호소하는 전략이다.

자기의 남편의 그 정성어린 경축사를 끝까지 들은 사람은 아내 여성인 나 밖에 이 세상에 없구나! 그럴 생각으로 그런 일념으로 앉아 있었을 때 적탄아! 오너라 총소리야 오너라! 나는 후회하지 않으리라! 이래서 그는 넘어갔던 것입니다. 그가 죽지 않았듯이 대한민국의 여성은 죽지 않았습니다. 그가 곧게 쓸어졌듯이 우리도 어떤 적이 올 때 피하는 것보다 총탄을 맞드라도 우리의 절개와 의욕과 우리 모든 한국에 대한 애국심 조국에 대한 절개를 꼭 붙들고 대한민국의 여성으로 총궐기 하지 않으면 안 된다고 생각합니다.[42]

모윤숙은 육영수의 죽음에 '피하지 않음'이라는 의지를 부여함으로써 육영수를 투사로 만든다. 논개, 계월향과 마찬가지로 절개 있는 애국자 여성이 적의 총탄에 쓰러진 것이다. '악마' 일본인에게 살해당한 육영수는 '민비'와 같은 여성으로 거듭난다. 여기서 흥미로운 것은 이숙종과 모윤숙 모두 육영수의 죽음에 능동적 의지를 부여하고 있다는 것이다. 단순히 총탄에 맞은 것이 아니라 대통령과 민족을 구하기 위해 죽음을 선택한 것으로 독해하는 것이다. 이로써 육영수는 여성 영웅으로 거듭난다.

온 겨레의 영명하신 어버이로써 육영수 여사는 살아계실 때 특히 여성들의 소리를 일일이 귀담아 들으시고 가려운데를 거침없이 긁어주시었습니다. (…) 정부당로들께서 이 점을 외면하지 마시고 여성의 소리를 듣고 그것에 성실하게 대응할 수 있는 길을 마련해주시기 바랍니다.[43]

전산초는 육영수를 '여성들의 소리를 들어준 겨레의 어머니'로 명명한다. 육영수가 여성(단체)의 요청을 들어주고 정치적 영향력을 행사했다는 것의 방증이다. 여협 결성 초기부터 여성계 인사들과 교류가 잦았던 육영수는 여성대회나 군부대 및 상이용사 위문, 신년사에 이르기까지 『여성』 지면에 빈번하게 등장하였다.[44] 여성계 지도자나 여성단체의 종적 연대 꼭대기에 위치했던 것이다. 그런 육영수의 타개는 여성단체들의 교섭력을 약화시키는 위기로 작용할 것이 분명했다. 따라서 여협은 전산초의 입을 빌려 육영수의 뜻을 이어 여성단체를 계속 지원해야 한다는 당위를 부여한다. 육영수의 죽음을 슬퍼하는 것에서 더 나아가 앞으로 육영수와 같이 정부 관계자들이 여성의 소리를 듣고 대응해달라고 요청하는 것이다. 여기서 자신의 이익을 계산하고 판단할 수 있는 면모가 드러난다. 육영수의 죽음을 둘러싸고 반공정신만 강조하는 것이 아니라 여성단체의 정치력을 높일 수 있는 방법을 고민하는 모습이다.

『여성』은 설립 초기부터 정치 상황의 급격한 변모로 인해 시행착오를 겪는다. 4·19 혁명 당시 여협 부회장이었던 박마리아 일가가 자살하여 교섭력에 손실을 입었고, 1963년에는 긴밀한 관계를 맺고 협조하던 보사부 부녀국이 존폐 위기를 맞기도 했다. 국가가 여성 정책과 여협에 미칠 수 있는 영향이 얼마나 강력한 것인지 체험한 것이다. 그뿐만 아니라 여협은 국가를 다양한 이해집단의 충돌을 중재하는 '중립적 조정자'로 사고하고 법과 제도 개선을 통해 성평등을 가능하게 할 수 있다는 입장에서 정부를 통해 여성 정책이 개진될 수 있도록 하는 방안을 모색해왔다. 이것이 표면화된 것이 1967년 4.4 심포지엄 특집이다.

여협은 제6대 대통령 선거, 제7대 국회의원 선거가 치러질 1967년을 맞아 여성 유권자의 정치참여의식 개선과 요정정치 비판을 화두로 심포지엄을 개최한다. 이 자리에서 "요정에서 이루어지는 대부분의 정치와 경제계획을 개혁해주기 바란다, 축첩공무원의 철저한 단속을 건의한다, 축첩자를 절대로 공천하지 말 것을 건의한다, 외교관 및 외국인을 위한 기생파티 철폐를 건의한다, 각종 회의를 온천장이나 유흥장에서 개최하는 일을 철폐하기 바란다, 비밀요정을 적발 단속할 것을 건의한다" 등의 '정치 지도자에게 보내는 건의문'을 채택하고 "한 사람도 빠짐없이 투표한다, 축첩자에게 투표하지 않는다, 요정정치인을 계속 감시한다, 가정을 토대로 한 정치풍토를 만든다"는 결의문을 채택한다. 이후에도 여성 국회의원에게 바라는 점을 듣고, 그들의 포부를 표명하는 특집(1971년 6월호 「제8대 국회 여성의원의 계획」, 1979년 4월호 「제10대 여성국회의원」)을 마련하는 등 의회정치를 통해 여성 지위의 향상을 꾀한다. 이는 여협의 목표가 정치적 힘 없이는 달성될 수 없다는 판단에서이다. 이것이 총후안보담론을 적극적으로 홍보하고 계몽하는 형태로 드러난다.

총후안보는 총력전 체제의 총후부인 개념을 안보에 적용시킨 것으로, 1970년대 후반 『여성』의 연재물인 「총력안보」의 제명이기도 하다.[45] 총후부인은 총력전 시기 동원 체제의 젠더 정치를 통해 여성을 국민으로 호출하는 기제였다. 전시나 국가적 위기 상황에서는 전선뿐 아니라 후방에서도 선전, 선동과 물자지원 등을 통해 지원해야 한다는 총후부인 담론은 그동안 비국민으로 배제된 여성에게 국민이 될 수 있다는 희망을 제시했다. 가정이 정신 총동원의 최소 단위로 호출되어 새로운 정치 단위로 거듭난 것이다.[46] 총후안보 역시 시국안보 체제의 기본을 가정으로 삼고, 어머니를 안보의 책임자로 호출한다.

1977년 카터 행정부의 주한미지상군 철수 결정과 더불어 강화된 안보 정세 속에서 『여성』은 주한미군 철수 문제에 대한 특집, 주제강연, 제언 등을 통해 반대 의사를 표명한다.[47] 1977년 3월호에 중계된 「주한미군의 철수와 한국의 안보」 좌담회에서 『조선일보』 외신부 차장 이도형은 안보를 위해 "국민이 공통적으로 지켜야 할 전통과 가치가 확립되어야 할 것"이라고 제안한다. 이에 숙대 정치학과 교수인 이경숙은 정치사회화를 주도할 수 있는 가장 작은 집단인 가정에서 어머니의 역할이 국민총화에 큰 기여를 한다며, 어머니가 가정에서 아이들에게 실시하는 안보교육의 중요성을 강조한다. 지켜야 할 전통과 가치는 가정 속의 어머니와 알뜰한 주부라는 행위 규범이다. 이것이 국가와 민족의 위기를 극복하는 어머니라는 총후부인론과 결합하여 "순결한 사회 건설에 여성들이 역군이 되어야 한다"[48]는 근대화 담론의 변형태로서 여성 교양을 통해 정치화를 달성한다.

국산품을 애용하고 절약하는 것을 통해서 건전한 국민정신을 실천하고 국가의식을 갖는 것은 박정희가 1977년 신년사에서 언급한 "우리 모든 국민이 새마을정신과 유신이념을 생활화 하는데 더욱 힘써서 낭비와 부조리를 몰아내고 근검절약하는 기풍을 진작하며 사회기강을 확립해야 하겠습니다"를 안보로 포장한 것이다. 이는 1960~1970년대 내내 여성의 가장 중요한 덕목으로 강조되었으며, 여성단체는 일하는손상,[49] 저축수기상 등 절약하는 여성, 일하는 여성에 관한 각종 시상을 통해 여성의 경제활동과 저축 증진을 도모하였다. 『여성』에서도 이를 적극적으로 계몽하고 수상자들의 생활 수기를 싣거나 근검절약에 관한 결의문을 발표하였다. 대한기독교여자절제회연합회 회장 여귀옥은 「승리의 민족이 되기 위하여」에서 절제 생활을 "통일의 지름길"이자, "인플레를 극복하는 길"(국산품의 소비 강조), "조국의 명예를 회복하는 일"(기생 철폐)로 명명한다.[50] 국산품 소비와 기생 관광 철폐를 통해 승공을 이루는 것이다.

그런데 승리의 민족이 되기 위한 이 항목에는 기생 관광 철폐 역시 포함되었다. 당시 기생 관광과 기지촌 등은 국가의 관리와 보호 아래 성장하고 있었다.[51] 해방 직후부터 계속된 여성계의 노력에도 불구하고 정부는 성 산업을 국가 통제 권역 안에서 묵인하였다. 성 산업을 통해 외화를 벌어들이는 것은 경제안보의 수준에서, 기지촌을 통해 미국과 동맹을 맺는 것은 군사안보 차원에서 반드시 필요한 일이었다. 그런데 『여성』은 총후안보 담론 속에 기생 관광 철폐를 배치한다. 국가 시책인 안보담론의 외피를 통해 자신들의 메시지를 전달하는 전략이다.

여협 부회장 이철경은 「안보는 생존이다」라는 글을 통해 밀수, 재산의 해외도피, 대규모 도박 등의 사건이나 이에 대해 "재수 없어 걸린 것"이라는 사람들의 태도는 안보 개념이 부족한 데서 생기는 것이라고 지적하면서, 안보는 무력이 아니라 올바른 생명의 보존이라는 점을 강조한다.

안보가 무력도발에 대한 대응이나 전투력이라는 개념은 옛날이야기다. 안보는 각 개인의 양심이 세상의 유혹에 확고히 대항하여 승리할 수 있어야 하며, 모든 불의한 압력에서 해방되어 자유를 누릴 수 있어야 한다. 성경말씀에 죄의 값은 사랑이라 하였듯이 죄악에서 탈피하여 양심을 지키는 일은 곧 사람의 생명이 사는 길이다. 따라서 안보의 개념은 전쟁과 무력보다 차원이 높은 생존이요 생명의 보존이라는 뜻에서 새롭게 인식되어야 한다.[52]

이철경의 설명에 따르면 안보는 양심을 지키는 것이자 자유를 누리는 것이며 생명이 사는 길이다. 총후안보를 실존 차원으로 확대한 것이다. "안보가 무력도발에 대한 대응이나 전투력이라는 개념은 옛날이야기", "죄악에서 탈피하여 양심을 지키는 일" 등 이철경이 묘사하는 안보는 반공사상과는 거리가 멀다. 사실상 총력안보의 내용을 무엇으로 채우든지, 그것이 안보라는 표상을 달고 있는 한 문제가 되지 않았다. 이러한 균열은 경제사범이 안보를 위협한다는 총후안보 담론이 실상 안보를 위한 것이라기보다는 근대화를 위해 구성된 표상이었고, 『여성』에서는 그 자리를 여성의 권리나 종교적 가치가 대신했음을 보여준다. 총력안보라는 국가담론을 수신했지만, 입장과 위치에 따라 다른 결을 생산한 것이다.

1970년대 여성운동 장과 국가 페미니즘의 전사(前史)

1970년대 여성운동 진영은 크게 둘로 나뉠 수 있다. 한 축에는 여협과 같은 보수적 여성단체들이 있고, 다른 한 축에는 크리스챤아카데미를 비롯한 진보적 흐름이 있다. 진보적 여성운동가들은 해방 후부터 1970년대까지의 여성운동을 중류층 이상 여성들의 "여가선용 프로그램"과 원호사업이 중심이 된 "추상적이고 슬로건적인 여성운동"으로 보며, 어용적 여성운동은 "진정한 의미에서 여성들이 염원하는 조국 통일 민주화, 육아가사노동해방, 기아질병해방, 가부장제도해방, 여성 근로조건 개선, 기아임금해방 등과는 다르다"고 명명한다.[53] 기성세대에 대한 강한 비판과 함께 등장한 1980년대 여성해방운동 진영 역시 여협을 비롯한 여성단체에 대해 "개량주의적이며 친일파와 특권적 여성들의 여가활용적 활동"이나 수정주의, 어용, 관변 등의 수사를 사용했다.[54]

겉으로는 단지 격식에 불과하고 하는 일도 없어 보이는 이 어용적 여성단체들이 끼쳐온 부정적 영향은 엄청나다. 제1공화국 당시에 그들은 이승만 정권의 흑백논리적 반공 이데올로기의 선두에 섰고, 5.16 군정 때는 재건국민운동, 제3공화국 때는 새마을 부녀운동을 지휘했다. 제5공화국에 들어서 여성개발원으로 대표되는 이 세력들은 정부의 공업화정책에 발맞추어 한편에서는 여성인력 개발을, 다른 편에서는 충효사상의 슬로건을 내걸고 있다. 이와 같은 경향은 정부기관에 직접 소속되지 않은 여성단체들이라 할지라

도 마찬가지인데, 정부의 보조금으로 이루어지는 소비자운동과 사회봉사활동 등은 그 대표적 예이다.[55]

이와 같은 비난은 1970년대 여성단체가 국가 시책을 전달하는 기구 역할을 했다는 데에 초점이 맞춰져 있다. 근대화 프로젝트에서는 여성 인력을 개발하면서 문화적 차원에서는 충효사상의 전통적 가치를 강조하는 모순된 행보를 통해 기층 여성운동에 부정적 영향을 끼쳐왔다는 것이다. 이들의 입장에서 볼 때 『여성』은 '관제'이고 '어용'일 수밖에 없었다. 김은실은 이러한 1970년대 여성운동의 흐름을 여성이 자신을 국가와 동일시함으로써 국민이 될 수 있을 것이라고 생각한 끝에 오히려 여성에 대한 전 방위적 통제를 허용하는 결과를 낳은 것이라고 평가한다. 불평등한 성별 관계를 변화시키는 시민적 권리에 대한 이해가 전제되지 않은 상태에서 벌어진 일이라는 것이다.[56] 이러한 지적은 여협과 『여성』이 국가 장치의 이데올로기적 호명에 응답했다는 것을 의미한다.[57] 박정희 체제의 국가기구는 모성과 어머니를 이데올로기로 구성함으로써 지배 질서를 재생산한다. 여성에게 있어 모성, 어머니 되기는 국민으로 만들어주는 기제인 것이다. 여협과 『여성』에게는 공적 영역에 진출하여 싸우고 있던 공장의 여성 노동자들이 보이지 않았다. 이러한 맹점은 새로운 운동 주체들을 생산한 크리스챤아카데미와의 비교를 통해 더욱 잘 드러난다.

크리스챤아카데미는 1975년 '여성인간선언'을 통해 '여성의 인간화'라는 목표를 제시했다. 중간 교육을 통해 "여성해방이라는 고유의 과제와 민주시민으로서의 압력단체, 민중의 참다운 소리의 전달자"라는 중층적 목적을 가져야 한다는 목표를 설정하여 시민계급을 재교육하고, 노동자문제에도 적극적으로 나서기 시작했다. 한국 여성운동의 과제는 민주화 달성과 여성 노동의 사회화에 있다고 선언했으며, 강원용 목사는 "여성운동은 자유와 평등의 실현을 위한 인간화 문명의 창조운동"이며 "전체 인간해방운동에서 고립되어서는 안 된다"고 천명한다. 여성단체 실무자와 간부, 노동자, 농민, 주부 등 각계각층 여성들을 대상으로 한 크리스찬아카데미의 중간집단교육은 10년 동안 총 1500여 명의 이수자를 배출하여 여성운동의 인적 토대를 구축하기도 했다.[58] 여성학 강좌의 개설과 한국여성학회의 설립으로 이어진 1976년 창립된 여성사회연구회는 "아카데미 여성교육 이수자들 중 여성지식인이 중심이 되어 동문 형식으로 만든 모임"이고, 주부, 농촌 여성, 여학생 등 각 방면의 여성들에 대한 재교육은 많은 수의 활동가를 배출하였다. 아카데미와 여협이 조직적으로 협력한 것은 아니지만, 여협 여성들이 크리스찬아카데미의 대화 모임에 참석하거나 아카데미 측 인사들이 여협 활동에 참여하기도 했다.[59] 이는 여협과 크리스찬아카데미가 가족법 개정과 '여성의 인간화', 여성 지위 향상이라는 의제에서 서로 문제의식을 공유했기 때문이다. 그러나 여협은 추상적 대문자 여성을 수신자로 상정함으로써, 구체적 보편성을 갖는 여성의 현실을 직시하지 못했다.

『여성』은 근대화를 완수하여 민족중흥의 기틀을 다지자는 수사를 결의문의 형태로 표명한다. 안보담론에서도 제언, 건의문, 결의문,

~에게 보내는 메시지 등 구체적 수신자를 정해서 발표하는 글이 빈번하게 등장한다. 이와 같은 제언과 건의의 글쓰기는 담론 밖에 위치한 수신자를 안으로 끌어들이는 구조를 만들어낸다. 그리고 『여성』의 건의와 제언이 도착하는 지점에는 독자인 여협 회원뿐 아니라 국가가 있다. 『여성』이 담론의 발신자이자 수신자로서의 국가를 강하게 의식하고 있었다는 뜻이다. 이러한 지점이 잘 드러난 글이 미국 여성을 향한 메시지다.

『여성』이 세계와 관계 맺는 방식은 국제대회 참가기나 해외 단체 방문기를 수록하거나 세계 부인들의 여성 지위에 관해 검토하고 한국과 비교해보는 글들이 대부분이었다. 특히 미국의 경우, 여권 신장이라는 전문 지식의 측면에서 참조의 대상으로 등장한다. 「미국 여성운동에 대하여」(1964년 10월), 「미국 부인 지위에 관한 대통령 위원회의 설치에 관한 대통령 명령 제10980호」(1968년 7월), 「오늘의 미국여성」(1968년 8·9월 통합호), 「오늘의 미국여성―여성교육의 필요성 증가」(1969년 3월), 「미국의 사회 봉사활동」(1969년 12월~1970년 8·9월 통합호, 총5회), 「미국의 여성단체 활동」(1973년 4월), 「세계여성의 해와 미국여성의 현실」(1974년 10월), 「미국 대통령 세계 여성의 해」(1975년 1·2월 통합호), 「미국 여성의 경제적 지위와 역할」(1977년 5월), 「미국의 여성실업인들」(1979년 11월) 등 제2의 물결이 휩쓸고 있던 당시 미국사회에서 여성의 사회, 경제적 지위나 여권신장에 관한 내용을 다루고 있다. 그런데 미국독립 200주년을 기념한 특집에서 보낸 이숙종의 메시지는 이전까지와 전혀 다른 방식으로 구성된다.

박정희 대통령의 탁월한 영도력 하에 우리 한국민은 국민의 자유와 조국의 안보를 수호하기 위한 희생을 아끼지 않고 있습니다. 그러나 북한의 공산주의자들은 아시아 대륙에서 우세를 차지하는 국제공산주의 세력과 동맹을 맺고 있습니다. 현재의 상황으로서는 우리는 북으로부터의 침략을 대처, 격퇴시킬 수 있으나 만약 침략전쟁에서 이익을 얻으려는 저들의 여하한 의도를 예방함으로써 북한의 침략을 제지하자면 항상 한미 간의 동맹관계를 강화하고 신뢰할 수 있게 지속하여야 할 것입니다.[60]

"박정희 대통령의 탁월한 영도력"이라는 노골적인 치사와 함께 시작하는 이 글에서 이숙종은 한미 간의 동맹관계가 강화되기를 바란다고 요청한다. 이숙종의 메시지 전후로는 「미국 여성, 직업과 가정」, 「남녀평등사」 등이 수록되어 여성의 지위 향상에 관한 글을 싣고 있다. 같은 특집에서의 내용상 흐름이나 이전까지 미국을 참조하던 방식으로 보아도 어색한 이 장면은 카터 대통령의 주한미군 철수 선언으로 인한 안보 정국이 만들어낸 결과물이다. 표면상의 수신자는 미국여성이지만, 실질적 수신자는 국가인 것이다.

『여성』의 결의문과 메시지는 국가를 수신자로 삼고 있었다. 여협이 국가를 파트너로 상정하고 있었기 때문이다. 이를 초기적 단계의 국가 페미니즘이라고 볼 수 있다. 국가 페미니즘은 국가와 시민사회의 연계를 통한 '위로부터의 페미니즘'으로, 성평등을 추구하는 국가의 적극적인 행위를 강조하는 개념이다. 좁은 의미로는 국가 정책 기구에서 페미니즘이 제도화되는 것을 의미하지만, 넓은 의미로는 이해관계가 상충하는 상황에서 젠더 관점으로 적극적인 중재와 보호 기능을 발휘함으로써 국가가 복지국가로서의 역할을 수행하도록 순치시키는 것을 의미한다.[61] 이를 조금 더 확장하여 "국가의 보호 기능에 의존하면서도 가부장적인 국가법의 변화 가능성을 탐색한다면, '넓은 의미에서' 국가 페미니스트"라고 볼 수 있다.[62] 여협과 『여성』은 국가의 이데올로기를 내면화하여 자신의 행동을 결정한다는 점에서 국가 페미니스트로 볼 수 있다. 보호자이자 지원자로서의 국가를 통해 '가부장적인 국가법'을 변화시키고 여성의 지위를 향상시키려고 도모하는 한, 『여성』은 젠더화된 여성 교양, 동원된 모성, 총력안보 담론 등과 공존하는 속에서 자신의 목소리를 내는 방식을 선택할 수밖에 없다. 이는 '넓은 의미에서' 국가 페미니즘의 전사(前史)가 된다.

> 정권이 바뀔 때마다 그들의 심부름을 해 주는 것이 필요 이상 정부를 가까이 하는 것으로 보였는지도 모른다. 어쩌면 자기 주관이 없고 좌왕우왕 도무지 절개가 없는 인간이라고 나무람하는 소리였는지도 모른다. (…) 나는 이박사 때부터 박장군에게 이르기까지 그들의 임시적 사명에 번번이 봉사했던 것만큼은 사실이다. 그러나 그것은 결코 그 근본목적이 어떤 한 지도자나 개인을 돕는 데에 있었던 것은 아니었고 대한민국이라는 나의 조국을 위해 일했다는 것을 나는 서슴없이 이야기 할 수가 있다[63]

초기 여협의 토대를 닦은 김활란은 자신의 정치적 행보를 비난하는 사람들에게 "대한민국이라는 나의 조국을 위해 일했다"는 말로 답변을 대신한다. 김활란은 언제나 '대한민국이라는 나의 조국'을 세계사적 차원에서 바라보며, 전 세계적 규준에 맞는 대한민국을 만들기 위해 노력해왔기 때문이다. 김활란이 목표로 한 것은 일국 차원의 여권 신장이나 민족의식이 아니라 세계사적 차원의 보편성이었다. 식민지 조선의 여학생에서 신생 독립국의 UN 대표로, 전 세계 기독교인의 모범(다락방상, 막사이사이상)으로 거듭나는 과정에서 김활란을 추동했던 것은 보편 종교로서 기독교인, 즉 절대자와 합일되는 개인이 되는 것이었다. 그렇기 때문에 상대적으로 일시적이고 특수하다고 할 수 있는 국가 시책에 협조하거나 여러 정권과 함께 일하는 것을 "주관이 없고" "절개가 없는" 행위라고 생각하지 않았으며, 근본적인 목적에 있어 어긋남이 없었다고 자신 있게 선언할 수 있었다.

김활란을 위시한 식민지 시기 기독교의 세례를 받은 초기 여협 지도자들은 국가의 수복, 정권의 수립과 해체, 4·19와 5·18 등 생존을 위협하는 상황에서 살아남은 사람들이었다. 몇 번에 걸친 국가와 정권의 교체 과정을 경험하면서, 이들은 국가의 호명에 순응하는 생존 방식을 터득했다. 국가와의 협력을 통해 초국가적 차원의 보편성을 획득하는 것을 목표로 삼았기 때문이다. 이런 관점에서 보면 ICW와의 교류, 국제대회에의 참관, UN발 '세계여성의해', '세계어린이의해' 등 국제행사가 1970년대 여협과 『여성』의 주요 목표 중의 하나였던 것은 매우 자연스러운 일이다. 그러나 이들이 획득하려고 했던 보편적 범주로서의 대문자 여성 역시 하나의 표상이었다. 이 전략은 반민족적이고 반민주주의적이며 심지어 때로는 반여성적이기도 했다. 탈역사적이고 초국가적 차원의 여성 범주는 텅 빈 실체로서 채워지지 않는 추상적 표상이었던 것이다. 이것이 1980년대 이후에 활발하게 진행된 대문자 여성에 대한 탈식민적 반성과 여협에 대한 비판이 만나는 지점이다.

8장

여성학 교실과
번역된 여성해방운동

1980년대 여성해방운동과 '제2의 물결'의 번역

1980년대 한국의 여성해방운동은 운동의 역량을 확산시키고 운동 장(場)을 정립하였다. 1970년대의 노동운동, 민주화운동으로 축적된 힘을 바탕으로 여성 노동자, 여성 활동가에 대한 인식이 높아졌으며 1983년 여성평우회, 1987년 한국여성단체연합(이하 '여연') 등 다수의 여성운동 조직이 출범하였다. 또한 여성학이 대학 내에 자리를 잡기 시작하고 학문적 생산 역시 활발해졌다. 바야흐로 사회운동으로서 여성해방운동이 본격화되고 여성 의제가 사회적, 정치적으로 표출되기 시작한 것이다.[1]

여성해방운동이 사회운동으로서 힘을 얻기 위해서는 운동의 의제를 이해하고 정립하여 대중화하는 작업이 요청되었다. 여성해방운동은 왜 필요한가, 여성억압의 기원은 무엇인가에 대한 이론적 근거를 마련하는 작업이 진행된 것이다. 이 작업을 위해 학교, 운동 조직, 세미나 등 곳곳에서 서구의 이론을 참조하게 된다. 이 중 다수를 차지한

것이 1960~1970년대 여성해방운동의 폭발적 흐름을 만들어온 '제2
의 물결'(2세대 페미니즘)이다. 제2의 물결은 섹스와 젠더의 이분법을 바
탕으로, 여성은 정체성일 뿐 아니라 정치적 범주라고 주장하였다. 여
성억압이 사회구조적으로 생산되었음을 밝히고, 이를 타파하기 위해
섹슈얼리티, 가족, 노동, 재생산권, 법적 불평등 등 다양한 이슈에 대
해 문제를 제기하고 법적, 경제적, 사회적 평등을 획득하기 위해 싸우
는 것이다.[2] 1970년대 중반부터 1980년대 후반에 걸쳐 케이트 밀레트
(1976), 베티 프리단(1978), 줄리엣 미첼(1980), 아우구스트 베벨(1987)
등이 번역, 소개되고, 이러한 '평등' 의제는 한국사회에서 "인간화"로
번역된다.[3] 민주화, 반독재 등 한국사회의 정치적 요구가 남녀 사이의
평등을 전체 해방운동의 맥락에 배치하여 "인간화"로 명명한 것이다.
번역은 여성해방의 방법으로 각광받았다.

1980년대 여성해방운동은 영미의 여성해방이론을 번역, 실천하는
과정과 더불어 진행된다. 그렇지만 이 작업이 서구의 이론을 일방적으
로 이식한 것만은 아니었다. 번역이 중요했던 만큼이나 발신자인 서구
(특히 미국)에 대한 대타 의식이 강화되었기 때문이다. 서구의 이론과
한국 현실이 다를 수 있다는 입장에서부터 영미의 여성해방론을 배격
해야 한다는 입장까지, 이 모든 것을 꿰뚫는 공통 감각은 한국의 특성
과 지형에 맞는 여성해방운동 방법론을 모색해야 한다는 탈식민적 의
식이었다. 이효재는 1980년대 한국적 여성해방운동을 모색하는 과정
에서 권위주의 정권에 대한 민주화 투쟁과 분단시대의 민주통일을 향
한 민주화 노력을 강조한다. 이는 한국의 역사적 상황이 국제적 추세

나 보편적 이념에 우선한다는 입장이다. 따라서 서구의 보편적 이념을 앞세우는 것은 외세 의존적 안일과 현실도피의 위장일 뿐이며 중요한 것은 "이 시대의 한국적인 역사"의 주체가 되는 것이다.[4] 이는 여성해 방운동의 식민성을 경계하고 탈식민적 방향으로 나아가야 한다는 당부이기도 하다. 동시에 역으로, 한국의 여성해방운동이 서구를 참조로 진행되어 왔음을 반증하는 것이기도 하다. 이는 호미 바바가 말하는 '제3의 공간'이라 할 수 있다.

호미 바바는 문화의 번역을 통해 모방과 오염이 일어나고, 그 과정에서 "권위의 새로운 구조와 새로운 정치적 주도권을 설정"하는 제3의 공간이 탄생한다고 주장한다.[5] 이는 1980년대 여성해방이론의 번역 양상을 고찰하는 데 좋은 참조점이 된다. '제2의 물결'이 상정하는 억압, 가부장제, 여성 등의 개념은 유교적 가부장제, 민주주의에 대한 열망, 노동자 권리의 쟁취 등 한국 현실과 만나 뒤섞인다. 이 제3의 공간에서는 근원적인 통일성이나 고정성 대신 정치적 변혁이나 재역사화가 가능하다.[6] 1980년대의 여성해방이론에서 번역 역시 이러한 혼종성의 양가적 관점에서 살펴보아야 한다.

교양교육운동으로서의 여성해방이론과 문제의식의 공유

1980년대 여성해방운동을 논하는 데는 여성학 강좌의 개설을 빼놓을 수 없다. 초기 여성학은 교양 강좌의 일환으로 개설되어 다양한 조류의 여성해방론을 소개하면서 한국 현실을 검토하려고 시도했다. 1978년 처음으로 여성학 강좌가 개설되었을 때 주요 대상으로 삼은 것은 존 스튜어트 밀과 같은 자유주의 여성해방론이었다. 엥겔스와 베벨, 마르크스를 논하는 것은 허용되지 않았다. 이는 여성해방이론 서적의 번역 순서에도 영향을 미친다. 서구 여성해방이론사에서 자유주의 여성해방론의 한계를 극복하면서 마르크스주의 여성해방론이 나오고, 마르크스주의에 대한 비판과 더불어 급진주의 여성해방론이 나왔던 것과 달리, 자유주의 – 급진주의 – 마르크스주의 순으로 번역이 이루어진 것이다.[7] 이 번역서들은 분과 학문으로서 제도화되기 시작한 여성학 과목의 강의안과 참고 문헌에 반영되어 여성학 과목을 개발하는 데 바탕을 이루었다.

총 10개 학교의 커리큘럼을 비교해보면, 가장 높은 빈도로 사용된 번역서는 콜레트 다울링의 『신데렐라 콤플렉스: 여왕심리의 갈등』[8] (7개 학교에서 사용)임을 알 수 있다. 자립적이었던 여성이 재혼과 전업주부 생활을 통해 자신 안의 의존성을 발견하게 된다는 이 에세이는 미국 중산층 지식인 여성의 내적 갈등을 솔직하게 고백하였다. 학습자인 대학생들이 동일시할 수 있는 대상의 자기 고백적 서사를 통해 여성학적 문제의식에 공감할 수 있게 하는 것이다. 이러한 목적을 달성하는 데에는 학문적 연구서보다는 가벼운 수기나 에세이가 더 적합하다. 『미혼의 당신에게』와 『무엇이 여성해방인가』 역시 『신데렐라 콤플렉스』의 연장선상에 놓인다.

『미혼의 당신에게』(1979)는 일본의 정치학자이자 중의원을 지낸 다

1980년대 각 대학 여성학 강좌에서 사용된 젠더이론 번역서 일람

저자	제목	번역자	출판사	출판년도	사용학교
콜레트 다울링	신데렐라 콤플렉스	홍수원 이미순 김영만	우아당 영광출판사 을유문화사	1982 1987 1991	숙명, 이화, 성신, 서울여, 서강, 한신, 한외
마가렛 미드	남성과 여성	이경식	범조사	1980	서강, 한신, 숙명, 이화, 성신, 한외
시몬느 드 보봐르	제2의 성	이용호 조홍식 윤영내	백조서점 을유문화사 자유문학사	1955 1974 1977	숙명, 이화, 성신, 서울여, 서강
케이트 밀레트	성의 정치학	정의숙, 조정호	현대사상사	1976	서강, 숙명, 이화, 성신, 한외
줄리엣 미첼	여성해방의 논리 (여성의 지위)	이형랑, 김상희	광민사	1981	서강, 한신, 한외, 이화
로버타 해밀턴	여성해방논쟁	최민지	풀빛	1982	서강, 한신, 서울여, 한외
앨리슨 재거 공편	여성해방의 이론체계	신인령	풀빛	1983	서울, 이화, 서강, 서울여
베티 프리단	여성의 신비	김행자	평민사	1978	숙명, 한외, 한신
슐라미스 화이어스톤	성의 변증법	김예숙	풀빛	1983	이화, 한신, 서강
아우구스트 베벨	여성과 사회	선병렬	한밭	1982	서울여, 서강, 청주
다나카 미치코	미혼의 당신에게	김희은	백산서당	1983	이화, 서강, 한신

나카 미치코[9]가 여자 대학생들과 나눈 상담과 강의 내용을 중심으로 엮은 책이다. 서양의 성 개방 문화가 도래함에 따라 성관계와 피임, 결혼 등 실질적 문제에 어떻게 대처해야 하는가를 상담하고 있다. 서강대와 서울여대에서 참고 문헌으로 제시하는 『무엇이 여성해방인가』

역시 저널리스트 마츠이 야요리[10]가 우먼리브(Woman's Liberation Movement, 여성해방운동)의 영향을 통해 일본 현실을 돌아보고, 아시아의 여성 인권 문제에 대해 논한 입문서이다. 마츠이는 일본 남성들의 가부장적 태도와 아시아 각지에서의 성매매, 한국으로의 기생 관광 등에 대해 고발하며 이를 자본주의의 확산에 따른 병폐로 지적하고 있다. 여성해방운동은 단지 그 자체만으로 해결되는 것이 아니라 현대사회에 산적해 있는 인종차별, 식민지 국가의 민족해방, 공해, 복지, 전쟁범죄 등의 모순들을 해결하기 위한 투쟁과 궤를 같이 해야 하며 그러한 모순점들이 해결된 사회가 건설된 후부터 본격적인 여성해방운동이 시작된다고 주장하는 것이다. 에세이라는 저널리즘의 외피를 입었지만, 국제적 차원의 여성해방운동의 맥을 짚고 있다고 할 수 있다.

이 두 권의 번역서는 모두 미국의 여성해방운동과 성해방 문제를 아시아적 시각에서 차용하고 있다는 공통점이 있다. 서구에서 출발한 여성해방이론을 아시아 국가인 일본에서 어떻게 적용할 것인가가 화두인 셈이다. 이를 한국에서 다시 수입, 번역하여 학습자인 대학생들이 아시아 여성으로서 어떻게 살아야 할 것인가를 고민하는 계기를 제공한다. 실제로 기생 관광이나 데이트 폭력 등 한국 현실에 가까운 문제를 다루고 있다는 장점도 있다.

『신데렐라 콤플렉스』에 이어 두 번째로 높은 빈도를 차지하는 것이 『남성과 여성』과 『제2의 성』이다. 마가렛 미드는 한국사회에서 널리 소개된 학자 중 한 명이다. 미드의 자서전 『누구를 위하여 그리고 무엇 때문에』가 1980년 번역되었으며, 대표작인 『세 부족사회에서의 성과 기질』역시 1988년 번역된다.[11] 『남성과 여성』은 인류학자인 마가렛 미드가 원주민 사회를 통해 관찰한 내용을 토대로, 남성성과 여성성이 사회적으로 강요되는 역할에 의해 정해지는 것이지, 성차로 인해 생겨나는 것이 아니라고 주장한다. 『세 부족사회에서의 성과 기질』을 번역한 조한혜정은 미드가 주장하는 것은 '남성적' 사회에서 남성과 여성 모두가 고통받고 있다는 통찰이며, 이는 여성해방운동이 거둔 성과가 남성 중심적 문명을 바로잡아 구성하는 데 회의적이라는 점을 통해 뒷받침된다고 설명한다. 기존의 여성해방운동은 정-반의 관계를 역전시키거나 남성과 같아지는 것을 원했지, 근본적 차원의 '평등'에 대해서는 다루지 못했다는 비판이다. 조한혜정은 미드가 현대 인류 문명의 성격을 근본적으로 전환시키는 작업으로서 남녀 모두가 더욱 인간적인 삶을 영위하자는 문제를 제기했다고 보았으며, 이를 운동의 토대로 삼았다.

여자로 태어나는 것이 아니라 여자로 길러지는 것이라는 명제로 알려진 보봐르의 『제2의 성』역시 남성성과 여성성이 선천적으로 자연스럽게 생겨난 것이 아니라 사회문화적 관습에 의해 만들어진다고 주장한다.[12] 미드와 보봐르의 책은 사회문화적으로 구성된 젠더 개념을 뒷받침한다. 남성성과 여성성이 문화적 구조화의 산물이라는 문제의식을 통해 이에 대항할 수 있는 여성학적 상상력을 갖도록 하는 것이다. 또한 그들의 삶이 여학생들에게 역할 모델이 될 수 있다는 점도 영향을 미쳤다. 서울여대에서는 마가렛 미드의 자서전을 참고 문헌으로 제시하였다.

많은 학교에서 사용된 번역서들은 본격적인 여성해방이론서라기보다는 여성학에 대한 이해를 돕고 여성해방의 필요성을 제기하는 서적들이다. 일상에서 가까운 지점에서 출발하여 자신의 문제의식을 키워나갈 수 있는 비판 능력을 갖추기 위해 사용하는 것이다. 물론 여성학 강의안에는 베벨의 『여성과 사회』나 엥겔스의 『가족의 기원』에서부터 다양한 여성해방 사상의 조류를 정리해 편집한 『여성해방의 이론체계』도 포함되어 있다. 여성해방이론의 다양한 사조를 학습하며 논의를 진행시켜 나가는 것이다. 여성학 교양 강좌의 수강생들이 자신들의 상황에 대해 공감하고, 문제의식을 가질 수 있도록 도와주는 번역서들이 더 많이 활용된 것이 사실이다. 이처럼 학습으로서 여성해방운동을 접하는 경우에는 영미의 이론을 수입, 번역하는 과정이 불가피하다. 그러나 이 수용은 일방적 학습에만 머무르는 것이 아니라 삶의 실천으로까지 이어질 수 있다는 점에서 제3의 공간을 만들어낸다.

여성학 강좌의 강의계획서는 반드시 한국적 현실에 대한 적용이 포함되어 있다. 한국의 전통적인 여성상에 대해 검토(서울대)나 아시아 여성에 대한 강좌(숙명여대, 서울여대, 한신대 등), 한국 여성의 현실(청주대), 한국 여성 교육 문제(동국대), 한국 여성운동의 역사(성신여대, 한국외대, 서강대, 한신대 등) 등 한국 여성의 현실을 짚어보는 과정이 반드시 포함되어 있다. 여성학 강좌를 최초로 개설한 이화여대는 제3세계와 여성, 한국 여성(여성 계층론, 사례 발표, 한국 여성의 법적 지위, 한국 여성운동사, 한국 여성단체) 등에 6주를 할애하고 있다. 이는 번역서를 통해 확보된 문제의식이 한국과 만나 만들어낸 공간이라 할 수 있다.

문화운동으로서의 여성해방이론과 페다고지의 개발

1980년대 여성해방운동 진영에서 벌어진 가장 큰 논쟁은 여성억압의 원인을 둘러싼 대결 구도다. 유학파 중심의 지식인 여성들은 억압, 가부장제 등의 개념을 이론화하려고 시도한다. 여성억압은 성적 차이를 억압의 근거로 삼는 가부장제로 인해 생겨난 정치적, 사회적, 문화적 문제라는 것이다. 이를 통해 여성 문제를 바라보는 논의 폭이 넓어지고 한국적 가부장제에 대한 연구 역시 촉진된다.[13] 한국 여성억압의 원인은 한국의 가부장제가 남성성과 여성성을 규범화하고, 남성과 여성 모두에게 억압적인 사회문화를 만드는 데서 찾을 수 있다. 그러나 사회변혁운동 진영에서는 가부장제를 여성억압의 원인으로 주장하는 진영이 생산수단의 소유관계라든가 자녀의 귀속, 상속 등의 핵심적 요소들은 분석하지 않고, 이를 통해 여성의 성적 능력에 대한 정치적 통제만 강조한다고 본다. 이는 한국 현실을 이해하지 못해 억압 요인을 제대로 짚지 못했다는 비판으로 이어진다. 가부장제에 대한 이론화가 해외 학계를 중심으로 이루어지고 있어서 영미 이론을 빌려올 수밖에 없고, 이로 인해 식민성의 혐의로부터 자유로울 수 없다는 것이다. 이 문제를 가장 본격적으로 고민한 것이 '또 하나의 문화'(이하 '또문')다.

또문은 조한혜정, 조옥라, 조형 등 인류학, 사회학 전공자들과 여성학자들의 동인 집단이다. 이들은 한국의 가부장제에 대한 이론화를 진행하는 동시에 동인지 『또 하나의 문화』(이하 『또문』)를 통해서 일상문화운동을 전개해나간다. 1호 서문에서 또문은 "또 하나의 문화는 인간적 삶의 양식을 담은 대안적 문화를 만들고 이를 실천해가는 동인들의 모임입니다. 이 모임은 남녀가 진정한 벗으로 협력하고 아이들이 자유롭게 자랄 수 있는 사회를 꿈꾸며, 특히 하나의 대안문화를 사회에 심음으로써 유연한 사회체계를 향한 변화를 이루어 갈 것입니다"라며 남녀의 협력과 자유로운 아이들이라는 대안문화를 목표로 설정한다. 이는 민족·민주를 중심으로 한 계급운동을 추진하던 당시 변혁운동의 흐름과는 다른 지점에서 출발하는 것이다.

『또문』 창간호에는 '서구적' 여성운동이라는 비판에 대한 고민이 녹아 있다. 조옥라는 이에 대해 "우리 사회에서는 한동안 '전통적'이란 것은 모두 나쁜 것으로 매도하는 경향이 있더니 요즘 와서는 '서구적'이라는 명목으로 매도하는 경향을 보이는 것 같다"며 "외국에서의 경험이 사회를 좀 더 객관적으로 보는데, 그리고 이 운동이 취하는 방향과 방법에 있어 좀 더 다양한 대안을 갖게 한 면에서 보탬이 된 것은 사실"이라고 답한다. 조한혜정 역시 "이 모임(또문)이 열린 체제로 조직하고자 한 이유가 '한국적'이고자 했기 때문"이라며 그러한 논의를 되풀이할 필요가 없다고 못박는다.[14] 서구에서도 하나의 통일된 '서구적 여권운동'이라는 말은 존재하지 않으며, 여성해방운동을 적극적으로 추진하는 것을 막기 위해 등장한 비판일 뿐이라고 일축하는 것이다.[15] 이는 '식민성'을 무엇으로 규정하느냐의 차이에서 기인한다. 또문 동인들에게 식민성은 서구의 이론을 번역한다는 데서 오는 것이 아니라 삶과의 괴리에서 생겨나는 것이기 때문이다.

조한혜정은 『탈식민시대 지식인의 글읽기 삶읽기』에서 식민성을

"자신의 문제를 풀어갈 언어를 가지지 못한 사회, 자신의 사회를 보는 이론을 제대로 풀어가지 못하는 사회"라고 정의한다. 자기 성찰이 제대로 이루어지지 않아 지식과 삶이 겉도는 현상을 식민성이라고 명명하는 것이다. 이는 "우리가 뿌리 뽑힌 상태에 있다는, 우리 자신을 제대로 성찰하고 규정할 말을 갖고 있지 못하다는 규정이다."[16] 따라서 조한혜정이 추구하는 여성해방은 삶과 지식이 유리되지 않는 운동이다. 초기 또문이 양육, 교육, 주부 문제를 전면에 부각시킨 것도 이 때문이다.

1980년대 『또문』에는 번역문이 거의 실리지 않는다. 6권의 단행본이 발간되는 도중, 번역글이 14편, 외국 도서에 대한 서평이 1편 실린다. 전체의 10%도 되지 않는 비중이다. 그중 눈에 띄는 것은 동화와 노래 등 일상생활에서 활용할 수 있는 실용적 번역물이다.

『또문』은 양성적 아이를 키우는 것을 하나의 목표로 삼고, 창간호에서부터 동화와 동요 등 어린이 관련 번역물을 내놓는다. 이때 주요 참조 대상은 미국의 여성주의 잡지 *Ms.*(이하 『미즈』)이다. 글로리아 스타이넘을 편집장으로 한 『미즈』는 제2의 물결을 표상하며, 높은 인기를 누리는 월간지였다. 『미즈』는 교육에도 많은 관심을 기울였는데, 이는 1973년 설립된 미즈 재단을 통해서 확인할 수 있다. 글로리아 스타이넘, 패르티샤 카르비네, 레티 포그레빈 등 『미즈』 편집자와 배우인 말로 토마스가 설립한 미즈 재단은 여성과 아동 문제를 중심으로 하여 아동 성폭력과 성교육, 에이즈 문제 등을 해결하는 데 필요한 자금을 모으고, 사업을 펼쳤다.[17] 또문은 『미즈』와 미즈 재단의 아동 교육 프

『또문』1~6호 번역문 일람

권호수	기사	번역자	장르 및 원제
1호	로이스 굴드, X: 양성적 어린이의 이야기	박정선, 김영훈	동화, Lois Gould, "X: A Fabulous Child's Story", *Ms.* 1972년 12월호
	필 레스너, 유진이와 교장선생님	김미경	동화, Phil Ressner, "Dudley Pippin and the Principal", Free to be You and Me 프로젝트
	캐롤 홀(작곡작사), 울어도 좋아	김미경	노래 "It's all right to cry", Free to be You and Me 프로젝트
	스테판 로렌스(작곡) 부르스 하트(작시), 자유로운 너와 나	한현옥 외	노래 "Free to be You and Me", Free to be You and Me 프로젝트
	스테판 로렌스(작곡) 쉘리 밀러(작사), 어른이 되면	김미경	노래 "When We Grow Up", Free to be You and Me 프로젝트
	일레인 레론, 아무도 가르쳐 줄 수 없지요	김미경	Elaine Laron, "No one else", Free to be You and Me 프로젝트 수록
2호	캐롤 홀(작곡작사), 엄마도 일하고 아빠도 일하고	김미경	노래 "Parents Are People", Free to be You and Me 프로젝트
	닥터 수스, 별배꼽오리	박정혜	동화, 한은수 그림, Doctor Suess, "The Star-bellied Sneetches" (1961)
4호	헬렌 라이멘스나이더 마틴, 글래드펠터 부인의 반란	이성애	단편소설, Helen R. Martin, "Mrs. Gladfelter's revolt" (1923)
	캐롤 던컨, 20세기 초 전위회화에 나타난 남성성과 지배	김진숙	Carol Duncun, "Virility and Domination in Early 20th Century Vanguard Painting", *Feminism and Art history: Questioning the Litany*, ed. Norma Broude and Mary Garrad, New York: Haper & Row, 1982.
5호	헬무트 베커 위르겐 짐머, 새로운 경제학에 토대를 둔 지역사회 학교의 출현과 그 의미	박혜란	논문, 연세대 동서문제연구원과 주한 독일문화원이 주최한 '한독교육학 학술 세미나'에서 발표된 글
	쉐리 터클, 컴퓨터와 함께 자라는 아이들	허향	논문, Sherry Turkle, "The First Generation", *The Second Self: Computers and the Human Spirit*, London: Granada Pub, 1985.
6호	일본자기사연구회 편, 사실은 이렇단다.	허순희 외	자기 역사 써보기 활동지
	우리 안의 여신들	장필화 (저자)	Jean Bolen, *Goddesses in every woman* 서평

로그램을 번역한다.

1호에 실린 「X: 양성적 어린이 이야기」는 1972년 12월호 『미즈』에 수록된 동화로, 여자아이와 남자아이의 성 역할 구분이 자연스러운 것인지에 대해 질문한다. 처음에는 소년도 아니고 소녀도 아닌 X의 존재를 불편해하던 마을 사람들이 점차 X에 익숙해지고, 자신의 아이들도 X처럼 키우는 분위기를 형성하게 되는 것으로 결론을 맺는 이 소설은 여자, 남자의 구분 없이 "그냥 X"로 자라는 아이를 통해서 양성성의 가능성을 추구한다.[18] 1, 2호에 수록된 노래들은 1972년 미즈 재단의 Free to be You and Me 프로젝트의 일환으로 녹음, 수록된 곡을 번역한 것이다. Free to be You and Me 프로젝트는 아이들을 위한 동화나 동요가 남성성과 여성성에 관한 사회문화적 관습에 길들여져 있음에 반대하고, 젠더 중립적인 읽을거리를 만들자는 생각에서 추진되었다. 모든 노래와 동화는 유명인들에 의해 녹음되었으며, 현재까지도 양성평등, 관용, 차별 반대를 교육하는 데 가장 대표적인 자료로 활용되고 있다.[19]

2호에 실린 「별배꼽오리」는 차별과 불평등에 대한 동화이다. 배꼽에 달린 별이 있고 없음에 따라 자신의 우월함을 주장하는 오리들의 모습은 인종, 외모 등을 이유로 행해지는 차별에 대한 우화이다.[20] 동화의 결말은 희망적이다. 오리들이 별이 있고 없고는 중요하지 않다는 사실을 깨닫게 되는 것이다. 이처럼 또문은 미국의 젠더 중립적 동화와 동요 등을 번역함으로써 한국의 양육 현장에서 사용할 수 있도록 한다. 이 동화들은 또문 동인들의 양육 수기와 함께 배치된다. 조한혜정은 1호에 실린 「적절하게 적응 못하는 아이」에서 자신이 두 아이를 키우는 경험을 통해 양성성을 개발하는 젠더 중립적 양육이 무엇인지를 보여준다. 4호와 5호에 실린 번역문들은 각 호의 주제에 맞춰 번역된다. 4호의 소설 「글래드펠터 부인의 반란」은 딸의 교육을 위해 가부장적인 남편에게 처음으로 저항하는 부인의 이야기다. 함께 실린 캐롤 던컨의 글 역시 회화에 나타난 남성성의 지배 문화에 대한 분석이라는 점에서 4호의 주제와 통한다.

『또문』에서 번역문은 실용적 효과를 갖는 글들을 중심으로 번역이 이루어진다. 이는 서양 이론의 한국화라는 또문의 목표와도 통한다. 이론화를 위한 번역은 최대한 지양하고, 페다고지 차원에서 들여오는 것이다. 이는 학술지와 동인지 사이의 차이라고도 볼 수 있다. 학술 논문에서는 당대 미국에서 벌어지고 있는 논의를 적극적으로 참조하지만, 삶과의 일치를 추구하는 동인지에서는 실용적인 도구를 번역하는 것이다. 따라서 동인지 『또문』에서 번역은 그 비중이 얼마 되지 않을 수밖에 없다. 이는 또문이 지식을 탈식민화하는 방식이라고 볼 수 있다. 또문은 이론화에 동원되는 지식이 아니라 실제 삶에 활용되는 지식을 번역함으로써 대안문화운동으로 탈식민적 지식을 생산해내고자 했다.

계급운동으로서의 여성해방이론과 편역서의 기획

1980년대 여성해방운동은 당시 공론장의 중심에 있던 운동 진영의 영향을 받는다. 이로 인해 특정 이념이 조직 구성의 원리로 자리 잡게 되며, 당면 과제를 설정하는 데에서도 늘 이념적 원칙을 중시하게 된다.[21] 특히 학생운동을 중심으로 하는 지식인들이 사회운동에 대거 참여하게 됨에 따라 이념 지향성은 더욱 강화되고, 노동운동, 농민운동, 여성운동 등의 부문 운동은 이념적 전체로 결합하는 구조를 갖추게 된다.[22] 1980년대 중반에 들어서면 민주화운동이 강화되고 조직화되면서 여성운동 내부에서도 민주화운동과 통합하려는 경향이 강하게 나타났다.[23]

비정기적으로 발행된 무크지 『여성』[24]은 특집 기획을 통해 한국 여성해방이론의 전개를 비판적으로 검토하고, 사회 전반의 구조적 개혁을 가능하게 하는 이론이 필요하다는 주장을 펼쳤다. "서구 여성해방운동의 제이론이 우리 현실에 맞지 않아서 여성운동 주도권이 어용적 중산층 여성운동으로 변질되는 과정"이 문제이기 때문에, 마르크스주의 해방이론으로 거듭나야 한다고 주장한 것이다.[25] 이는 한국의 여성해방이론은 서구와는 달라야 하며 한국사회의 변혁운동의 자장 안에서 이루어져야 한다는 주장이다. 『여성』 2호의 「한국 여성해방이론의 전개에 대한 비판적 검토」는 70년대 여성해방운동은 수출 일변도의 파행적 산업화로 한국사회의 모순이 심화, 확대된 결과 생겨난 것이라고 분석한다. 한국사회에서 여성억압은 한국사회의 총체적 구조로부터 분리될 수 없는 것이기 때문에, 물적 토대의 성격과 관련된 모순을 지양하려는 노력은 계급성을 띠지 않을 수 없다는 것이다.[26] 이처럼 한국 현실에 맞는 여성해방이론은 전체 사회구조에 대한 개혁을 이야기하는 마르크스주의에 근거해야 한다는 전제에 의거해 운동으로서의 번역을 기획한다.

1980년대 호황을 누린 사회과학 전문 출판사들은 이러한 문제의식을 번역서와 편역서를 통해 펼쳐낸다.[27] 풀빛(3권), 동녘(4권), 백산서당(5권) 등의 사회과학 전문 출판사들은 마르크스주의 여성해방론과 아시아 지역의 여성해방에 관련된 여성해방이론서를 내놓는다. 세 출판사는 번역서의 선정과 기획에 있어 특성을 가지고 있다. 백산서당의 경우, 5권 모두 비교적 부담 없이 읽을 수 있는 일본 서적이다. 풀빛의 경우, 여성해방이론의 체계를 잡는 데 도움을 주는 책들을 선정해서 번역하고 있다. 동녘의 편역서들은 사회주의 여성해방론을 뒷받침한다는 기획 의도를 바탕으로 구성되어 있다.

다음 표에서 우선 눈에 띄는 점은 마르크스, 엥겔스, 베벨, 레닌 등의 사회과학 고전이 소개되고 있다는 점이다. 엥겔스의 『가족의 기원』(1884)이 최초로 완역되었으며, 마르크스주의 여성해방이론의 고전이라 할 수 있는 베벨의 *Die Frau und der Sozialismus* (여성과 사회주의)는 『여성과 사회』, 『여성론』 등의 이름으로 1980년대에만 세 차례 발간된다.[28] 『여성과 사회』가 과거와 현재 여성의 역사를 정리한 2부 15장까지, 『여성론』이 현재 여성의 지위와 사회적 상황에 관해 다룬 3부까지 다루고 있다. 번역자인 이순예는 "여성 문제와 사회문제를 분리시

사회과학 출판사에서 나온 번역서 일람 (*은 한국에서 만든 편역서)

저자	제목	번역자	출판사	출판년도
마츠이 야요리	무엇이 여성해방인가	김혜영	백산서당	1981
로버타 해밀턴	여성해방논쟁	최민지	풀빛	1982
아우구스트 베벨	여성과 사회	선병렬	한밭출판사	1982
다나카 미치코	미혼의 당신에게	김희은	백산서당	1983
미즈다 타마에	여성해방사상의 흐름*	김희은	백산서당	1983
앨리슨 재거 편	여성해방의 이론체계	신인령	풀빛	1983
슐라미스 화이어스톤	성의 변증법	김예숙	풀빛	1983
엘리 자레스키	자본주의와 가족제도	김정희	한마당	1983
프리드리히 엥겔스	가족의 기원	김대웅	아침	1985
클로디 블로이엘	하늘의 절반: 중국의 혁명과 여성해방	김주영	동녘	1985
여성평우회 편	제3세계 여성노동*	여성평우회	창작과비평사	1985
안마리 울프 등 편	여성과 생산양식	강선미	한겨레	1986
타마키 하지메	세계여성사	김동희	백산서당	1986
C. 폰 벨로프 외	여성 최후의 식민지*	강정숙 외	한마당	1987
아우구스트 베벨	여성론	이순예	까치	1987
김지해 편	세계여성운동 1: 사회주의 여성운동*		동녘	1987
김지해 편	세계여성운동 2: 민족해방 여성운동*		동녘	1988
필립 포너 외 편	클라라 체트킨 선집	조금안	동녘	1987
마르크스 외	여성해방론*	조금안	동녘	1988
아우구스트 베벨	여성과 사회	정윤진	보성출판사	1988
하이디 하트만 외	여성해방이론의 쟁점: 사회주의 여성해방론과 마르크스주의 여성해방론*	김혜경 김애령	태암	1989
레닌	레닌의 청년 여성론*	편집부 편역	함성	1989

켜 생각하는 사고방식을 제거하고 그것에 저항하는 데에 선구적인 역할"을 한 점에서 『여성론』의 가치를 높게 평가한다. 여성 문제를 심리학적, 생리학적 관점으로 접근하는 것이 여성 문제와 사회문제를 분리시키는 오류라고 명명하고, 그 오류를 교정해야 한다는 주장을 펼치는 것이다. 이는 급진적 여성해방론에서 주장하는 섹슈얼리티와 성차 문제를 의식한 것으로, 여성 문제는 역사의 진보라는 관점에서 사유해야 한다는 생각을 바탕으로 하고 있다.

사회변혁의 관점에서 여성해방을 바라보는 진영은 자본주의와 생산양식의 문제가 여성억압의 근원임을 강조했다. 이때 이들이 대타항으로 삼은 것은 1960~1970년대 미국에서 출발한 사회주의 여성해방론이다. 사회주의 여성해방론은 마르크스주의만으로는 여성억압의 초역사성과 보편성을 설명해낼 수 없다는 인식을 바탕으로, 자본주의와 가부장제의 이중 체계가 여성억압의 원인이라고 주장했다. 에이젠슈타인은 '자본주의적 가부장제'라는 개념을 통해 여성억압은 남성과 여성을 위계적인 방식으로 조직하는 사회관계, 즉 정치적 영역에서 파생하는 것이며 가부장제를 남성들의 여성에 대한 지배를 가능케 하는 사회관계로 본다. 이에 대해 한국 마르크스주의 여성해방론은 한국의 여성해방운동 진영의 방향성을 호도하며, 결국 미국의 급진적 여성해방주의를 따라가게 될 뿐이라고 지적한다.[29] 사회주의 여성해방론이 마르크스주의 여성해방론을 협소한 의미로 해석하여 제대로 이해하지 못했다는 비판이다.

이러한 입장에서 마르크스주의 여성해방론자들은 편역서를 기획하

여 자신들의 주장을 뒷받침한다. 편역서는 역자나 출판사의 기획 의도와 필요에 따라 다양한 글을 묶어 편집할 수 있다는 장점이 있다. 『레닌의 청년 여성론』은 1940~1950년대 활발하게 저술 활동을 펼친 마르크스주의 페미니스트인 히라이 키요시(平井潔)가 편역한 『レーニン 青年, 婦人論』(青木書店, 1956)을, 『여성해방론』은 100쪽 남짓한 팸플릿인 The Women Questions-selections from the Writings of Karl Marx, Frederick Engels, V. I. Lenin, J. V. Stalin (International Publisher, 1982)과 The Emancipation of Women from the Writings of V. I. Lenin (International Publisher, 1984)에서 중복된 부분을 편집하여 다시 만든 책이다. 이 두 권의 번역자 조금안은 서문을 통해 "마르크스주의적 여성 문제 인식 방법에 대해 독자들의 기본적인 이해를 도모하는 데 그 목적"을 밝히고 있다. "개량주의적 수정주의적 여권론자들"의 "왜곡 혹은 선입견이 통용될 수 있는 여성계의 현실"에서 마르크스주의를 소개하는 것만으로 의의가 있다고 평가하는 것이다.[30] 이러한 경향은 여타 편역서에서도 드러난다. "사이비 마르크스주의적 요소들을 척결하고 올바른 여성해방론적 인식의 기초를 다지려는 시도"라는 입장도 이에 속한다. 『여성해방이론의 쟁점』의 역자인 김혜경과 김애령은 번역의 목적이 '유사 마르크스주의적 관점'인 사회주의 여성해방론의 이론적, 실천적 오류를 분석하는 것이라고 설명한다. 미국의 사회주의 여성해방론자인 하이디 하트만, 질라 에이젠슈타인의 논문과 마르크스주의 여성해방론자인 린다 번햄 등의 논문을 비교하면서, 사회주의 여성해방론의 도입과 그에 대한 마르크스주의적 비판

이라는 순서에 따라 책을 구성하고, 번역한 것이다. 즉 사회주의 여성해방론을 사이비로 호명하고, '진정성이 있는 운동론'의 대중적 확산을 겨냥했다고 할 수 있다. 개량주의나 '사이비 마르크스주의'적 요소를 경계하고 마르크스주의의 순수성을 지키려는 시도이다.

사회주의 여성해방론이 전체를 보지 못하고, 부분적이고 지엽적인 '여성'만을 대상으로 하고 있다는 비판도 있다. 미즈다 타마에의『여성해방사상의 흐름』[31]을 번역한 김희은은 "지금까지 여성해방을 다룬 이론들이 다양한 모습으로 드러나는 여성 문제들의 한 부분만을 확대 해석하거나, 여성 지상주의적인 분파적 경향을 띠기도 하여 본질적인 모습을 파헤쳐주지 못해서 많은 사람들의 지지를 받지 못하는 예가 많았다"고 지적한다.『세계여성운동』의 편자인 김지해 역시 미국의 이중체계론에 대해 "제국주의의 이익에 봉사하면서 제3세계 여성운동의 혁명성을 왜곡 축소시키는 역할을 수행한다"고 비판한다.[32] 즉 마르크스주의 여성해방론을 제외한 여타의 여성해방론은 부르주아적이며, 일부 중산층 여성들을 위한 것인 반면, 마르크스주의 여성해방론은 전체 여성과 인류의 해방을 도모한다는 입장이다.

이처럼 1980년대 운동 진영의 번역 작업은 편역서를 통해 '진정한' 마르크스주의 여성해방론의 총체적, 진보적 의식을 도모하려는 의도가 두드러진다. 부분적, 분파적인 유사 마르크스주의를 경계하고 총체적이고 진정한 마르크스주의 여성해방론을 소개함으로써, 서구의 여성해방이론과 다른 여성해방 의식을 보여주는 것이다. 이 과정에서 번역자와 출판사는 모두 기획자가 되어 자신들의 필요에 따라 번역 행위를 실천한다. 엄격한 윤리성과 진정성을 요구하기도 한다. 그런데 이 데올로기의 순수성과 윤리성이 도달하는 지점은 결국 마르크스와 엥겔스, 레닌의 유물론이라고 하는 또 하나의 지적 제국이다. 영미의 여성해방이론으로 인해 생겨난 식민성을 극복하려는 의도에서 출발하였으나, 또 다른 제국에 의지하는 오류를 범하게 된 것이다. 이들은 마르크스주의라는 또 하나의 보편을 획득하기 위한 기획 속에서 탈구된다.

민족해방운동으로서의 여성해방운동과 '제3세계'의 기획

1980년대 중반부터 한국의 사회운동 진영에서는 민족문제가 본격화된다. 이는 여성해방운동 진영에도 영향을 미친다. 1985년에 치러진 제1회 3.8 여성대회는 "민족 민주 민중과 함께 하는 여성운동선언"을 표어로 삼았고, 여연은 "민족민주운동으로서의 여성운동"을 강조하기도 하였다.[33] 이러한 흐름은 번역서로 이어져, 제3세계의 민족해방운동을 소개하며, 그 속에서 여성운동의 양상을 조명하는 책이 등장하기 시작한다. 영미권의 '제2의 물결'이 아닌, 우리와 조건이 유사한 아시아의 민족해방투쟁의 여성 영웅을 호명하고 그들을 통해 여성해방에 대한 의식을 일깨우려 시도한 것이다. 여기에는 1980년대 공론장의 민족 민주 진영의 압도적 우세와 반미 투쟁 등이 영향을 미친다. 1980년대 한국사회에서 미국은 대항해야 할 제국이었으며, 반미운동은 제3세계 반식민지 민족주의 운동의 한 형태였다. 그로 인해 변혁운동 자장에서 반미운동은 지극히 도덕적이고 결정론적인 것이었으며, 기존 사회와 기존 정치체제의 근본적 개혁을 요구하고 나서는 민주주의 운동이었다.[34] 이는 제3세계 민족주의운동에도 동일하게 적용될 수 있다. 성차별과 억압의 문제를 권위주의 군사 정권의 문제와 결합시키는 시각이다.[35]

『세계여성운동2: 민족해방 여성운동』은 "85년 말 이후 민족해방의 문제가 투쟁의 주요 흐름을 잡게 되면서 제3세계라는 비과학적 개념을 넘어 제국주의와 식민지의 문제, 그것을 극복하려는 민족해방투쟁의 문제로서 여성운동을 새롭게 기획 재조정"하였다는 목표를 밝힌다. 이를 위해 중국, 베트남, 쿠바의 민족해방투쟁의 승리와 아프리카의 무장투쟁 등을 소개하면서, '페미니즘'은 미국과 서구 유럽의 여권주의라는 협소한 개념이며 사회주의 여성운동을 건설하고 지지해야 한다고 주장한다. 어머니와 아내라는 부르주아 이데올로기에 대한 계급투쟁을 선언하는 것이다. "아내와 어머니로서 '존경할 만한' 여성에 대한 기본적인 정의는 여성 노동자의 계급의식을 저해하며 정치의식의 발전을 제약하는 근거"가 된다는 것이다.[36] 여기서 세계는 미국과 서구 유럽 vs. 아시아와 아프리카로 이분된다. 이러한 이분법적 구도 아래에서 한국을 비롯한 제3세계는 서구라는 외부의 적대를 통해 내부를 단결시킨다. 이때 '존경할 만한 여성'을 정의하는 방식에 의문을 제기하지 않을 수 없다. 내부 단결을 위해 등장하는 것은 하나의 공동체를 상상하게 해주는 "끈끈하고 벅찬 감동", "아프리카 오지의 나이 어린 흑인여성들의 해방의 필연성을 넘어선 가슴 뿌듯한 신념"의 서사이기 때문이다.

이 '벅찬 감동'의 서사는 여성운동가의 수기와 전기에서 두드러지게 나타난다. 『여성』 2호는 제3세계 여성운동가의 삶을 다룬 수기 『아리랑 고개의 여인』, 『어머니들』과 소설 『사이공의 흰 옷』을 '여성 문제의 인식을 돕는 책들'[37]로 선정한다. 이 세 권의 번역서는 평범한 여학생이나 아내가 사회의 부조리를 자각하고 의식 변화를 일으키는 과정을 통해 계급 승리와 민족해방의 메시지를 전달한다. 고문, 투옥, 피살 등의 여성 수난사가 "여성대중에게 변화의 신념"을 심어주는 이야기로 재명명되어 감동적인 사례로 전형화되는 것이다.

『아리랑 고개의 여인』의 작가 고준석은 해방기 공산당 활동을 하다 죽은 아내 김사임을 위로하기 위해 책을 썼다고 밝힌다. 책의 화자인 고준석은 자신의 아내를 순수한 소녀에서 조국의 열사로 변모한 영웅으로 이상화한다. 부르주아 여학생 김사임이 공산주의자 고준석을 만나 현실에 눈뜨고, 철저한 한 사람의 공산주의자가 되는 과정을 형상화하는 것이다. 흰 한복을 입고 아이를 업은 채 사살당한 김사임은 '아리랑 고개'처럼 순결한 민족의 상징이 된다.[38] 통일을 위해 노력하던 공산주의자 여성의 비극적 최후를 통해 "한민족의 통일과 민족정신"을 일깨우려는 의도가 포함되어 있는 것이다.

『사이공의 흰옷』[39]은 실존 인물인 응웬 디 짜우를 모델로 하여, 여성 주인공이 공산주의 투사로 거듭나는 과정을 그린 소설이다. 조국의 '진정한' 독립과 자유를 위해 남베트남 학생운동과 공산당 활동에 참여하고, "체포와 가혹한 고문에도 굴하지 않고 더욱 강고하고 성숙한 운동가로 변모해 나가는 과정"을 통해 "모든 안일한 삶에 도덕적 질타"를 던지는 것이 이 책의 간행 목적이다. 여기서 중요한 것은 "흰 옷으로 표현되는 베트남 민중의 조국과 민족, 혁명에 대한 단심(丹心), 사랑하는 사람에 대한 베트남 여성들의 순결"이다. 호앙에 대한 사랑은 운동가인 호앙에 대한 존경심에서 비롯되며 고문이 힘들어지고 투옥이 길어질수록 순수한 사랑으로 이상화된다. "그것은 어떠한 혹독한 고문에도, 주위의 타락에도 꺾이거나 물들지 않고 싱싱하게 꽃피는 청순함이며 젊은 세대의 애국심과 건전함이 부르는 승리의 찬가"이며 그녀에게 주어지는 최고의 결말은 "흰 아오자이를 입고 머리카락을 뒤로 묶은 홍이 떳떳하게 호앙과 팔짱을 끼고 모교 반랑 고등학교를 방문해 후배들의 열렬한 환영과 축복 속에 결혼식을 올리는 것"이다. 『사이공의 흰옷』에서 흰옷과 여성의 순결은 공적 영역의 이데올로기뿐만 아니라 사적 영역의 사랑에서도 강조된다. 홍은 공산주의자로서 눈을 뜨며, 그와 동시에 훌륭한 운동가이자 지도자인 호앙을 사랑하게 된다. 사상과 사랑은 동심원을 이루며 여주인공에게 순결을 요구한다. 호앙이 사랑하는 '흰 아오자이를 입고 자전거를 타는' 순결한 사이공 여학생일 때만, 여성은 영웅이 될 수 있다.

볼리비아 광산 노동자 투쟁에 대한 수기인 『어머니들』은 1974년 UN 세계여성대회에 참가한 여성 노동자 도미틸라의 이야기를 브라질 여성학자인 모에마 비처가 구술 기록한 책이다. 도미틸라는 독재 정권에 대항하여 싸우는 공산당의 투사이다. 그는 주부들을 이끌고 바리케이드를 치고 남자들을 대신해 노사 협상을 이끌어낸다. 동시에 헌신적인 아내이자 어머니이기도 하다. 그는 볼리비아에 참된 민주 정부를 세우기 위해, 지금은 남성들과 함께 투쟁해야 한다고 말한다. 노동자의 아내인 여성들 역시도 투쟁의 일선에 나서 "남자들과 같이 민중해방을 위해 싸우는 것이 더욱 중요하다"는 입장이다. 따라서 "여성 존중주의(페미니즘)"나 "남성 위주의 사고방식"은 모두 "제국주의의 무기"가 된다. 민중의 힘을 분산, 약화시키기 때문이다. 그런데 여기서 흥미로운 점은 번역자가 페미니즘의 번역어로 '여성 존중주의'를 택한 점이다. 번역자에게 여성은 민중의 일부일 때만 의미가 있는 것이고, 여성해방은 민족해방, 민중해방을 통해 자연스럽게 획득할 수 있는 것이다. 이 책의 목적은 하위 주체인 민중의 목소리를 기록한다는 데 있는 것이고, 번역자는 그것을 정확하게 포착하였다고 할 수 있다.

도미틸라는 목소리를 갖지 못한 볼리비아 민중의 상황을 알리기 위해서 대표자로서 UN 발언대에 선다. 그는 백인/부르조아 페미니스트들에게 분노하며 이 책의 원제 "나도 한 마디 해도 된다면"처럼 자신의 발언권을 확보한다. 그런데 한국어로 번역되는 과정에서 제목은 '어머니들'로 바뀐다. 민중의 투사라는 하위 주체의 정체성이 어머니로 전치된 것이다. 투쟁하는 '어머니들'에 대한 '존중'이 한국사회에서 이 책을 소비하는 방식이다. 아이러니하게도 순결한 어머니에 대한 강조는 부르주아 핵가족의 이데올로기가 만들어낸 '존경할 만한 여성' 상의 전형이기도 하다.

응웬 디 짜우나 도미틸라, 김사임과 같이 민족해방운동에 참여한 여자 공산주의자의 이야기는 독자들에게 '벅찬 감동'을 주고 '뿌듯한

신념'을 느끼게 한다. 그러나 이 과정에서 그들의 목소리는 민족해방
이라는 목적에 봉사하는 도구가 된다. 이들은 여성억압의 원인이 자본
주의와 제국주의의 결합에 있기 때문에, 민족해방 투사나 공산주의자
역시 여성해방의 투사라고 주장한다. 책의 광고와 헤드라인은 공산주
의자로서 이들의 강건한 투쟁의 자세를 주장하지만, 책이 재현하는 것
은 흰옷을 입은 순결한 누이와 고문에도 굴하지 않고 투쟁하는 어머
니, 아리랑 고개에서 죽은 아내이다. 여성 투사들을 누이, 어머니, 아
내 등 가족 구성원의 일부로 호명하여 감동을 주는 것이다. 그래서 이
들의 영웅 서사는 여성 수난사로 굴절된다.

제3세계는 이데올로기 혁명과 투쟁이 있는 '순수한' 공간이라는 기
획은 순결한 여성을 민족의 표상으로 치환할 때 가능해진다. 탈식민적
시도는 1세계와 3세계를 이항 대립적 구도에 배치하여 민족주의로 소
급된다.[40] 이 과정에서 제3세계는 순결한 여성이 있는 이상향으로 자
리매김하고 1세계에 대한 민족적 우월감을 획득한다. 그렇다면 이때
제3세계의 순결하지 않은 여성은 어떻게 되는지 질문할 필요가 있다.
누이, 어머니, 아내로 명명되지 못한 여성들은 서사의 주인공이 될 수
없다. 가족의 이름 아래에서 이데올로기의 순수성을 담보할 때에만 여
성은 민족과 해방의 상징이자 감동의 대상이 된다. 결국 여성 영웅의
주체성은 이데올로기의 대상으로 환원될 때에만 의미를 획득한다는
역설을 마주하는 것이다. 이는 여성해방이 민족해방의 도구로 동원되
는 양상이기도 하다.

1980년대 여성해방운동의 탈/식민성

1980년대 여성해방운동은 서구의 여성해방이론을 참조하여 여성해방이라는 보편성의 이념을 번역한다. 특히 미국을 중심으로 한 제2의 물결은 주요 참조 대상이었다. 그런데 이 번역 과정에는 '한국'이라는 특수성이 포함되지 않을 수 없다. 번역에는 항상 모방과 오염의 가능성이 숨어 있기 때문이다. 따라서 번역 과정에서 탈식민적 고민을 놓지 않는 것이 중요한 문제가 된다. 한국의 여성해방운동은 서구와 어떻게 다르며, 어떤 방식으로 나아가야 할지 그 상을 그리는 것이다. 게다가 1980년대는 한국의 사회변혁 운동 장에서 서구(미국)와 식민성의 문제가 주요 화두로 등장한 시기이기도 하다. 민주화운동으로서의 반미운동과 계급의식에 바탕을 둔 제3세계 민족주의운동이 변혁운동의 주축이 되었고, 이때 여성억압의 기원을 밝히고 이론적 근거를 마련하는 데에 누구를 참조할 것인가가 문제가 되었다. 가벼운 에세이부터 마르크스, 레닌에 이르기까지 여성해방운동은 번역서를 통해 자신의 이론적 체계를 형성해나가는 것이다.

교양교육운동으로서의 여성학은 여성 의식의 각성과 변화를 추구하기 위한 에세이를 선택하여 학습자의 저변을 확대했다. 여성성과 남성성의 고정관념을 깨뜨리고, 젠더는 문화적으로 구성된다는 문제의식을 확산시키는 데 초점을 두었다. 대안문화운동을 표방한 또문은 성평등을 위한 문화적 실천을 만들어나간다. 주부와 아이에서부터 남성 지배 문화에 이르기까지 일상의 다양한 영역을 운동의 자장으로 삼아,

삶과 연동되는 지식을 생성해 나간 것이다. 이때 번역은 실용적 페다고지를 개발하는 단계로 사용된다. 1980년대 한국사회의 변혁운동 장에서 주류를 이뤘던 계급 운동으로서의 여성해방운동은 마르크스주의를 기반으로 한 편역서를 통해 영미권의 여성해방이론을 배격하고 '진정한' 인간해방을 주장했다. 민족해방운동으로서의 여성해방운동은 제3세계의 해방을 위해 투쟁한 여성 영웅들의 서사를 통해 민족의식을 고취했다. 번역서를 편집, 기획하는 과정에서 자신의 필요에 의해 적극적 번역 행위를 실천한 것이다. 이때 번역은 원본과 번역본이 뒤섞이고, 수신자인 한국이 오히려 발신자의 위치가 되는 역전과 전위의 공간이 된다.

그러나 이 과정에서 이데올로기의 순수성이 강조되면서, 문제는 출발점으로 되돌아간다. 진정한 마르크스주의, 순수한 제3세계에 대한 강조와 전형화가 진정성과 유사성, 원본과 사본, 발신자와 수신자의 이분법적 틀로 환원되기 때문이다. 이는 혼종성을 이데올로기의 순수성으로 봉합하여 또 다른 보편을 형성하려는 욕망이라고 말할 수 있다. 즉 아시아 여성이라고 하는 특수성을 보편성으로 정립하고자 하는 것일 뿐, 특수성과 보편성의 대립 구도는 여전히 남아 있는 것이다. 따라서 1980년대 여성해방운동의 탈식민적 혼종성은 식민의 구도 안으로 돌아온다. 이는 1980년대 여성해방운동이 도달하고자 했던 근본적인 목표, '인간화'를 이룰 수 없게 만든다는 역설을 낳는다.

9장

대안 공동체 '또 하나의 문화'와
민중시인 고정희의 역설적 공존

따라서 궁극적으로 남녀 해방된 세계관을 지향하는 실천 문학으로써 여성 해방 문학은 지배자의 시각을 대변하는 여타의 권위주의적 논리와 이념 규정, 언어, 방법론을 일시에 버릴 것을 요청받는다. 그런 의미에서 민중 문학론이나 리얼리즘 문학론에 쉽게 편승시키는 낙관적 논의는 일단 유보되어야 한다. 우리가 지금까지 익숙해온 가치체계의 변혁, 시각의 변혁, 언어의 변혁을 꾀하지 않고 '여성주의 시각'에 편승하는 일도 불가능하다.

— 고정희, 「여성주의 문학 어디까지 왔는가: 소재주의를 넘어 새로운 인간성의 실현으로」, 『너의 침묵에 메마른 나의 입술』, 또하나의문화, 1993, 205쪽.

젠더 이해(Gender Interest) 중심 여성운동과 '또 하나의 문화'

'또 하나의 문화'(이하 '또문')는 조한혜정, 조은, 장필화 등 인류학, 사회학, 여성학 전공자들이 중심이 되어 형성한 동인 집단으로, 젠더 규범의 해체를 통한 성평등을 개인의 삶에서 실천하고자 했다. 1984년

12월 9일에 열린 창립총회에는 각 분야의 교수와 대학생, 대학원생 및 작가, 기자 출판인, 주부 등 100여 명의 여성이 참가했다.[1] 고학력의 중산층 여성들로 대표 재현되는 또문 동인들은 여성억압, 가부장제, 젠더 등의 개념을 탈식민적 방식으로 이론화한다. 여성억압은 성적 차이를 억압의 근거로 삼는 가부장제로 인해 생겨난 정치적, 사회적, 문화적 문제라는 것이다.[2] 이를 위해 또문은 출판을 중심으로 한 문화운동을 택한다. 동인지 『또문』은 개성과 자유를 억압하는 한국사회에 '또 하나의 문화'를 제시하는 페미니즘 매체였다. 동인들의 좌담과 특집에 맞는 시와 논설, 현장 연구, 에세이 등이 배치되며, 고정 코너로 동인들의 시나 소설, 희곡 등의 창작 텍스트를 선보이는 창작란과 해외 여성운동계의 소식을 전하는 '지구촌 자매들', 서평과 영화나 드라마를 비롯한 대중문화 리뷰 등이 수록된다. 1년에 한 번 정도 발행되기 때문에 소모임에서 만들어낸 성과물들을 공유하고, 다양한 필자들의 글을 수록할 수 있었다. 이는 도서출판 또하나의문화에서 발간되는 단행본들과 조화를 이루며 또문식 문화운동의 매개체가 되었다. 가족, 성, 교육 등을 중심으로 한 삶의 변화를 추진하는 또문의 운동 방식은 계급과 민중에 기반한 해방운동이라는 1980년대적 운동 방식을 대타항으로 삼았다. 성적 차이와 젠더의 재구축이라는 또문의 목표는 1990년대를 예비하는 것이었으며, 『또문』을 비롯한 또문 동인들의 저서는 대학이나 생활공동체에서 교재로 사용되면서 널리 인기를 끌었다.

'내가 있는' 운동과 공동체주의

10년 전에 우리는 '또 하나의 문화'라는 이름을 짓고 활동을 시작했습니다. 사회운동은 곧 삶 자체이며 반역의 역사는 대대로 이어지면서 보다 많은 사람들의 삶을 낫게 할 것이라고 믿어, '민족 민중 해방'을 위한 투쟁의 열기가 가득한 90년대에 좀 색다른 방식으로 남녀평등의 문제를 제기하며 운동을 시작했습니다.[3]

『또문』의 10주년 기념호는 위의 글로 시작한다. 이는 '민족 민중 해방' 투쟁이 아닌 성평등 의제를 생활에서부터 실천하겠다는 또문의 성격을 잘 보여준다. 그러나 10년이 지난 1994년 생활을 운동으로 만들겠다는 야심찬 포부는 "모두가 사회운동이라는 단어와 멀어지고 싶어하는 지금"에 사회운동을 고집하는 자신들의 뒤늦음, 혹은 때이름을 고백하는 것으로 이어진다. 부르주아 중산층의 운동이라는 비판을 받으며 출발했던 것과 달리, 한국의 사회운동 장이 비판운동 역할을 다하지 못하고 있다는 비판에서다.

1985년부터 2003년까지 통권 17호에 걸쳐서 발간된 『또문』은 지배 문화에 대안이 될 수 있는 공동체를 모색한다. 이는 창간호 기념 좌담회에서 "좀 덜 경쟁적이고 인간의 가능성을 충분히 개발할 수 있는 사회, 이런 사회를 이루기 위해서 현재 우리가 여성적이라고 정의내리고 있는 것과 남성적이라고 정의하고 있는 것들이 서로 모아져서 더욱 포용력 있는 가치체계가 기반이 되는 사회를 만들자는 거지요"라는 조옥라의 말과도 일치한다.

이에 따라 『또문』은 고정된 젠더 규범을 해체하고 자유로운 주체를 키울 수 있는 교육을 화두로 특집을 구성한다. 젠더 고정관념을 깬 교육을 통해 자유로운 세대를 양성한다는 목적 의식은 또문의 출발점이 삶 공동체라는 점과 통한다. 조형은 또문이 "자유로운 삶을 열 잠재력을 지닌 젊은 여성들"에게 모델이 될 만한 예를 찾아서 보여주고 자립적인 삶을 열 의지와 능력을 키우는 데 도움이 되자는 의도에서 시작

『또문』특집 목록

권호수	발행년도	특집 제목
1호	1985	평등한 부모 자유로운 아이
2호	1986	열린 사회 자율적 여성
3호	1987	여성 해방의 문학
4호	1988	지배 문화, 남성 문화
5호	1989	누르는 교육, 자라는 아이들
6호	1990	주부, 그 막힘과 트임
7호	1991	새로 쓰는 사랑 이야기
8호	1991	새로 쓰는 성 이야기
9호	1993	여자로 말하기, 몸으로 글쓰기
10호	1994	내가 살고 싶은 세상
11~12호	1996	새로 쓰는 결혼 이야기
13~14호	1997	새로 쓰는 청소년 이야기 1, 2
15호	1999	여성의 일 찾기, 세상 바꾸기
16호	2001	여성의 몸, 여성의 나이
17호	2003	누구와 함께 살 것인가

했다고 말한다.[4] 대학 졸업 후 학생들이 우리 사회의 획일주의의 압력 속에서 쓰러지지 않도록 이들과 지속적인 연결을 하기 위해 만들어진 모임이라는 조한혜정의 설명을 더하면, 또문의 공동체성이 어디에 기인하는가를 잘 보여준다.[5] 다양성이 있는 삶을 살기 위한 대안적 공동체였던 것이다.

또문은 동인들을 중심으로 어린이 캠프, 예비 대학생 캠프 등을 진행하였고 다양한 소모임을 통해 세미나를 진행하였다. 시화전을 개최하거나 주부 공부방 같은 형식의 아카데미, 글쓰기 모임이나 편집 모임도 운영하였다. 이는 또문이 글쓰기를 중요하게 여기는 집단이었기 때문에 가능한 방식이었다. 그 결과『또문』에는 소모임 참여자들의 대중문화 리뷰나 에세이가 정기적으로 수록됐다. 동인들의 창작 모임에서 나온 소설이나 희곡 대본이 수록되기도 한다. 2호『열린 사회 자율적 여성』에는 초등학교 교사에서부터 해녀에 이르기까지 다양한 여성이 필자로 등장하였으며, 동인들이 삶에서 느낀 것들을 에세이로 풀어냈다. 8호『새로 쓰는 성 이야기』에서는 연세대와 이화여대 등의 대학생들이 수업 시간이나 동아리 등에서 진행한 활동을 토대로 캠퍼스의 성문화를 고발하는 기획을 진행하기도 하였다. 그러나 자신의 삶과 글쓰기를 일치시키는 운동이라는 또문식 의제는 "'잘난' 여자들이 하는 운동"이라는 비판을 부르기도 한다.[6]

또문들이 명문대나 유학파 등으로 대표되듯, 『또문』이 엘리트 독자를 대상으로 하고 있다는 것은 부인할 수 없다. 또문 결성 4년 후인 1987년의 동인 회보에서는 여성운동의 강화를 위해 여성운동 주체로서 대중 기반을 형성해야 한다는 과제를 달성하기에 『또문』이 대중 친화적이지 못하다는 반성이 등장한다.[7] 그도 그럴 것이 초기 『또문』이 주장한 젠더 고정관념의 해체와 성평등적 양육법은 대중과 만나는 데 한계가 있었다. 교육과 관련된 콘텐츠는 대부분 번역을 통해 소개되었다. 다양성과 개성, 감수성의 회복이라는 또문의 목표는 1980년대 한국에서는 번역된 것이었던 셈이다. 가장 탈식민적인 방식의 사회운동이 서구의 근대성 모델에 귀속되는 식민성의 역설이다. 조옥라의 말처럼 획일성과 동질성을 고집하는 한국사회의 문화 체계의 모순을 외부를 경험해본 이들이 가장 잘 느꼈기 때문이다.

또문은 가장 '잘난' 여성들의 운동이었음에도 불구하고 "'중심'에 있는 지배 문화를 흉내내거나 '지배 집단'에 끼고 싶어하지 않았다"고 말한다.

> (『또문』에 대한) 이런 질문과 빈정거림을 우리는 개의치 않았다. 우리는 더 이상 '중심'에 있는 지배 문화를 흉내내거나 '지배 집단'에 끼고 싶어하지 않았기 때문이다. 대신 자주적인 우리는 모여서 새로운 삶의 방식을 실현해 가고자 했다. 우리는 자주 이렇게 말했다. 꼭 그렇게 살아야 하는 것이 아닐지 모르지 않니? 당신을 위해, 그리고 당신이 사랑하는 사람들을 위해 그것이 최선의 방법인지 생각해봐. 작은 '폭군들'을 섬기는 생활, 숨죽임의 생활을 어쩌면 더 이상 할 필요가 없을지 몰라. 우리가 원하는 사회를 만들어 가는 것은 생각보다 쉬운 일이야.[8]

조한혜정과 김은실은 또문의 미래를 전망하는 글에서 지배 문화에서 벗어나야 한다고 독자를 설득한다. 지배 문화가 곧 남성 문화이고 우리가 꼭 그렇게 살아야 하는 것은 아니라는 말이다. 이는 자신의 삶에서 차이를 만들어내는 페미니스트가 되자는 말이기도 하다. 또문이나 '하자센터' 등의 대안문화 실험은 이런 패러다임에서 계속된다. 그러나 이러한 전망은 사회가 계속 진보할 것이라는 공감각을 배태하고 있던 1990년대적 가능성이기도 하였다. 페미니즘의 '제3막'에서 문화운동이 백래시에 후퇴하게 된 것은 이러한 개인적 차원의 각성과 '차이 만들기'가 한계를 가지고 있었기 때문이기도 하다.

낸시 프레이저는 국가 주도 자본주의에서 신자유주의에 이르는 자본주의의 변신이 페미니즘의 젠더 정의 실천과 밀접한 관계를 맺고 있으며 제2의 물결 이후 등장한 페미니즘 문화운동이 자본주의 사회의 근본적인 변혁과 만나지 못했다고 비판한다. '정체성의 정치'를 중심으로 한 차이의 정치학은 정치경제 비판 대신 인정투쟁으로 이어졌고 결과적으로 신자유주의가 평등 분배를 공격하는 데 성공했다는 것이다. 페미니즘의 문화운동이 '개인적 책임'을 강조하는 신자유주의의 구조적 변화를 정당화하고 말았다는 비판은 한국의 페미니스트 문화운동에도 뼈아픈 지적이 될 수 있다.' '지배 집단'에 끼지 않고 '나 자신'을 위해 '내가 있는' 운동을 하다 보니 사회 전체의 구조적 변화를 간과한 것이 아니냐는 물음이다. 이는 또문을 비롯한 1990년대 등장한 페미니스트 공동체들이 '나만의 유토피아'를 만들었다는 비판과도 이어진다.

"기성의 좌파들이 '문화/미디어' 전쟁에서 패할 때" '또문'은 '문화 전쟁'에서 계속 자신을 몫을 다하겠다는 다짐은 일종의 유토피아 만들기이다. 이 문화 전쟁에서 엘리트 '대중'은 지배 문화의 질서를 수용하기를 바랐기 때문이다. 이는 '또문'의 다양성 교육을 대중적으로 알린 것이 가수 이적과 그의 어머니인 박혜란이라는 것을 통해서도 알 수 있다. 여성학자 박혜란은 세 아들을 서울대에 보낸 '경력'을 살려 자녀 교육에 관한 지침서를 출간하고 여러 미디어에 출연한 바 있다.[10] 일종의 자기 계발서인 이 책들은 베스트셀러가 되었으며 또문식 교육의 대중적 버전처럼 여겨지기도 했다. 하지만 이 지침서들의 성공 비결이 '서울대'라는 지배 계급에 있다는 것은 사실상 또문의 문화운동이 대중화되지 못한 한계 지점을 그대로 노출하는 것이기도 하다.

민중시인 고정희와 여성주의적 상상력

또문 동인은 여성학, 인류학, 사회학 등 사회과학을 전공한 사람이 많았고, 영문학자와 같이 문학 연구자는 있었으나 한국 문단에서 문인 활동을 하는 사람은 드물었다. 물론 박완서가 초기부터 『또문』에 글을 싣고 좌담에 참여하는 등의 활동을 하지만, 동인 활동에 직접 나서지는 않았다. 그러니 고정희의 존재는 특히 예외적이라 할 수 있다. 1975년 등단한 고정희는 광주 YWCA 대학생부 간사와 크리스챤아카데미 출판부 책임 간사, 가정법률상담소 출판 부장을 지냈고, 또문의 동인으로 참여하여 무크지 출판에 핵심적인 역할을 했다. 민족민주운동에 참여하는 신학도였던 고정희는 "민주 시민으로서의 역할이 무엇인가를 모색하기 위해서" 또문에 왔으나 오히려 공동체에 대한 신뢰를 바탕으로 페미니스트적 입장을 확립하고 전환점을 맞이한다. 이후 그는 '현대사 연구'와 '여성사 연구' 연작으로 여성의 역사를 형상화한 시를 발표하고 『여성해방출사표』(동광출판사, 1990)를 출간하는 등 '허스토리'를 쓰고자 했다.[11]

또문 역시 고정희를 통해 전환점을 맞이한다. 고정희는 각 단체의 출판 업무 경험을 바탕으로, 『또문』을 출판하고, 『또문』의 여성문학 특집을 기획하는 중심인물이 된다.[12] 1991년 지리산에서 사고로 사망할 때까지 그는 또문의 동인으로 적극적으로 활동했다. 게다가 고정희는 또문을 향한 비판적인 시선을 불식시킬 수 있는 인물이었다. 해남의 농가 출신인 고정희는 한국신학대학에서 해방신학을 연구했고, 광주민주화운동에도 적극적으로 결합했다. 민중성을 가진 시인이라는 고정희의 이력은 중산층 여성 중심이라는 비판에 대항해 또문의 다양성을 보여주었다. 이혜령은 이 시기 여성 지식인의 발화에 대해 어떤 계급의 여성을 대표 재현하는가라는 질문이 붙어 있었음을 이야기하면서, 여성 대중의 출현은 유한계급 여성을 제외한 모든 계급 계층 여성들을 요청한 것이라고 지적한다. 이때 문학이 문제적 범주였던 중산층을 매개했다.[13] 문학을 통해서 중산층 여성 역시 '대중'의 범주에 속할 수 있었던 것이다. 고정희는 민족민주운동과 길항하던 또문에서 가장 민중적인 매개체 그 자체였고, '탈식민적 글쓰기'의 현실태였다.

"우리가 고정희에게 주는 압력만큼 아니 그보다 더 끈질기게 그는 우리에게 우리 민족의 문제, 독재, 오월 항쟁 등에 대한 문제의식을 일깨워주었다"[14]는 조옥라의 말을 통해 또문에서 고정희의 역할을 짐작할 수 있다.

> 나는 사회변혁운동과 페미니즘 운동 사이에서 나름대로 심각한 갈등을 겪어 왔다. 예를 들면 민중의 억압 구조에는 민감하면서도 그 민중의 '핵심'인 여성 민중의 억압구조는 보지 않으려 한다든지, 한편 성억압에는 첨예한 논리를 전개하면서도 '민중'이라는 말로 포괄되는 역사적이고 정치적인 억압 구조에는 무관심한 듯한 현실 등이 그것이다.[15]

민중과 여성, 변혁운동과 페미니즘 사이의 갈등은 고정희의 고민과 갈등을 잘 보여준다. 페미니스트로 거듭난 고정희는 『하나보다 더 좋은 백의 얼굴이어라』(또하나의문화, 1988) 『여성해방출사표』(동광출판사, 1990) 등을 통해 여성 민중을 호명하는 문제의식을 보여주었다. 여성을 '정실부인'으로만 여기는 가부장제의 통제 시스템에 저항하면서, 여성 간 연대를 주장하고 나섰다. 『하나보다 더 좋은 백의 얼굴이어라』는 『여성해방의 문학(『또문』 3호)』(1987), 『여성운동과 문학』(민족작가회의 여성분과, 1988), 『지배문화, 남성문화(『또문』 4호)』(1988) 등에 실린 작품을 모은 시 선집으로, "여성으로서의 체험, 시각, 그리고 여성 간의 동지애"를 담은 작품집이다.

이 책에 실린 시는 가장 오래, 그리고 가장 교묘하게 침묵과 복종이 강요되
어 왔던 여성의 억압에 초점을 맞추어 쓰여진 것들이다. 소위 순수 서정시
가 아니라 시인 개인이 여성해방운동에 동참하면서 해방을 앞당기기 위해
의도적으로 쓴 참여시인 것이다.[16]

고정희는 이 시집에 「여성사 연구」 시리즈 1~3, 「뱀과 여자―역사
란 무엇인가 1」 등을 포함하여 24편을 수록한다. 「여성사 연구」 시리
즈는 황진이, 이옥봉, 신사임당, 허난설헌 등을 시적 화자로 삼아 봉
건적 조선 사회가 1980년대에도 여전히 힘을 발휘하고 있음을 지적한
다. 반가의 딸 황진이가 기생이 된 것은 가부장제하에서 노예가 되고
싶지 않았기 때문이고, "남자와 더불으나 예속되지 않는 삶 / 세상에
속하나 구속받지 않는 길"에서 살고 싶었기 때문이다. 고정희의 이러
한 문제의식은 중산층 사회의 토대를 구성하는 가족 제도에 대한 문제
제기로 이어진다. "사회변혁운동에서 가장 큰 걸림돌이 바로 부르주
아 중산층 계급"이라는 「이야기 여성사 3」은 체제에 순응하여 관습을
유지하는 데만 매몰된 중산층을 신랄하게 비판한다. 특히 '정실부인'
이라 명명된 중산층 여성들은 가부장제의 성별 분업과 조선 시대의 젠
더 규범을 여전히 재생산하고 있다는 점에서 풍자의 대상이 된다. 중산
층 여성의 허위의식을 비판한 「이야기 여성사」 시리즈는 고정희가 급
진주의 페미니즘(radical feminism)의 입장에서 여성해방을 이야기하고
있었음을 보여준다.[17] 이러한 문제의식은 고정희가 한국사회의 산업화,
근대화에서 소외된 여성 계급을 정의하는 방식에서부터 확인된다.

강남의 술집은 음습하고 황량했다

얼굴에 '정력'을 써붙인 사람들이

발정한 개처럼 낑낑대는 자정,

적막강산 같은 어둠 속에서

여자는 알몸의 실오라길 벗었다

강남 일대가 따라 옷을 벗었다

아득히 솟은 여자의 유방과

아련히 빛나는 강남의 누드 위로

당당하게

말좆 같은 뱀이 기어올랐다

소름은 번쩍이며

좆도 아닌 것이

좆같은 뻣뻣함으로

여자의 젖무덤을 어루만지고

강남의 모가지를 감아 흐느적이고

여자의 입에 혀를 널름거리고

강남의 등허리를 기어 내리고

태초의 낙원

여자의 무성한 아랫도리에 닿아

독재자처럼 치솟은 대가리를

강남의 아름다운 자궁에 박았다

여자는 나지막한 비명을 지르고

강남의 불빛이 일시에 꺼졌다 (…)

—「뱀과 여자 — 역사란 무엇인가 1」부분[18]

'역사란 무엇인가' 시리즈는 빠른 성장의 음화로 강남과 성 산업을 기록한다. 여성의 몸을 기반으로 만들어진 강남을 통해 독재 정권과 자본주의의 폭력을 보여준다. 강남은 여성의 몸으로 환원된다. 독재자 같은 뱀은 여성을 욕망하고, 자본주의에 폭력적으로 수탈당하는 민중은 여성의 몸으로 재현된다. 이는 반미 자주를 주제로 형상화된 문학과 유사한 형상화 방식이다. 『여성중앙』으로 등단한 윤정모는 『에미 이름은 조센삐였다』(1982), 『고삐』(1988) 등을 발표하면서 『창작과비평』이나 『실천문학』에 소설을 실을 만큼 '민족문학 작가'가 되었다. 『에미 이름은 조센삐였다』는 여성에 대한 성적 폭력을 선정적 묘사와 함께 재현하였으며 그것이 외세에 의한 수탈을 고발한다는 이름으로 정당화되었다. 게다가 식민주의의 억압은 아버지에서 아들로 이어지는 가부장적 질서를 회복하는 것을 통해 해소된다.[19] 결국 일본이나 미국이라는 거대한 제국으로 인해 생기는 억압은 여성의 몸을 경유하여 재현되는 것이다. 그런 점에서 『에미 이름은 조센삐였다』는 남정현의 '반미소설'인 「분지」 계보에 놓일 수 있었다. 이러한 재현은 여성 민중이라는 하위 주체를 폭력의 희생양이라는 도구로 활용한다는 비판을 마주해야 했다. 그런데 고정희가 그리는 타락한 강남은 시원적 장면과 겹쳐진다. 성서 속 이브/여성은 뱀에게 속아 선악과를 따먹고 태초의 낙원에서 쫓겨난다. 아담을 유혹한 죄로 여성은 추방의 책임을 감당해야 했다. 고정희는 이 태초의 신학을 다시 써서 남성을 뱀의 자리에 놓는다. 유혹하는 뱀이 곧 자본이며, 남성이다.

고정희는 "여성 민중주의적 현실주의"[20]는 민중주의적 리얼리즘이 여성 이해를 제대로 반영하지 못하고 있음을 지적한다. "리얼리즘 문학 혹은 민중 문학이 고수하는 민중주의는 실제 민중의 대다수를 차지하는 여성 민중의 시각이 어느 정도 수용되고 있는가"[21]라는 질문을 던지는 것이다. '전민련'이 여성 민중의 해방을 위하여 어떤 방향과 전략을 가지고 있냐고 물음을 던진 것과 같은 맥락이다.[22] 이는 여성 화자를 직접적으로 내세우는 방식을 통해 확인할 수 있다. 자본주의와 신식민주의를 비판하는 고정희의 시에서 기생 관광, 성 산업 등은 주요한 모티프로 등장한다. 「밥과 자본주의─몸바쳐 밥을 사는 사람 내력 한마당」은 성매매 여성을 화자로 하여 성매매를 낭만화하는 한국 문학을 비판한다.

내 팔자에 어울리는 말로 뽑자면

(유식한 분들은 귀 좀 막아!)

씹구멍가게 차려놓고 하

씹-할-놈의 세상에서

씹-팔-년 배 위에 다리 셋인 인간 태우고

씹구멍 바다 뱃길 오만 리쯤 더듬어온 여자라 (장고, 쿵떡)

내 배를 타고 지나간 남자가 얼마이드냐,

손님 받자 주님 받자

이것만이 살 길이다,

눈 뜨고 받고 눈 감고 받고

포주 몰래 받고 경찰 알게 받고

주야 내 배 타기 위해 줄선 남자가

동해안 해안도로 왔다갔다 할 정도였으니

당신들 계산 좀 해봐

황석영의 삼포 가는 길에선가 용산 가는 길에선가

그 여자 배 위로 지나간 남자가

한 개 사단 병력이었다고 하는디

내 배 위로 지나간 쌍방울은

어림잡아 백 개 사단 병력 가지고도 모자라 (얼쑤…)

—「밥과 자본주의 — 몸바쳐 밥을 사는 사람 내력 한마당」 부분[23]

고정희의 '밥과 자본주의' 시리즈는 고정희가 1990년 필리핀에 체류한 경험을 바탕으로 아시아 전역을 재편하고 있는 자본주의와 성차별주의에 대한 비판 의식을 잘 보여주는 작품이다. 여기서 고정희는 성판매를 통해 생계를 지탱해온 늙은 여성을 시적 화자로 삼는다. '몸바쳐 밥을 산' 그는 직설적인 말투로 자신이 정당하게 돈을 벌어 생존했음을 이야기한다. 성매매 여성이 나쁜 것이 아니라 포주와 경찰, 고객 등 남성들의 착취와 횡포가 문제인 것이다. 이를 효과적으로 드러내기 위해서 황석영의 소설 「삼포 가는 길」을 참조로 끌고 온다. 소설 속 백화는 스무 살 남짓한 술집 작부로, 자신을 도와주는 영길과 정씨 앞에서 호기롭게 "여자는 아래만 있으면 된다", "내 배 위로 한 사단이 지나갔다" 등의 말을 내뱉는다. 그러나 소설은 마지막에 가서 백화를 고향으로 돌려보내고, 그녀의 진짜 이름을 알려줌으로써 훼손되지 않은 세계를 회복하려는 민중의 젠더화를 드러냈다.[24] 고정희는 시에서 백화의 말을 인용함으로써 성판매 여성에 대한 낭만화를 비판한다. 고정희에게 와서 백화는 자신의 진짜 이름을 알려주며 고향으로 돌아가는 것이 아니라 몸 바쳐 밥을 사는 것이 왜 나쁜지 되묻고, "혼 빼주고 밥을 비는 갈보로 말하면야/여자 옷 빌려 입고 시집가는 정치갈보/지 영혼 팔아먹는 권력갈보가 상갈보 아녀?"라면서 정치인들을 비판한다. "자본주의 꽃이라는 섹스밥"은 여성 하위 주체에게 언어를 주는 방식으로 성매매를 노동과 생존권의 문제로 읽어낸다. 이러한 문제의식은 「뱀과 여자―역사란 무엇인가 1」에서 보다 진화한 것이다.

"이제 우리 문학은 우리 것을 거두어들이는 시기로 들어섰다. 난 이제 더 이상 외국의 이론 따위는 읽기도, 보기도 싫다. 남의 것은 에너지가 되지 못한다. 우리 시대의 고백을, 우리의 체험을, 우리말로 풀어내는 진정한 민중 문학을 만들어 가야 한다"고 운을 뗀 열정어린 그대, 민족문학가 고정희. 앞으로의 "여성해방 문학은 현 민족문학이 지닌 '혁명적 낭만주의'라는 낙관적 대답을 넘어서서 더 많은 민중의 한숨을 끌어안는 열린 질문, 비판적 리얼리즘을 포용하는 방향으로 나아가야 한다"던 어진 님 그대. 여성해방 문학가 고정희. 그대는 자신의 입장을 "여성민중주의적 현실주의"로 이름하며 다음 책에서 보다 나은 민중문학을 보여주자고, 새로운 여성해방 문학의 장을 열어가자고 잔잔한 미소로, 그러나 열을 품고서 말했다.[25]

고정희는 '여성 민중적 현실주의'가 필요하다고 주장하면서 비판적 리얼리즘을 발전시켜 나갈 방법을 모색한다. 이는 고정희가 민중 문학의 성인지 감수성에 대한 문제의식을 가졌다는 것을 보여준다. 여성 민중을 포함한 진정한 민중 문학은 어떤 형태로 발현될 수 있을까. 유고 시집의 마지막에는 통일을 기원하는 시편이 실렸다. 「통일굿마당 - 몸통일 마음통일 밥통일이로다 - 첫째 마당 남남북녀 초례청」은 남남북녀의 결혼을 비유로 통일을 기원한다. "장백산 정기 받은 보름달 여자"와 "지리산 기운 받은 달궁 남자가 만나/통일산천 중부선에 사랑을 걸어놓고/한 하늘 한 민족 개벽세상 차일 밑에서/천지공사간 남녀 운우의 정을 좇아/남남북녀 혼인잔치 마련하게 되었습네다"라며 시작하는 이 시는 평등한 두 주체 간의 결합을 상상한다. 남남북녀라는 보편적 상상력에 시인의 목소리를 얹어 민중의 연대 의식을 표현한 것이다. 이처럼 시인은 '여성 민중'이라는 표상을 제시하며 여성성으로 대표 재현되는 부르주아성을 타파할 것을 주장해왔지만, 남성과 여성의 결합과 가족의 건설이라는 부르주아의 도덕률은 시인의 현실을 옭아 맸다.

통일과 평등 세상을 기원했던 시인 고정희의 장례식장에서 벌어진 촌극은 1990년대 여성해방운동이 처한 아이러니를 보여준다. '처녀로 죽은' 그를 애도하는 광주·전남 지역 남성 시인들을 중심으로 준비된 민족문인장 앞에서 또문 동인들은 이질감을 느끼면서 따로 기념행사를 마련한다. 남성 시인들은 고정희가 비혼으로 죽은 것을 안타까워하면서 화장을 해달라는 그의 생전 요청을 "소녀적 감상으로 한 말"[26]로 치부한다. 김은실이 세밀하게 묘사하고 있는 장례식 풍경은 고정희가 한국 문단에서 어떤 존재였을지를 짐작케 한다. 해남 출신 시인으로서 많은 동생들을 품은 '누나', 산과 민중에 대한 시를 쓰는 '처녀 작가'였던 것이다.

김양선은 1980년대에 대학을 다니면서 민중-민주화운동 속에서 성차별적 경험을 한 여성들의 주체화 경험과 고정희의 평론, 시를 연결시킨다. 고정희가 여성문학비평 연구의 기틀을 만드는 비평 활동을 남기고, 여성해방론을 시적으로 형상화했다는 점에서 여성문화적 비전을 실현하였고 486세대 여성들의 문학 체험에서 주요한 역할을 했다는 것이다.[27] 『여성해방출사표』에서는 황진이, 이옥봉, 사임당, 허난설헌 등이 자신의 전기를 해체하고 다시 보기를 수행했다. '여성사 다시 쓰기' 시리즈는 비가시화된 여성 주체를 재조명하고, 젠더화된 역사 이해에 도전하는 선도적인 작업이었다. 그런 점에서 고정희는 1980년대의 민족민주운동의 젠더를 심문하는 자였다. 이러한 문제 제기는 자신이 민족민주운동 진영에서 훈련받았기에 가능한 것이었다. 고정희의 시는 때로는 남성 시인들의 언어와 닮아 있었고, 민중을 가족화하는 등의 상상력을 바탕으로 펼쳐졌다. 이 다면적인 얼굴을 고민해볼 시간이다.

10장

페미니즘의 대중화와
『페미니스트 저널 IF』

욕망의 페미니즘과 여성 대중의 출현

1980년대 여성운동이 민주화와 계급투쟁에 기반한 해방운동의 맥락에서 민족민주운동과 함께 추동되었다면, 1990년대 존재감을 드러낸 여성 대중은 진보와 보수의 구분 없이 젠더 이해를 중심으로 모였다. 젠더가 여성억압의 근본적인 원인이라고 보는 여성운동이 보다 활성화되었으며, 성폭력, 가족 폭력 등 젠더 폭력 문제를 해결하기 위한 움직임이 활발해졌다. 1992년 미군에 의한 기지촌 여성 살해 사건, 양부의 성폭력에 시달린 여성이 그를 살해한 사건 등 성폭력을 둘러싼 사회적 안전망의 부재가 연이어 폭로됐다. 1993년 서울대 신교수의 조교 성희롱 사건과 같이 위계에 의한 성폭력이 일상에 만연하다는 사실 역시 드러났다. 이러한 사건들이 언론에 보도되고 한국사회가 '여성 문제'에 대한 사회적 공감대를 형성하면서 여성 이슈에 관심 갖는 대중이 가시적으로 드러났다.

이러한 사회적 공감대는 여성의 대학 진학률 상승과 맞물리며 여성 대중의 새로운 지평을 만들어냈다. 1991년 32.6%였던 여성의 대학 진학률은 1996년 53.1%로 약 20%p 성장하였다. 여학생 수의 증가는 여학생들을 다수의 집단으로 가시화하는 한편, 대학에서 여성이 살아가는 현실에 대한 문제의식을 강화했다.[1] 자신이 '여성'임을 자각한 여성 대중은 여성학 과목을 수강하거나 관련 잡지, 서적 등을 읽으면서 문제의식을 벼려나갔다. 대학가를 중심으로 등장한 영페미니스트들은 운동권 내 성폭력이나 IMF 이후 여성 해고 등 여성 의제를 공론화하였고, 대학 내 반성폭력 운동을 개진하고, 웹진 '월장'처럼 한국문화에 내재한 남성 중심성을 고발하였다.[2]

1987년 6월 항쟁 이후 '문민정부'가 출범한 1993년까지 일간신문은 30종에서 112종으로, 주간지는 226종에서 2236종으로, 월간지는 1298종에서 3146종으로 증가했다. 1990년대 중반까지 한국의 종이 매체 시장은 역사상 최대 수준까지 확장되었고, 『페이퍼』와 같은 무가지, 『이매진』, 『작은 것이 아름답다』 등 소규모 독립 잡지들이 대학가를 중심으로 유통되어 독자를 확보했다.[3] 이러한 흐름 속에서 여성주의 잡지가 등장한다. 1985년부터 발간된 무크지 『또 하나의 문화』와 1997년 창간된 『페미니스트 저널 IF』(이하 '『이프』')[4], 1998년 창간된 한국 최초의 동성애 전문 잡지 『버디』, 1999년 창간된 『여/성이론』 등이 1990년대를 배경으로 삼아 등장한 페미니즘 매체들이다. 이들은 잡지와 단행본 출판을 통해 여성주의 문화운동을 전개했다. 『이프』는 동인지였던 『또 하나의 문화』나 이론과 문화 연구를 전문으로 한 『여/성이론』과 달리 대중 대상의 상업 잡지를 표방하며 등장하였으며, 이러한

『이프』의 매체 전략은 2006년 완간호에 이르기까지 확고했다. "페미니즘을 상아탑이 아닌 일상 속에서 재미있는 글쓰기 방식으로 논의할 것"을 선언하며 '웃자, 놀자, 뒤집자'는 표어로, '욕망의 페미니즘'을 표방한다는 점에서 1990년대 후반부터 2000년대로 이어지는 한국 페미니즘 장의 변화를 살펴보기에도 적절하다.[5]

『이프』의 성 정치와 매체 전략

1997년 여름호를 시작으로 창간된 『이프』는 발행인 윤석남, 편집장 박미라, 편집위원 김숙진, 김신명숙, 김재희, 김혜경, 박혜숙, 손자희, 오한숙희, 유숙렬, 유지나, 이혜경 등으로 출발한다. 이후 발행인과 편집장은 여러 번 교체되지만, 편집위원들은 2000년대 초반까지 큰 변화 없이 유지된다. 발행인부터 상근자까지 다 여성인 여성 중심 매체였다. "여자로 이 세상을 산다는 것은 고통과 인내, 희생의 지겨운 학습과정"이고 이것이 "우리의 몸과 마음을 중독시켜 마침내 노예의 평안을 선사했다"며 여기서 벗어나야 한다는 『이프』의 문제의식은 '욕망의 페미니즘'이라는 『이프』의 색깔을 만들어냈다. "희생자 중심 페미니즘에서 사랑과 쾌락의 페미니즘으로, 쾌락의 대상으로서 남성의 성을 다루기 시작"(박미라, 1998년 여름호)했다는 점은 『이프』의 특징이자 장점이 되었다. 이는 박혜란, 오김숙희와 같이 대중적인 여성주의 스피커들이 아침 방송에 등장하고, 양귀자의 『나는 소망한다 내게 금지된 것을』(1992), 공지영의 『무소의 뿔처럼 혼자서 가라』(1993)처럼 여성 욕망을 이야기하는 소설들이 인기를 끌었던 1990년대의 사회 분위기와도 맞물린다. 바야흐로 TV에서도 페미니즘을 이야기하는 시대가 된 것이다. 『이프』는 시장에서 성공을 거둘 수 있는 페미니즘 잡지를 만들겠다는 포부를 표방했으며, 이는 1990년대 여성 이슈를 중심으로 시장이 형성될 수 있다는 분석을 바탕으로 했다.

패러디된 여성잡지와 급진적 언어

적극적으로 상업주의 노선을 걷겠다고 선언한 『이프』의 대타항은 여성잡지가 된다.[6] 『이프』의 표지는 여성의 '몸'이 장식한다. 젊은 여성의 예쁘고 아름다운 몸이 아니라 창간호의 임산부 누드나 2호의 손을 잡은 여성과 남성 등 평범하고 일상적인 몸을 전면화한다. 이는 환한 미소를 드러내는 젊은 여성들이 등장하는 여성잡지와 대조를 이룬다. 『이프』가 패러한 것은 여성을 대상화하는 미디어의 시선 그 자체다.

여성잡지와 마찬가지로 다양한 읽을거리를 제공하는 『이프』는 특집과 대중문화에 대한 리뷰인 '현장분석'(영화/방송/언론/미술/문학), 여성계 뉴스, 여성 인터뷰 등을 중심으로 구성된다. 초기에는 세계 각국의 여성주의 소식을 전하는 'IF Journey', 에코 페미니즘적 세계관을 보여주는 '가이아의 편지' 등이 있었으나 오래 유지되지는 못했다. 이 밖에도 옷, 사주, 시, 만화, 유머란이나 페미니스트 입장에서 쓴 동화 등 여성잡지의 꼭지를 패러디한 기사들이 등장한다. 여성잡지가 패션, 화장, 쇼핑 등 여성의 이미지를 구획하는 데 대항하여 페미니스트의 관점에서 여성들의 욕망을 직접 들여다보겠다는 것이 『이프』의 컨셉이었다.[7] 창간호부터 연재된 '동굴'은 여성의 주체적인 성체험과 성의식을 개발하기 위해 마련된 코너로, 성폭력상담소의 이경미가 집필하였으며 1998년 여름호부터는 성교육으로 성격을 바꾸어 여성의 신체와 욕망에 대한 이야기를 담는다. '남성의 성경험'을 비판적인 측면에서 접근하는 코너를 정례화하기도 했다.

『이프』의 패러디 정신을 가장 잘 보여주는 것은 화보인 'Female Gaze'다. 『이프』의 화보는 클래식한 작품을 적극적으로 패러디하거나 현대미술 텍스트를 통해 새로운 감각을 시도하는 방향으로 이어진다. 〈풀밭 위의 식사〉와 같은 유명한 작품에 이문열, 김영삼, 강수연 등의 얼굴을 합성하고 '헐리우드의 노랑나비'로 불렸던 이승희[8]의 가슴 노출 사진을 이순신 장군 동상에 합성하는 등 권위를 가진 남성을 조롱하는 화보를 실었다. 이는 '입김'과 같은 페미니스트 예술가 그룹도 종종 취하는 방법이었다.

> 나는 '한국남자는 기생충'이라고 말함으로써 세상의 모든 기생충을 모독했습니다. 기생충의 본분은 숙주에게 기생해서 영양분을 조금 얻어 살아가는 것입니다. 그러니까 기생충은 자기 본분대로 사는 것입니다. 그런데 한국남자들은 자기 본분대로 살아가는 것도 아닌데 내가 기생충에 비유했기 때문에 기생충들이 몹시 자존심이 상했을 거라고 생각됩니다.[9]

『이프』의 급진성은 패러디와 조롱의 언어에 있다. 남성을 향해 '기생충'이라고 내지르는 거친 언어가 『이프』의 셀링 포인트였다. 여자도 섹스를 말하고, 여자도 욕할 수 있고, 남자를 대상화할 수 있다는 것을 대중잡지에서 보여준 것이다. 당시 PC통신에서 인기를 끌었던 이 글을 창간호에 실은 것은 『이프』의 성격을 잘 보여준다. 남성에 대한 대상화와 적극적 조롱, '미러링'이 『이프』의 언어였던 것이다.

그뿐만 아니라 『이프』는 잡지 안팎으로 가부장제 타파를 의제로 삼고 대중 의제를 만들어나가는 역할을 수행했다. 단행본 출판은 『이프』가 가장 힘을 기울인 사업이었다. 김신명숙의 소설 『미스코리아 대회를 폭파하라』(이프. 1999)와 이하천의 『나는 제사가 싫다』(이프. 2000) 등은 한국사회의 남성 중심주의를 대표하는 두 대상을 직접 공격함으로써 여성들의 호응을 받았다. '싫다'와 '폭파' 등 가부장제를 직접적으로 공격하는 언어는 잡지 『이프』의 편집 방향이었다. 특히 안티 미스코리아 페스티벌은 『이프』가 가장 적극적으로 나서 진행한 대항문화운동이었다. 1회 안티 미스코리아 페스티벌에는 약 1000명의 관객이 방문했으며, 10살 어린이에서부터 90세 할머니에 이르기까지 전 연령층이 참가했다. 일본군 '위안부' 피해생존자 김순덕이나 여성 장애인 김경희, 남성 참가자인 '서울대생' 등도 있었다. 안티 미스코리아 운동은 2002년 미스코리아 대회를 공중파 텔레비전에 중개하지 않기로 결정함으로써 유일하게 성공한 안티 운동이라는 평가를 받기도 했다. 이러한 문화운동은 『이프』를 알리는 데 큰 역할을 했다.

독자 이미지의 부재와 영페미니스트와의 갈등

『이프』는 대중지였기 때문에 쉬운 글쓰기를 지향했다. 유숙열을 중심으로 한 여성 기자들이 대중문화와 사회 전반을 다루고, 박미라가 민요를 비롯한 전통문화 비판을 시도했다. 이들 여성 필진은 여성 이슈를 전문으로 다루는 문화부나 사회부 기자들이기는 하지만, 시간과 비용 등에 쫓겨 깊이 있는 내용을 다루지는 못했다. 또한 여러 영역에 대한 취재를 진행하는 기자들의 취재 관습처럼, 특집의 주제는 바뀌지만, 주요 필진은 바뀌지 않았다. 필자 풀을 넓히지 못하고 특집에 적합한 외부 필자를 확보하지 못했기 때문에『이프』의 특집은 문학이나 대중문화 텍스트에 대한 비판, 혹은 교양 수준의 지식을 전달하는 데 그쳤다. 문학 비평의 경우, 소설의 장르적 특성이나 작가적 특성, 텍스트에 대한 이해가 없는 상태에서 비판을 진행하는 경우가 더 많았다.

이러한 비전문성은 사실상『이프』가 자신의 독자를 '대중'이라는 불특정 다수로 상정하였기 때문이다. 완간호 좌담에서『이프』의 독자는 영페미니스트가 아니라 "체계적인 페미니즘의 수혜를 받지 못한 전국 각지의 외로운 여성들"로 규정된다.[10] 이러한 독자 이미지는『이프』가 적극적으로 독자들 사이의 공동체를 만들거나 PC 통신 게시판 등을 운영하려고 했던 것으로 이어진다.『이프』의 독자 모니터링 모임은 잡지 내용에 대한 분석이라기보다 '간증'이나 '해원'에 가까웠으며, 이를 통해 만난 독자들이 필자나 직원이 되기도 했다는 회상은『이프』가 "독자들의 잡지"였다는 점을 보여준다.[11] 적극적으로 독자의 참여를 독려하고 독자들 사이를 연결해주는 매개체 역할을 했던 것이다.

『이프』는 편집자에게 보내는 독자 후기 외에도 별도의 독자 참여 코너를 통해 다양한 지역, 계층의 목소리를 들었다. 차호의 주제를 미리 공지하고, 그 주제에 맞는 원고지 7매 분량의 에세이를 받는 식이었다. 도서상품권 1만 원권이지만, 소정의 원고료도 제공하였다. 이는 다양한 여성을 『이프』의 필자로 확보하고 잡지의 다양성과 충성도 높은 독자층을 양성하는 방법이 될 수 있다. 또한 활발한 독자 소모임과 모니터링 활동을 적극적으로 추진하기도 했다. 지역별 소모임을 지면에 중개하였으며, PC통신과 인터넷을 이용한 후기 게시판도 활용한다. 심지어 1998년 가을호부터 독자 편지와 편집자 후기란에 "『이프』는 사랑을 싣고"라는 코너가 생긴 적도 있다. 『이프』 구독자들은 자신의 사진과 함께 약력과 이상형 등을 적고, 연락처를 남겼다. 『이프』를 통해 친구나 연인을 만들고 싶다는 것이다. 이는 페미니즘에 대해서 함께 고민할 친구를 만들고자 하는 독자들에게 『이프』가 창구가 되었음을 의미한다.

그러나 '전국 각지의 외로운 여성들'이라는 독자 이미지는 사실상 1990년대 페미니즘, 혹은 여성의 권리에 대해 높아진 관심을 제대로 반영하지 못한 것이다. 21세기의 페미니즘은 평범한 보통 여성들의 자기주장으로 탈바꿈해야 한다는 주장은 당시 라이센스판을 발간하던 여성잡지들도 곧잘 주장하던 내용이었다. 『엘르 코리아』(1992), 『마리끌레르 코리아』(1993), 『하퍼스바자 코리아』(1996), 『보그 코리아』(1996) 등 패션잡지들은 여성의 욕망을 이야기하기 위해 자연스럽게 페미니즘의 언어를 빌려왔다. 이미 여성 대중은 페미니즘의 언어를 일상생활에서 습득해가는 과정 중에 있었다. 그러나 『이프』는 영페미니스트들이 『이프』의 독자가 아니었던 것은 물론이고, 이프를 잘 이해하지 못했고, 경청조차 하지 않았다고 지적한다.[12] 전복을 표방한 『이프』와 급진적 페미니즘이 만나는 것은 쉽지 않았다.

성해방론과 자유주의적 개인의 결합

『이프』의 표어인 '웃자, 놀자, 뒤집자'는 섹슈얼리티에 대한 관심으로 대변된다. 『이프』는 여성의 욕망을 긍정하기 위해 섹슈얼리티 특집을 많이 다루고, 남성에 대한 성적 대상화나 새로운 남성성에 대한 모색을 시도한다.

섹슈얼리티를 말하는 여자들과 포르노그래피의 낭만화

『이프』는 창간호부터 성폭력을 이슈화하면서 시작한다. 성폭력은 젠더 억압을 가장 잘 보여주는 지표일 뿐만 아니라 1990년대 한국 공론장의 핵심적인 이슈이기도 했다. 가부장제 자본주의 사회에서 성 문제의 핵심을 성폭력, 성희롱에서 찾는 것이다. 『이프』는 "인간의 성적인 부분을 하나의 상품으로 취급하는 사회구조, 권력을 가진 자와 권력을 갖지 못한 자가 존재하는 위계적인 사회, 그리고 남성이 여성과 아이들을 거느리는 가부장제 사회의 특성을 극대화한 지점"[13]에 성폭력과 성희롱이 존재한다면서, 성희롱의 범주를 확장해서 해석해야 한

『이프』 특집 목록

권호수	출간 시기	특집 제목
1호	1997년 여름	지식인 남성의 성희롱
2호	1997년 가을	여자의 사랑 vs. 남자의 사랑
3호	1997년 겨울	성공은 없다
4호	1998년 봄	여자 기를 살리자
5호	1998년 여름	남자 대탐구: 남자를 알고 싶다
6호	1998년 가을	집 떠나는 여자들
7호	1998년 겨울	오르가즘을 찾아서
8호	1999년 봄	네 거울에 침을 뱉어라
9호	1999년 여름	남자는 어머니를 모른다. 모성도 유행이다
10호	1999년 가을	남녀의 경계가 무너진다
11호	1999년 겨울	악녀에게 말 걸기
12호	2000년 봄	국회를 점령하라!
13호	2000년 여름	사랑은 움직이는 거야 '간통제 폐지'
14호	2000년 가을	솔로가 좋다
15호	2000년 겨울	가부장제와의 전면전
16호	2001년 봄	이제 낙태를 말한다
17호	2001년 여름	직업의 경계를 넘어
18호	2001년 가을	트랜스젠더
19호	2001년 겨울	Against war, Against Terrorism
20호	2002년 봄	여자의 나잇값, 남자의 나잇값
21호	2002년 여름	창간 5주년 특집호 인터뷰 이너뷰
22호	2002년 가을	여자도 더러워져야 한다
23호	2002년 겨울	아이 낳기 싫다
24호	2003년 봄	여자, 군대를 말한다
25호	2003년 여름	선배노릇 후배노릇
26호	2003년 가을	세상의 돈 여자만의 돈
27호	2003년 겨울	결혼을 횡단하라
28호	2004년 봄	정치에 여자색을 입혀라
29호	2004년 여름	할머니의 힘
30호	2004년 가을	여자에게 밤을 허하라
31호	2004년 겨울	드라마가 뭐길래
32호	2005년 봄	PorNo Love Yes
33호	2005년 여름	포르노에는 오르가즘이 없다
34호	2005년 가을	포르나 판타지를 말한다
35호	2005년 겨울	What is porNA?
36호	2006년 봄	완간호

다고 주장한다. 이를 위해 영화, 방송, 언론, 미술 등 각 분야의 성폭력 문제를 진단한다. 지식인 남성들이 만든 소설과 영화, 이론서들이 여성을 성적으로 대상화하고 학대할 때 여성들이 불쾌감을 느낀다면 이를 성희롱으로 정의해야 한다는 것이다. 이는 에로티시즘으로 통용되는 문학이나 예술, 지식과 대중매체가 공동체의 구성원들에게 성폭력과 성희롱을 교육시키고 있다는 결론으로 이어진다.[14] 이러한 문제의식은 사회가 생각하는 낭만적 사랑에 대한 개념을 교정해야 한다는 주장으로 나아간다. 2호의 특집 '여자의 사랑 vs. 남자의 사랑'에서는 낭만적 사랑이라는 장치를 비판한다.[15] 이러한 1, 2호 특집은 대중잡지에서 본격적으로 다룬 적이 없는 주제를 발굴한 것이었다. 반성폭력 의제의 연속선상에서 기획한 특집을 통해 『이프』가 페미니즘 운동의 일환으로 등장하였다는 것을 선언한 셈이다. 이 밖에도 『이프』는 2000년 가을 기획으로 진보 진영의 성차별을 고발하는 등 성폭력 의제를 고민하려는 모습을 보였다.[16]

『이프』가 가장 힘을 실었던 것은 '희생자 페미니즘'에서 '욕망의 페미니즘'으로의 전환이었다. 여성이 성적 자기 결정권을 갖는 만큼 여성 욕망과 섹슈얼리티에 대해서도 적극적으로 말하는 작업이 필요하다는 것이다. 외모 지상주의 타파나 간통죄 폐지, 여성을 위한 포르노그래피 등 『이프』는 특집을 통해 욕망의 페미니즘을 발신한다. 외모 지상주의에 대한 비판을 백설공주에 빗대어 설명한 1999년의 특집은 '자유롭게 아름다울 권리'를 주장한다. 백설공주와 계모의 대결 구도가 남자들이 만든 여자들의 전쟁이라고 평가하며, 계모가 아름다운 여성을 사랑하는 법을 배우지 못하는 사회구조를 비판한다.[17] 하지만 어떻게 이 대리전을 타파할 것인가에 대한 고민은 부족하다. '아름다움'이 무엇인지에 대한 기준은 그대로 둔 채, 페미니스트들이 어머니와 딸 사이의 사랑을 회복해야 한다는 당위적인 결론으로 이어진다. 이는 안티 미스코리아 대회에서 '멋진 페미니스트'론을 펼쳤던 것과 통한다.

2000년 여름호는 간통죄 폐지를 특집으로 다룬다. 2015년 2월 26일 헌법재판소가 간통죄 위헌을 결정했으니 약 15년 전, 간통제 폐지가 여성의 성적 자기 결정권과 연결되어 있다고 주장했던 셈이다. 『이프』의 특집 중 가장 급진적인 이슈였다고 평가되기도 한다. 정미경은 여성 역시 외도의 주체가 될 수 있다면서, 현행 간통죄가 여성의 성적 욕망을 제한하는 것이기도 하다고 주장한다. 간통죄가 여전히 남아 있는 것은 여성으로서의 삶은 남성의 사랑으로 완성된다는 가족 중심의 성 각본이 유통되기 때문이라는 것이다.[18] 이러한 주장은 간통죄가 실질적으로 여성을 보호할 수 있는 장치가 아니라는 강금실 변호사의 글로 마무리된다.[19] 유시민은 "간통죄 무서워 간통 못하는 사람, 하나도 못 봤다!"는 말까지 덧붙인다.[20] 간통죄는 여성의 성적 자율권을 억압하는 기제라는 점을 비판한 것이다.

간통죄 폐지 주장처럼 『이프』의 급진성은 주로 섹슈얼리티에 관련되어 있었다. 창간호 다음으로 가장 많이 팔렸다는 1998년의 겨울 특집인 '오르가즘을 찾아서'는 여성의 오르가즘은 성기에 달린 것이 아니라 머리, 마음과 연결되어 있으며 여성이 자신의 몸을 제대로 알고 쾌락을 실험할 필요가 있다고 주장한다.[21] 이 특집에는 권혁란의 「집

중취재: 여성들이 말하는 불감증과 성욕」, 김이강재의 「고대 그리스의 에로스와 동성애」, 편집부가 정리한 「미국의 페미니스트가 고백하는 '섹스와 여성해방운동'」 등 역사나 문학에 관련된 에세이가 실리고 가장 중요하다고 볼 수 있는 한국 상황을 분석한 기획 기사는 찾을 수 없다. 물론 여성들이 자신의 경험을 이야기하는 좌담이나 에세이 역시 의미 있는 현상이다. 1999년 탤런트 서갑숙이 『때론 나도 포르노그라피의 주인공이고 싶다』(제이피유비, 1999)를 출간하자 바로 화제가 되었던 것처럼, 여성이 자신의 성욕을 고백하는 것 자체가 파격적인 일이었다. 『이프』가 여성의 성욕을 이야기한 것은 남성의 성욕만을 인정해 온 한국사회의 위선을 폭로한 것이었다. 하지만 『이프』의 급진적 언어는 자유주의적 태도와 결합한다. 이를 가장 잘 보여주는 것이 포르노그래피론이다.

『이프』는 2000년 여름 '포르노 스타' 애나벨 청의 내한을 계기로, 여성주의적 포르노그래피의 가능성을 살핀다. 애나벨 청은 남성 중심주의의 희생양이나 피해자가 아니라 주체이며 자신이 통제하는 입장을 취한다는 것이다.[22] 그러나 여성 자신이 통제하는 포르노그래피의 예가 애나벨 청인가에 대해서는 재고해야 한다. 애나벨 청의 작업은 여성주의적 '포르노그래피'가 아니라 성폭력 퍼포먼스의 일종으로 보는 것이 더 적합하다. 애나벨 청을 유명하게 만든 〈지상 최대의 갱뱅〉(1995)은 10시간 동안 251명의 남자들이 사정할 때까지 섹스를 하는 일종의 다큐멘터리다. '여성의 섹슈얼리티도 남성 못지않게 공격적일 수 있다, 더 많을수록 더 좋다'는 애나벨 청의 말은 문자 그대로 해석된다.[23] 그러나 10시간이나 계속되는 섹스는 포르노가 쾌락이나 즐거움과 관계없는 퍼포먼스라는 것을 폭로한다. 애나벨 청이 자기 주도적 포르노 스타라는 식의 해석은 '갱뱅'을 통해서 누가 쾌락을 얻는지 질문하지 않는다. 특히 그가 갱뱅의 피해자였다는 점에서 문제는 더욱 복잡해진다. 그를 단순히 '포르노 스타'로 명명하는 것은 텍스트의 수행성을 보지 못하는 것이다.

여성적 포르노그래피에 대한 『이프』의 관심은 2005년의 '포르놀로지' 원년으로 이어진다. 『이프』의 편집위원인 영화평론가 유채지나는 『이프』에 꾸준히 여성주의 영화 비평을 싣는다. 유채지나는 〈노랑머리〉는 쓰리썸, 〈거짓말〉은 미성년자와 중년남자의 성관계를 심의 당국에서 문제 삼았지만, 사실상 심사위원들이 거부감을 일으킨 것은 남자를 성적 도구로 삼는 아나키스트적인 여자, 나이 든 남자를 때리며 가학하며 존댓말을 듣는 어린 여자에서 나타나는 주체 전도 현상이 등장했기 때문이라고 분석한다.[24] 이들 두 영화는 여성의 성적 욕망을 포착하였다고 재해석된다. 이와 같은 해석은 영화에 대한 비평으로서 타당성이 있다. 그런데 문제는 〈노랑머리〉와 〈거짓말〉은 포르노가 아니라는 점이다. 욕망을 말하는 영화와 성행위만을 중심으로 연출하는 포르노그래피는 다르다. 소설이나 영화라는 재현물에서 나타나는 섹슈얼리티와 포르노그래피는 그 제작 의도와 표현 방식, 그리고 장르상 다르다. 포르노그래피를 문학/문화적 재현물과 구분하지 않는 것은 포르노그래피 찬성론자나 반대론자 모두 범하고 있는 오류인 것이다. 이들 영화가 포르노그래피의 범주에 속하느냐의 문제는 좀 더 정교하게 논의되어야 함에도 불구하고 포르노그래피를 둘러싼 담론은 확장되지 못한다.

『이프』의 포르노그래피론에서 가장 문제는 『이프』가 포르노그래피를 통해 여성억압이 없던 가부장제 이전의 신화적 세계를 상상한다는 데 있다. 2005년 겨울호의 특집 '포르나PorNa란 무엇인가'는 이러한 초월적 상상력을 보여준다. 2005년 『이프』는 포르놀로지 원년을 표방하면서 "폭력적이지 않으면서 여자들이 자유로울 수 있는 성적 판타지"[25]를 강조한다. "가부장제 역사 이전에 존재하는 여성들의 섹스와 에로스를 상상"[26]하는 『이프』의 목소리는 자유롭고 에로틱한 여자들이라는 명제로 이어진다.[27] 2005년에 여성을 위한 포르노그래피를 논하기 위해 켈트 여신이나 민요 속 여성들의 목소리를 빌려오는 것은 지금의 여성이 처한 현실적 억압을 신화적 세계와의 조우를 통해 비가시화한다. 포르노그래피를 둘러싼 몰역사적 낭만화는 성 산업의 문제를 개인의 자유로 협소하게 해석한 뒤 페미니즘이라는 이름을 붙인다는 문제를 낳는다. 『이프』의 이런 성적 자유주의는 남성적 에로티시즘의 여성판에 지나지 않았고, 이는 『이프』와 함께 여성운동을 만들어 나갔어야 할 주체인 영페미니스트들과의 갈등으로 이어질 수밖에 없었다.

칭찬받는 남자들과 성애화된(sexualized) 관계의 재생산

『이프』는 1997년 가을호에서 호스트바 체험 취재를 나가고 당시 호스트바 단속에 걸렸던 20대 호스티스 두 명을 만나 인터뷰를 하는 등 여성들의 성적 욕망을 적극적으로 지면에 중계한다.[28] 그러나 룸살롱 vs. 호스트바와 같은 구도에는 성 산업의 구조나 폭력성에 대한 고민이 부재하다. 페미니즘 잡지인지 여성잡지의 섹스 코너인지 구분하기 어렵게 만드는 것이다. 모두가 성적 욕망을 해소하기 위해 자유로워져야 한다는 〈딴지일보〉식 자유주의자 남성들의 성해방 담론과 유사한 것이 아닌가 하는 혐의는 『이프』가 남성을 다루는 방식을 통해서 확인할 수 있다.

　『이프』 지면에 남자들이 정기적으로 등장하는 것은 '남성의 성경험', 인터뷰, '남자에게'(지면 편지) 등의 코너이다. '남자에게'가 이문열과 같은 문제적 남성을 향한 편지인 반면, 나머지 두 코너는 남성이 직접 참여한다. 특집에서도 종종 남자들은 언제나 여성의 가족, 혹은 성애적 파트너로 등장한다. 1999년 겨울호 특집인 '악녀에게 말걸기'에서는 '악녀'가 아니라 '악녀'와 함께 살고 있는 남자들에게 지면을 준다. 남자들은 자신의 선의를 주장하면서 '악녀와 함께 사는 자신'을 칭찬한다. 이런 식의 칭찬 전략은 자연스레 '멋진 남성' 서사로 연결된다. 『이프』가 '남성의 대상화'라는 명목으로 섹슈얼리티와 남성의 문제를 다룰 때마다 아이러니가 발생한다. 대표적으로는 안티 미스코리아를 둘러싼 잡음이다. 안티 미스코리아의 목표가 미스코리아 대회를 방송에서 퇴출시키는 것과 안티 미스코리아 대회가 못생긴 여자들의 콤플렉스의 장이 아니라는 사실을 대중에게 설득시키는 것이었다는 설명은 아름다움의 기준을 비판하지 않는다. 무대 위에 남성을 등장시켜 환호함으로써 남성을 쾌락의 대상으로 삼을 수 있다는 사실을 보여주고자 했다는 것 역시 성적 대상화를 근본적으로 해체한 것인지 되물어야 한다.[29] 이는 페미니스트 미학을 발전시켜 나간다는 대회의 의도를 무화시키는 발언이다. '페미니스트는 못생긴 여자들의 집단이다'와 같은 여성혐오적 발언에 '아니야. 멋진 페미니스트도 있어'라는 방식으로 응수하는 것은 실상 그들이 주장하는 담론을 승인하는 것에 다름 아니다. 안티 미스코리아 페스티벌이 아름다움에 대한 미학적 판단 기준에 근본적인 문제를 제기하는 페미니스트의 언어로까지 나아가지 못했다는 영페미니스트들의 비판을 받은 것은 이 때문이다.

'남성의 성경험'은 창간호부터 이어진 코너로, 다양한 남성들이 등장하여 자신의 성경험을 이야기하는 글로 구성된다. 페미니스트 잡지인 『이프』가 남성의 성경험을 지면에 연재하는 것은, 남성들의 성매매, 섹스 경험 등이 제대로 다뤄진 적이 없이 '소외 상태'에 있음을 이야기하기 위해서다. 이 코너의 첫 번째 필자인 영화감독 이현승은 군대 가는 친구와 함께 성매매를 했던 경험이 섹스에 대한 판타지를 다 깼다고 고백한다. 이 고백은 삶 속에 섹스가 자연스럽게 녹아들 수 없는 한국을 한탄하는 것으로 끝난다.[30] 그가 성매매 현장에서 실망한 것은 성매매 여성이 자신의 생각만큼 아름답지도 않고, 섹스는 기계적인 것이었기 때문이다. 돈을 주고 섹스를 거래하는 구조에서 낭만까지 요구하는 것은 말 그대로 남성 판타지다. 변정수(1998년 여름호) 역시 "나는 남성을 혐오한다"고 고백하며 남녀 간의 소통이 없는 섹스는 '노동'일 뿐이라고 일축한다.[31] 이현승과 변정수의 글은 '남자의 성경험' 코너의 공식적인 플롯이다. 남성 역시 소통이 없는 성관계에서 소외되고 바람직한 섹스는 '영과 육'이 합치되는 것이라는 주장이다. 이들이 가지고 있는 섹스에 대한 판타지가 성매매 여성의 성 판매 행위와 나란히 비교될 수 있는 것은 아니다. 남성과 여성이 섹스로부터 같은 이유로 소외된 것이 아니기 때문이다. 하지만 이 코너는 계속적으로 남성과 여성의 섹스를 이상적인 무언가로 물신화하는 방식을 취한다. 남성과 여성은 섹스를 매개로만 만날 수 있기 때문이다.

『이프』의 급진주의 페미니즘이 남성성을 어떻게 다룰 것인가는 중요한 지점이다. 『이프』의 창간호 특집처럼 성폭력 의제를 통해 성별 의제를 보여줄 수도 있고, 젠더 규범을 해체하는 시도를 하는 것도 가능하다. 1998년 여름호 특집인 '남자 대탐구'에서는 "우리는 새로운 남성을 원한다. (…) 그들도 여성을 제대로 사랑하고 싶은 것이다. 남녀의 사랑의 결합은 서로에 대한 이해가 전제되어야 한다. 서로를 제대로 알아야 사랑할 수 있는 것이다"[32]라며 남성과 여성의 관계를 '사랑'에 한정해서 설명한다. 회사 동료로서, 학교 친구로서, 가족으로서 새로운 남성상은 어떤 것인지 제시하지 않는 것이다. 이 이성애 중심적으로 성애화된(sexualized) 관계는 『이프』의 한계 지점을 잘 보여준다. 이 특집에서는 여덟 명의 30, 40대 남성들이 여자와 연애, 섹스에 대한 생각을 털어놓는 「남자의 마음」 기사가 실린다. 아내가 섹스를 요구하는 것이 무섭다는 남자의 이야기는 IMF 이후 유행했던 '고개 숙인 남자'나 '간 큰 남자' 시리즈와 같은 우스갯소리를 떠올리게 한다. 여자가 섹슈얼리티에 대해 이야기하는 것만으로 페미니즘이라고 할 수는 없다. 심지어 특집 좌담회인 '최고의 남자, 최악의 남자'에서는 최고의 남자로 '여자를 즐겁게 해줄 줄 아는 남자' 박진영을 꼽는다. 여성을 유혹하고 섹스하는 대상으로만 사유하는 박진영이 가장 매력적인 남성상으로 등장한다는 것 자체가 『이프』가 남성과 여성을 성애화된 관계로만 보고 있다는 점을 드러낸다. 좌담회를 통한 남성의 성적 대상화는 이후 '수다방'이라는 이름으로 정례화된다. "사회적 책임이 있는 남성들에 대한 품평회"를 지면에 중계하는 것이다. 이는 남자와 여자는 섹스를 통해서만 매개된다는 남성적 세계관을 그대로 반복했다.

남성의 성적 대상화는 전통적으로 급진주의 페미니스트들이 취하는 전략 중의 하나였다. 수잔 브라운밀러를 비롯한 급진주의 페미니스트들은 월스트리트의 지하철역 앞에서 지나가는 남성을 향해 성희롱을 하면서 남성성을 패러디했다.[33] 이는 성적 대상화를 '미러링'하는 방식이다. 그런데 『이프』의 성적 대상화는 칭찬과 격려로 이어진다. '밝히는' 남자 박노해는 오랜 감옥 생활로 인해 성생활에 큰 욕망이 없어서 부인이 유학 가서 공부할 수 있게 도와주는 남자[34]로, 가수 박진영은 누드 화보를 찍어 한국사회의 이중 기준을 폭로하는 성과를 거두었다며 고평한다.[35] 〈딴지일보〉의 김어준이 '순한 남자'로 등장하는 인터뷰는 페미니즘의 경계를 되묻게 한다. "『이프』의 든든한 지지자가 된" 김어준이 〈딴지일보〉와 『이프』가 상식적인 주장을 한다는 면에서 비슷하다고 할 때, 『이프』의 페미니즘은 성해방주의와 동일해진다.[36] 『이프』의 이러한 입장은 마광수에 대한 박수에서도 확인할 수 있다. 마광수는 1998년 8월 27일 〈『이프』 창간 1주년 기념 콘서트〉에 참석하여, 자신이 원래 페미니스트들에 대한 편견이 있었지만 젊은 세대는 다른 것 같다고 말한다. 이에 대해 『이프』는 마광수가 새로운 관계 모색을 시도하여 좌중의 박수를 받았다고 기록한다.[37] 마광수의 소설이 여성을 성적으로 대상화하고, 그가 일상생활에서 여성을 성애의 대상으로밖에 보지 않는다는 말을 종종해왔음에도 불구하고 말이다. 이는 창간호 특집의 이문열 비판과 비교할 때 매우 너그러운 태도다.

2000년 박노해 시인은 5.18 기념식에 참석하러 광주에 갔던 국회의원들과 함께 벌인 룸살롱 연회로 물의를 빚었고, 김어준의 〈딴지일보〉는 '야동'의 품번을 공유하고 남성 대상 성인잡지를 소개하는 '남로당' 게시판을 운영했다. 박진영, 김어준, 마광수와 같은 남성 자유주의자에 대한 『이프』의 평가가 틀렸음을 보여주는 사례다.

『이프』식 페미니즘의 한계와 전망의 상실

2006년 『이프』는 완간한다. 『이프』가 완간된 가장 큰 이유는 자체 조직력이 저하되었기 때문이다. 『이프』는 2002년의 소규모 흑자 이후 2003년 사단법인으로 분리되고, 2004년부터 편집장이 부재하는 등 경영난과 인력난을 겪는다. 상근자들은 노동시간과 의사소통 방식에 대해서 문제 제기를 했지만, 선배들은 "일부 후배들은 선배들의 자유로운 근무 태도만 흉내냈지 성과에 대한 그들의 억척스러운 욕구를 닮으려 하지 않았다"[38]고 비판한다. 『이프』가 말하는 욕망의 페미니즘

이 자유주의와 만나는 지점이다. 성공을 위해서 열심히 노력하라는 신자유주의적 명제와 대의를 위해 헌신해야 한다는 운동 단체의 특성이 결합한 『이프』의 노동환경은 상근자에게 이중고로 다가왔다. 『이프』는 1세대적 운동 방식을 거부하고 즐거운 운동을 자신의 정체성으로 삼은 조직이었기에 특히 이 부분에서는 다른 언어를 가져야 했다. 여자들은 너무 돈에 대해서 무관심한 태도를 취한다는 『이프』의 비판은 적극적으로 상업주의 노선을 걷겠다는 선언에만 적용되는 것이 아니라 노동조건과 월급 지급 등의 문제에서도 적용되어야 했다. 젊은 활동가에게 이전 세대와 같은 헌신성만을 강조하는 것은 『이프』를 재생산하는 데 한계로 작용하였다.

> 앞으로도 더 상업적이어야 하고, 더 돈을 밝혀야 한다. 여자들은 돈에 대해 너무 모르고 있으며 돈을 기업적으로 관리하는 것에 대해선 더더욱 그렇다. 자본주의 사회에 살고 있는 한 우리는 그들의 방식과 언어와 룰을 충분히 숙지해야 한다. 우리는 자본주의 조직이나 광고주들과 게임을 하고 있기 때문이다. 우리가 게임에 이기기 위해서는 더 많은 대중과 만나야 하고, 광고주들과 의사소통해야 한다. 다들 잘 알고 있겠지만 일류, 주류, 베스트만이 득세하는 한국적 자본주의 문화 속에선 게임의 룰을 모르는 주변부, 언더, 이류를 반드시 고사하게 돼 있는 것이다.[39]

『이프』는 '자본주의의 룰을 아는' 매체가 될 것을 표명한다. 광고주나 자본주들과 대등하게 게임을 펼치기 위해서는 자본의 규칙을 숙지해야 한다는 『이프』의 입장은 대중지를 선택한 페미니즘 매체로서 필수적으로 갖추어야 할 조건이었다. 때문에 『이프』가 적극적으로 광고를 영업하는 것은 자연스런 수순이었다. 1998년 가을호에서 매니징 디렉터 박혜숙은 『이프』가 상업적으로 변하고 있다는 비판을 받고 있지만, 오히려 좀 더 상업적으로 마케팅을 해 나가야 할 필요가 있다고 강조한다. 미용실이나 속옷 광고 등이 게재되고 있지만, 『이프』의 정신이 훼손된 것은 아니라는 항변이다.[40] 하지만 이후 『이프』는 "일등 여성은 만들어진다", "자기 관리에 소홀함이 없는 여성이라면 한 번쯤 생각해보는 이쁜이 수술, 병원을 찾아도 뚜렷한 치료법이 없는 성기능 장애(불감증, 성욕 장애, 성교통) 이제 스스로 해결할 수 있습니다" 등 여성 성기 수술 광고까지 게재했다. 『이프』의 경쟁 상대가 여성 대중지라는 것이 『이프』에 실리는 광고마저도 대중지와 같아져야 한다는 것을 의미하지는 않는다. 이런 광고는 페미니스트 잡지로 『이프』를 선택한 독자의 신뢰를 저버릴 뿐이었다. 그런 점에서 자본주의의 룰을 가장 따라가지 못한 것은 『이프』였다.

페미니스트 잡지로서 『이프』의 문제의식이 쇠퇴하면서 자연스레 『이프』의 독자는 줄어갈 수밖에 없었다. 여성잡지와 『이프』의 차이점을 찾을 수 있는 부분이 '미러링'의 언어에만 있다면, 독자들은 패러디의 쾌감을 인터넷 매체를 통해 얼마든지 대체할 수 있었다. 신정모라의 글이 PC 통신에서 인기를 끌었던 것과 마찬가지로, 넷 기반 게시판에서 충분히 그 장을 만들어낼 수 있었다. 게다가 2000년대 '언니네'와 '일다' 같은 넷 기반 사이트들은 『이프』보다 빠르게 더 전진된 페미니즘 논의를 펼쳐나가고 있었다. 돈을 지불하고 사는 잡지인『이프』
가 비슷한 특집을 반복하고 있는 동안, 새로운 전망을 제시할 매체들
이 등장한 것이다.

> 나는 한국의 페미니즘, 또는 여성운동이 도덕적 우월주의의 위험성과 경직
> 성을 갖고 있다고 생각했고 자연히 여성운동도 성차별과 성폭력 등 피해자
> 와 가해자가 명백한 이슈들에 한정돼 단순논리로 전개된다는 데 대한 불만
> 을 갖고 있었다. 그래서 그동안『이프』가 제기한 욕망의 페미니즘이 언제나
> 논란을 야기해온 측면은 있다.[41]

욕망을 말하는『이프』가 페미니즘 운동에 새로운 방향을 제시한 것
은 분명하다. 그러나 그의 단언과 달리『이프』는 다양한 이슈를 통해
페미니즘 운동을 전개하거나 복잡한 논의들을 끌어내는 데 실패한다.
『이프』는 여성 리더십의 모델로 '명성황후'와 박근혜를 꼽는다.『이
프』의 해석에서 '명성왕후'는 "주변 열강국의 각축전 속에서 대원군
의 정적으로 권력욕의 화신으로 낙인찍힌 채 일제의 손에 의해 비운의
생을 마감한" 인물이다.[42] 박근혜 역시 여성 리더로서 재선이 기대되는
인물이다. 이때 박근혜를 묘사하는 방식이 흥미롭다. "만찬용 드레스
와 커리어우먼의 차림새 딱 중간쯤 되어 보이는 단아한 옷차림, 그리
고 높이 틀어 올린 머리 스타일을 고수하고 있는 박의원의 외모에서는
묘한 힘이 느껴진다."[43] 정치인으로서 박근혜의 비전이 아니라 외모를
묘사하면서 기사를 마무리하는 것이다. 이는 2000년 봄의 여성 정치

특집에서도 재현된다. 패션을 전공하는 여자 대학생들이 여성 정치인에게 '룩'을 제안하는 꼭지는 그야말로 '여성' 정치인에 방점을 맞추는 방식이다.[44] 이는 여성 정치인은 외적으로도 '멋있는 여성'이어야 한다는 『이프』의 무의식을 드러낸다. 이러한 논리에 따르면, 결국 성공한 여성이 페미니스트 리더다.

1990년대 후반부터 2000년대 전반의 한국사회는 여성도 남성과 동등해질 수 있다는 '희망'을 본 시기였지, 실제로 불균형이 해소된 시기는 아니었다. 『이프』는 이러한 지점에서 현실 진단에 실패한다. 완간 기념 좌담회에서 영페미니스트들은 『이프』가 페미니스트 잡지로서 제대로 된 전망을 제시하지 못했다고 비판한다. "독자가 성장하는 만큼 잡지의 문제의식이 성장하지 못하고 머물러 있다"는 느낌을 주기도 했다.[45] 심도 깊은 기획의 부재, "어떤 문제 때문에 페미니스트들이 논쟁을 벌였는지에 대한 기본적인 정보가 없는 상태에서 만들어진 책"[46]이라는 평가는 『이프』가 페미니즘 매체로서 자신의 역할을 제대로 수행하지 못했다는 것을 보여준다. 물론 영페미니스트와 『이프』의 갈등은 잡지만을 둘러싸고 벌어진 것은 아니었다. '운동사회 내 성폭력 뿌리뽑기 100인 위원회'에서 『이프』가 빠진 것[47]과 같이 여성 이해를 근거로 한 급진적 여성운동 이슈의 전면에 대중운동을 지향하는 『이프』가 나서지 않았던 것은 영페미니스트들과의 갈등이 심화되는 계기가 되었다. 이처럼 『이프』가 페미니스트 잡지로서 전망을 상실했다고 느낀 것은 영페미니스트만은 아니었다.

무엇보다『이프』랑 멀어진 데에는『이프』잡지의 문제보다 내 속의 변화가 커서였던 것 같아. 관심사가 바뀐 거지. 그리고『이프』의 '웃자, 놀자, 뒤집자' 그 슬로건이 한 번쯤은 바뀌었어야 한다고 봐. 이제 더 이상 웃고, 놀고, 뒤집는 걸로는 내가 끌리지 않는데 뭐.『이프』가 스피릿도 바꿀 수 있는 그런 센세이셔널하고 파워풀한 변화가 있어서 사람들을 더 강하게 끌어당길 수 있었어야 한다고 봐.[48]

34세의 회사원으로 자신을 밝힌 한 독자는『이프』의 한계를 정확하게 읽어낸다. 종종『이프』사무실을 찾아갈 정도였고,『이프』독자 여행이나 연말 파티에도 참석하던 애독자였던 그는 자신의 관심사가 바뀌었기 때문에『이프』와 멀어졌다고 이야기한다. 하지만『이프』가 새로운 의제를 만들어내지 못했다는 점을 날카롭게 지적하고 있다.『이프』가 그토록 자랑했던 '전국의 독자들'은『이프』가 초창기의 구호 이상을 보여주지 못해서 관심이 멀어졌던 것이다. 이는 여성 대중의 페미니즘 이해가『이프』가 예상했던 것보다 높은 수준이었다는 점을 보여준다.

11장

한없이 투명하지만은 않은,
『BLUE』

나는 25살의 아내이자 엄마다. 나는 가끔 다른 많은 사람들처럼 기분이 나빠진다. 신문을 읽거나 싫은 사람과 만날 때 같은 때 말이다. 그때 나는 책을 뽑아들고 나를 향해 바라보는 좋은 것들을 발견한다. 나는 여주인공을 통해 이 세상은 아름답고 사람들은 선하며 사람은 무엇이든 대면할 수 있고 살아 있어서 다행이라는 기분을 느낀다. 이 얼마나 놀라운 감정인가! 할리퀸이 아니라면 나는 이런 고양을 맛보지 못했을 것이다. 당신의 책은 품위와 믿음을 나타낸다. 요즘에는 드문 가치들이다. ─ 로맨스의 일반적 독자가 할리퀸사에 보낸 편지로부터

─ Janice Radway, *Reading the Romance*,
the University of Carolina Press, 1984, p. 3.

순정만화의 시대, 이은혜의 등장

여성들의 독서 문화사에서 1990년대는 바야흐로 순정만화의 시대

다. 교실에는 언제나 이미라의 『인어공주를 위하여』(1990)나 강경옥의 『별빛 속에』(1986), 이케다 리요코의 『베르사유의 장미』(1972) 등의 만화책이 돌아다녔고, 여성들은 짬이 날 때마다 학교나 집 근처의 만화방에서 시간을 보냈다. 아파트 상가, 주택가의 모퉁이 어디나 책 대여점이 있었고, 그곳에서 1980년대에 인기를 끌던 대본소 만화에서부터 할리퀸 로맨스 소설, 소년만화, 순정만화 잡지 『댕기』나 『윙크』 등을 쉽게 찾아볼 수 있었다. 요즘 스마트폰을 이용해서 웹툰을 보듯, 1990년대 독자들은 책 대여점을 통해 만화잡지와 출판만화를 접할 수 있었다. 1990년대 초반부터 여자고등학교나 여자대학교 근처를 중심으로 여성 전용 만화방이 생기기 시작했고, 여성 대상의 읽을거리 문화가 활성화되었다. 순정만화를 중심으로 "여성들의 정서적 문화동맹"[1]이 형성됐다는 평가는 이러한 분위기에서 성립했다.

1990년대 한국 만화는 장편 위주의 대여점용 만화에서 만화잡지 중심의 출판만화 시장으로 변화했으며, 만화잡지 판매 시장, 서점용 단행본 판매 시장 등 다변화된 시장으로 인해 판매 부수를 상회하는 독자 수를 확보할 수 있었다. 게다가 10대 청소년들의 구매력이 높아지면서 서점용 단행본 시장이 개인용 판매 시장으로 전환되기도 했다.[2] 1985년 여성 만화 작가들의 동인 집단인 '나인'은 동인지 『아홉 번째 신화』를 발간하여 인기를 끌었고, 1988년 창간된 순정만화 전문 잡지 『르네상스』 이래로 다양한 순정만화 잡지들이 창간되었다. 이 덕택에 순정만화 작가들은 세대별·콘셉트별로 각각 서로 다른 지면을 확보할 수 있었다.

1990년대 한국 순정만화 잡지 현황[3]

간행물명	발행사	창간	구분	기간별
댕기	육영재단	1991. 12	청소년순정지	격주간
나나	예원문화사	1992. 1	청소년순정지	월간
윙크	서울문화사	1993. 8	청소년순정지	격주간
화이트	도서출판 대원	1995. 5	성인순정지	월간
나인	육영재단	1995. 6	성인순정지	월간
밍크	서울문화사	1995. 7	아동순정지	월간
이슈	도서출판 대원	1995. 12	청소년순정지	격주간
파티	학산문화사	1997. 8	청소년순정지	월간
케이크(CAKE)	시공사	1999. 7	청소년순정지	격주간
해피	도서출판 대원	2000. 7	청소년순정지	월간
주티(ZOOTY)	학산문화사	2000. 10	청소년순정지	월간

위의 표에서 보듯, 순정만화 잡지의 창간은 1990년대 내내 계속되었다. 지면의 양적 증가는 신인을 발굴하거나 새로운 문제의식을 개발함으로써 다양한 성격의 작품들이 등장할 수 있는 물적 토대가 되었다. 만화를 'B급 문화'로 여기며 사회악으로 취급하던 과거 분위기와 달리, 1980년대 후반부터 만화를 '제9의 예술'[4]로 인정해야 한다는 목소리가 높아지고, 문화 산업으로서 만화의 가능성에 주목하기 시작했다. 이는 폭력적이고 선정적인 일본 만화와 비교할 때, 건전한 '우리 만화'를 육성해야 한다는 다짐으로 이어졌다.[5] 이러한 변화의 중심에 섰던 것이 순정만화다.

1990년대 한국 순정만화는 소재와 주제를 다양화하고 영역을 확장하면서 종래의 순정만화 개념에 도전했다. 1999년 『한겨레』 기사는 순정만화가 "로맨스에 대한 환상을 버리고 대학, 액션, 동성애 등 새로운 소재와 영역으로 확장하고 있다"라고 진단하기도 했다.[6] 그런데 이처럼 급성장한 순정만화에 대한 일부의 평가는 굳이 고급문화에 대한 평가 기준에 의거해 순정만화의 가치를 규정하려 한다는 점에서 문제적이다. 순정만화다움 그 자체를 인정하고 분석하는 것이 아니라, 문학과 같은 기존 예술 양식에 대한 미학적 기준을 중심으로 순정만화를 평가하는 것이다. 1980년대에 등장한 황미나, 김혜린, 신일숙 등의 만화가들은 "시대상을 기민하게 작품 속에 투영했으며" 당대를 살아가는 여성의 입장에서 증언해왔다. 시대물이나 SF 등 다양한 장르를 넘나드는 여성 작가들의 활약은 '여자들이 좋아하는', '로맨스가 중심인' 등의 수사로 이야기되곤 하는 순정만화의 범위를 확장한다는 평가를 받았다. 이때 순정만화의 가치를 주장하는 논의는 자연스레 순정만화의 미학적 성격을 입증하는 것으로 이어진다. 황미나, 김혜린 등의 작품은 시대상을 세밀하게 묘사하고 역사 의식이나 사회 비판적 메시지를 전달하는 리얼리즘적 세계관을 가지고 있으며, 이는 이들의 만화가 '순정만화'라는 장르에 갇히지 않았다는 증거라는 것이다.[7]

하지만 이러한 분석을 받아들이자면, 순정만화를 본래 '가치 없는 이야기'로 규정해온 기존의 젠더화된 편견에서 벗어날 수가 없다. 영문학자 타니아 모들스키가 지적하듯, 다양한 세대·계급·교육적 배경을 가진 많은 여성들이 할리퀸 로맨스나 대중매체가 제공하는 오락물을 즐기지만, 공론장은 그것들이 본격적으로 논의할 만한 가치가 있다고 여기지는 않는다. 이러한 편견에 대항해서, 페미니스트들은 대중 서사에 내포된 정치적 의의를 적극적으로 해석하려고 시도했다. 이 시도는 단순히 기존의 남성 중심적인 대중문화 연구사에 분류를 하나 더 하거나 그저 고급문화의 개념을 빌려오는 방식으로 이루어져서는 안 된다. 대중 서사의 정치성을 분석하기 위해서는 별도의 비평 방법이 필요하다.[8] 순정만화에 대한 연구 역시 마찬가지다. 어쩌면 가장 '전형적인' 순정만화들을 검토함으로써 순정만화의 규범을 재질문하는 것이야말로 순정만화의 젠더화와 이를 추동하는 성정치의 의미를 논하는 데 적절한 방식일 수도 있는 것이다.

그런 관점에서 1990년대 순정만화 붐에서 가장 '순정만화다운' 작품들을 발표한 작가 이은혜를 살펴보자. 이은혜의 만화는 '여자가 쓰고, 여자가 주인공이며, 이성 간의 낭만적 사랑을 묘사한', 순정만화의 전형으로 분류된다. 1986년 『르네상스』에서 「가을 소나타」로 데뷔한 그는 남녀 주인공을 중심으로 한 삼각관계 로맨스를 탐색했으며, 감성적이고 아름다운 일러스트로 인기를 끌었다. 이은혜의 대표작인 「점프트리 A＋」(『댕기』, 1991)는 고등학생을 주인공으로 내세우며 큰 성공을 거두었는데, 특정한 역사적 시공간을 배경으로 삼지도 않고, 서사를 드라마틱하게 만드는 비밀이나 사건도 없는 평범한 10대 청소년들의 일상을 만화로 형상화했다. 이은혜의 세계관을 완성한 「BLUE」(『윙크』, 1993)는 대학생들을 주인공으로 하여 1990년대에 확산되던 대중문화 산업의 일면을 재현하면서 일약 신드롬을 일으켰다.

1997년 당시 7권까지 출간된 『BLUE』의 단행본은 70만 부가량 판매되었으며, 이 인기는 출판만화 최초의 OST CD 발매, 일러스트레이션을 활용한 다양한 미디어 믹스 작업으로 이어졌다. 주인공을 그린 일러스트를 표지로 삼은 노트가 400만 권이 팔릴 만큼 『BLUE』는 대중적으로 성공했다. 그뿐만 아니라 이은혜는 국내 만화가로서는 최초로 팬클럽을 가진 작가이기도 했다. 그녀의 팬클럽인 '으녜리(은혜리) 사수대'는 1995년에 이미 정규 회원이 100명이었고, 지역마다 지회가 있을 정도였다.[9] 이은혜 만화는 1990년대의 문화적 코드를 보여주는 대표적인 사례이자 순정만화의 가장 전형적인 표본이다. 어릴 적부터 함께 성장한 친구라든가 고등학교 동아리, 대학교 친구들의 일상을 묘사해 '내 주변에도 있을 법한 이야기'라는 평가를 받았다. 현실적이면서도 동시에 낭만적인 판타지를 제공하는 등장인물들은 1990년대의 대중문화 코드를 흡수하여 당대적이고 감각적인 세계관을 완성했다. '순정한 사랑 이야기'라는 순정만화의 기본에 가장 충실한 그의 작품들은 1970년대의 일본식 '소녀만화'나 1980년대의 할리퀸 로맨스 읽기 열풍으로부터 이어지는 1990년대 여성 독서 문화의 일면을 드러낸다. '순정'이 당대 여성들의 공통 감각으로 자리매김하는 과정에서 이은혜 만화의 영향력은 절대적이었다.

그러나 대중적 인기에 비해 이은혜에 대한 본격적인 논의는 거의 이루어지지 않았다. 1990년대 후반부터 본격화된 순정만화 연구에서 이은혜는 많은 팬을 거느린 인기 작가였지만, "멋진 분위기와 멋진 느낌"을 가진 슈가 코믹 작가로만 분류되었다.[10] '이웃사촌이나 첫사랑 오빠를 중심으로 한 삼각관계', '여러 남자들로부터 사랑받는 여주인공'이라는 순정만화의 클리셰들을 남발한다는 이유로 연구할 만한 가치는 없다는 평가를 받았다. 게다가 이은혜가 「BLUE」의 연재를 중단하며 침체기에 들어간 사이, 순정만화 시장의 지형이 크게 변화했다. 1997년에 제정된 「청소년보호법」은 청소년에게 유해한 미디어를 차단한다는 이유로 만화 매체를 제재했으며,[11] IMF 이후 출판 시장의 악화로 수많은 만화잡지들이 폐간되었다. 2000년대 이후에는 서사의 전개 방식이나 이미지 구성 등이 출판만화와는 완연히 달라진 웹툰 시장이 펼쳐졌다. 그로 인해 1990년대를 사로잡았던, 수많은 순정만화 작가들과 독자들의 성격은 제대로 논의되지 못한 채 사람들의 관심은 2000년대의 문화 콘텐츠로 이동해버렸다.

만들어진 '순정'과 감성의 문법

1990년대는 한국문화 장이 질적으로 변모한 시기였다. 문화 연구자 천정환은 1989~1991년 소련 연방의 해체와 자본주의 세계 체제의 승리가 한국사회의 문화장에 미친 영향에 대해 정리하면서, 출판 시장의 집적·집중화를 지적한다. 베스트셀러를 중심으로 한 독서 공동체 문화가 강력해졌다는 것이다.[12] 특히 1990년대 베스트셀러 목록 중 눈에 띄는 것은 '사랑'을 주제로 한 서정시의 대중적 부상이다. 류시화의 『그대가 곁에 있어도 나는 그대가 그립다』(푸른숲, 1991), 원태연의 『넌 가끔가다 내 생각을 하지 난 가끔가다 딴 생각을 해』(영운기획, 1992),

이정하의 『너는 눈부시지만 나는 눈물겹다』(푸른숲, 1995) 등이 연간 베스트셀러 목록에 이름을 올렸으며, 양귀자의 『천년의 사랑』(살림, 1995) 같은 '지고지순한 사랑'을 다룬 소설도 인기를 끌었다. 바야흐로 '순정한 사랑의 시대'였던 것이다.[13]

식민지 시기 순정 '소설'에서부터 순정만화에 이르기까지, 순정은 장르를 넘나들면서 '감상적'이고 '감정적'인 것을 지칭했으며, 이것이 '여성적인 것'으로 젠더화되었다. 식민지 시기 '순정'은 청년의 의기를 나타내는 말이었으나 이후 문학 담론으로 유입되면서 '순수함'이라는 의미가 강조되었고, 감성/감정어인 '순정'의 주체로서 '소녀'를 호명해 여성성을 할당받았다.[14] 이처럼 '순정'이라는 용어는 그 외연이 좁아지면서 젠더화되었다. 역대 정부들이 만화를 대상으로 실시한 검열도 순정만화가 다룰 수 있는 범주를 '순결한 사랑'으로 제한했다. 박정희 체제는 만화가 아동·청소년에게 해로운 영향을 미칠 수 있다고 강조하면서, 만화를 대상으로 광범위한 검열을 시행한다. 1961년 12월 '한국아동만화자율회'는 "만화계 정화"라는 미명하에 조직되었으나 아동만화 작가들을 강제적으로 가입시키고, 원고에 대한 사전 심사를 진행했다. 실질적인 검열이었다. 또한, 1968년에도 문화공보부 산하에 '한국아동만화윤리위원회'를 신설하여 공식적으로 사전 심사를 실시했다.

• 순정물 만화에서, 어른과 소녀 사이 또는 국민학생 간의 교우관계를 이성 간의 교제(애정)로 착각케 하는 내용이라든가 성인사회의 어두운 이면을 필요 이상의 강조 등은 각별한 주의를 환기함. (1968. 10. 2)

- 이성 간의 연애 관계를 묘사, 표현해서는 안 된다. (1968. 10. 19)[15]

이성 교제로 여겨질 만한 장면과 사회 비판적 메시지를 차단하는 이 규정은 순정만화에서 이성애조차 재현할 수 없게 만든다.

> 한 컷 안에 남자, 여자애가 있으면 안 돼요. 공간에서 선정적인 분위기를 준다고 해서 저 뒤에 할아버지가 지나가야 되고. 남녀가 이렇게 마주봐도 안 돼요. 그래서 애기를 해도 한 사람은 다른 데 쳐다보고 있고, 한 사람은 이쪽 보고 얘기하고. 그리고 애교머리도 잘라도 안 되고, 치마가 무릎 위로 올라가도 안 되고, 눈물을 그려도 안 되고…[16]

초기 순정만화 작가 민애니는 교우 관계를 이성 간의 교제로 착각하게 해서는 안 된다는 규정 때문에 한 컷 안에 남녀인물이 함께 등장하거나 서로 마주보면서 이야기하는 장면이 금지되었다고 말한다. 게다가 남녀 관계뿐 아니라 여성을 묘사하는 데도 제한을 받았다. 당시 한국 만화에 대한 검열은 여성 등장인물의 목걸이나 귀걸이 같은 장신구, 옷차림 등에 대해서까지 아주 세세하게 이루어졌다. 1980년대 전두환 정부도 크게 다르지 않았다. 만화가 황미나의 진술에 따르면, 1980년대에 벌어진 만화 검열 사태는 결국, 그릴 수 있는 것은 '순정한 사랑' 밖에 남지 않는 상황으로 이어졌다.

> 어느 날, 심의를 받던 가운데 이 작품은 출판할 수 없다는 이야기를 들었

어요. 이유가 무엇인지 물어봤더니 등장인물 가운데 악역으로 나오는 캐릭터가 있는데, 그 인물이 나쁜 놈이라는 사실을 명확히 알 수 없기 때문이라고요. 결국 '두목은 나쁜 놈이야!'이라는 대사를 넣어서 수정했지만, 그 이후가 더 문제였어요. 여주인공 남자친구의 부모가 이혼했는데 그게 문제가 되기도 했고, 판자촌도 등장하면 안 되었죠. 돈을 못 번다는 이야기도 안 되었고, 내용상에 부익부 빈익빈 이야기가 들어가는 것도 안 되었어요. 나중에는 '(등장인물의) 걸음걸이가 허무하다'라는 이유까지 나왔죠.[17]

위의 인터뷰에서 알 수 있듯, 1980년대 전두환 정부의 문화 정책하에 가족, 빈곤, 계급 갈등, 우울한 정서 등은 모두 검열의 대상이었다. 특히 만화 분야에서는 '건강'하고 '명랑'한 것만 그려야 한다는 규범이 더욱 강화됐다. 사회나 역사·민중·시민에 대한 묘사는 삭제 요구를 받는 일이 허다했기에, 순정만화가 그릴 수 있었던 것은 오직 '순결한 사랑'만 남게 된 것이다. '순정'의 젠더화는 검열이 만들어낸 효과이기도 했다. 흥미로운 것은, 이렇게 만들어진 좁은 의미의 순정만화가 규범적인 것으로 여겨지고 있다는 점이다. 검열과 통제를 통해 '여성적이고 감상적인 것이 곧 순정만화'라는 인식이 장르 규범처럼 만들어졌다. 이은혜의 작품들은 이러한 과정을 거쳐 형성된 규범적 순정만화, 즉 사랑과 연애를 중심으로 한 등장인물의 갈등과 연극적 내레이션, 화려한 일러스트 등 장식성을 바탕으로 한 감성만화의 특성을 잘 드러낸다.[18]

순정하지 않은 '순정'의 세계

순정만화의 '순정'은 여성들이 쓰고 읽는, 사랑에 관한 이야기로 정의되곤 한다. 여성 대상의 읽을거리인 순정만화는 순수하고 낭만적인 사랑 이야기를 묘사하리라고 기대되는 것이다. 이은혜의 초창기 작품들은 순정한 사랑의 비극을 그린다. 예컨대, '서로를 절대적으로 사랑하는 연인'이라는 코드는 순정만화나 멜로드라마에 자주 등장하며 이은혜 만화에서도 예외가 아니다. 서로를 사랑하는 연인은 외부적 요인으로 인해 그 사랑을 이룰 수 없다. 주인공은 불치병을 앓다가 사망하는 연인을 애도한다. 「댄싱 러버」(1989)에서 여자 주인공 '유채린'의 성공을 위해 안무가이자 댄서로서 헌신하던 남자 주인공 '서지우'는 자신을 좋아하는 유채린의 감정을 알면서도 언제나 그녀로부터 일정한 거리를 유지한다. 심지어 유채린이 첫 콘서트를 성공적으로 마치자 곁을 떠나기까지 한다. 그러나 이런 상황에도 쉽사리 변하지 않는 유채린의 마음이야말로 순정한 사랑이라는 순정만화의 공식을 충족시킨다. 유채린은 서지우가 병으로 쓰러져 입원했다는 소식을 듣고 그와 재회한다. 「댄싱 러버」는 재회한 연인이 앞으로 대면할 투병 생활이나 죽음과 상관없이 서로에 대한 사랑을 확인하는 과정까지만을 다룬다. 사랑을 확인하는 장면에서 멈춤으로써 독자들은 그들에게 닥칠 미래와 관계없이, 순정한 사랑을 읽고 즐길 수 있게 되는 것이다.

순결한 세계의 호모소셜한 우정

이은혜의 대표작 『BLUE』는 1993년 창간된 격주간 발행 만화잡지 『윙크』에서 연재를 시작했다.[19] 『BLUE』는 출생의 비밀과 삼각관계, 우울한 천재 예술가 등 『점프트리 A+』와 「댄싱 러버」 같은 이은혜의 전작(前作)들에 나왔던 주제나 배경이 종합적으로 등장한다. 『BLUE』의 초반부 중심 갈등은 어릴 적부터 친구였던 두 남자 '홍승표'와 '이해준', 그리고 '채연우'의 삼각관계에서 발생한다. 서사의 중반을 지나면, 등장인물들이 대학에 진학해서 만난 여성 '신현빈'을 중심으로, '신현빈-이하윤-홍승표'의 삼각관계, '신현빈-이해준', '채연우-이해준'의 관계 등이 추가적으로 갈등을 형성한다.

천재적인 재능을 가진 댄서 이해준과 감성적인 글을 쓰는 홍승표, 이해준과 홍승표의 사랑을 받는 연약한 '공주' 채연우, 세 사람은 우정과 사랑으로 얽힌 관계다. 홍승표와 이해준은 둘도 없는 친구이지만, 채연우를 두고 긴장 관계를 형성한다. 하지만 두 남자는 갈등을 표면화하지도 못한다. 홍승표는 채연우를, 채연우는 이해준을 사랑하지만, 홍승표가 늘 이해준에게 자신의 사랑을 양보하기 때문이다. 이 과정에서 이해준은 홍승표와 채연우 중 누구도 선택하지 못한다. 오히려 이해준이 가장 사랑하는 것은 홍승표로 보일 정도다. 결국 이해준과 채연우는 결말에 이를 때까지 커플이 되는 데는 실패한다. 이들의 삼각관계를 통해 강화되는 것은 홍승표와 이해준의 우정뿐이다.

홍승표와 이해준, 채연우의 관계는 호모소셜(homosocial)한 공동체의 표본이다. 퀴어 이론으로 18~19세기 영문학 작품들을 검토한 이브 세즈윅은 남성 지배적 사회에서는 호모소셜한 욕망과 가부장적 권력의 유지 및 이양을 위한 구조가 연관되어 있다고 지적하면서, 두 남성이 여성을 교환·거래함으로써 권력을 유지시키는 장면을 분석한다. 아버지, 혹은 남성 형제가 외부의 남성에게 여성을 '증여'하는 것이 친족 구조의 본질이라면, 이성애 결혼을 통해 강화되는 것은 두 남성의 연대라는 것이다. 세즈윅이 보기에, 여성에 의해 매개되는 남성들의 관계는 사실상 남성들의 성애적(erotic) 거래를 가리는 스크린일 뿐이다.[20] 두 라이벌을 연결시키는 유대감은 사랑하는 사람에 대한 유대만큼이나 강렬하고 강력하다.[21]

이 분석에 따르면, 삼각관계가 비가시화하는 것은 남성들의 유대다. '두 명의 남성과 한 명의 여성'이라는 삼각관계는 여성을 이성애적 욕망의 대상으로 둔 남성 간의 경쟁 관계가 아니라, 오히려 남성들 사이의 호모소셜한 욕망을 보여준다. 따라서 이 구조에서 가장 중요한 것은 '여성과 남성의 관계'가 아니라, 서로에게 친밀감을 표현할 수 있는 방법이 이것(여성을 교환하는 것)밖에 없는 두 남성의 관계다. 홍승표와 이해준이 채연우를 두고 경쟁하지만, 둘의 우정을 위해 채연우를 서로에게 양보하는 이유는 이 때문이다. 가장 순정한 이성애 관계는 가장 강력한 동성 관계이기도 한 것이다.

'오빠들의 세계'와 사랑의 지연

이은혜 만화는 근친성애적 욕망을 불온하지 않게 재현한다. 가족 관계가 후경화되는 반면 형제 관계는 직접적으로 재현되며, 어머니를 증오하는 반면 그 어머니로부터 인정받기 위해 노력한다. 「점프트리 A＋」에서 중요한 것은 평범한 여고생 '유혜진'과 그의 오빠 '유현목'의 관계다. 뛰어난 오빠 유현목에 비해 평범한 유혜진은 학교 선후배로부터 '유현목의 동생답지 않다'는 말을 줄곧 듣는다. 하지만 유혜진은 그럴수록 기가 죽는 것이 아니라 오히려 오빠를 자랑스러워하는 긍정적인 성격의 인물이다. 서사 전반에서 유혜진에게 중요한 영향을 미치는 것은 오빠다. 유혜진과 유현목은 서로 가장 친밀한 사이이며, 유혜진에게는 '브라더 콤플렉스'라는 말이 따라다닌다. 유혜진은 유현목이 부모님이나 후배들과는 연락을 하면서 자신에게는 연락을 하지 않는다거나, 그가 여자 친구와 함께 있는 모습을 볼 때 노골적으로 불쾌해한다. 이들 남매의 지나친 유대감은 사실상 근친성애에 가까운 감정이다. 이는 이은혜 만화가 유사 가족적 '오빠들'의 세계를 그리고 있는 것을 통해서도 확인할 수 있다.

「댄싱 러버」의 서지우는 유채린에게 보호자로서 오빠의 역할을 한다. 그는 어릴 적부터 무대에 선 유채린을 격려해왔고, 그녀의 성공을 도와준다. 서지우뿐 아니라 댄싱팀 '댄싱 러버'의 멤버들이나 작곡가이자 프로듀서인 '하제' 역시 일종의 오빠다. 「점프트리 A＋」에서는 오빠들의 수가 늘어난다. 유혜진이 동아리에서 만나는 남성 인물들은 유현목의 닮은꼴들로, 유현목의 빈자리를 채우는 오빠 역할을 수행한다. 이들은 같은 동네에 살며, 같은 학교에 다니고, 유혜진의 가족과도 알고 지낸다. 이 오빠들이 만드는 세계는 일종의 근친성애적 로맨스로 이어진다. 오빠의 후배이기 때문에 이미 친숙했던 '김승주', 그리고

J. T. A. 클럽에서 만난 이웃 '오태준' 사이에서 망설이며 고민하는 유혜진의 청춘 성장 스토리는 작품을 끌고 나가는 핵심이다.[22]

이은혜 만화는 가족을 서사 전면에 거의 등장시키지 않지만,[23] 예외적으로 「BLUE」는 어머니를 둘러싼 갈등이 남성 주인공의 성격을 형성하는 핵심 요인으로 등장한다. 「BLUE」의 두 남성 주인공 홍승표와 이하윤은 어머니와의 단절로 인해 타인과 관계 맺는 데 실패하는 인물들이다. 재벌의 서자인 홍승표는 히스테릭한 어머니를 돌보며 그로부터 해방되지 못하고 있다. 10대 시절 아이를 낳았지만, 가족의 반대로 결혼하지 못한 어머니는 실연과 외로움, 상처로 인해 신경쇠약의 상태다. 홍승표는 자신의 어머니가 친할머니로 인해 쫓겨났으며 수면제와 술 없이는 잠들지 못한다는 것을 알고는, 집을 나와 어머니와 함께 살기로 한다. 그는 어머니를 자신의 "첫 번째 사랑"으로 묘사하면서, 스스로를 번번이 사랑에 실패하는 인물로 규정한다. 할머니와 채연우, 신현빈에 이르기까지 주변의 여성들은 홍승표에게 사랑을 주지 않는다. 특히 홍승표의 사랑과 헌신에도 불구하고 자살을 선택한 어머니는 홍승표가 언제나 자신의 사랑을 유예하게 되는 원초적 동기다.

여성 팬들을 몰고 다니는 가수 이하윤은 이혼한 어머니가 프랑스로 이주하여 공부를 계속하겠다고 결정함으로써 어머니와의 혹독한 분리를 경험한다. 그는 사랑하는 어머니로부터 거절당했다는 기억 때문에 '누구에게도 사랑을 주지 못하는 사람'으로 성장한다. 이하윤이 자신을 좋아하는 여자 '하아미'와 섹스나 동거는 할지언정 안정적인 관계를 형성하지 못하는 것은 이 상처 때문이다. 이은혜의 작품 세계에서 어머니는 주인공이 겪는 고통의 근원이거나 주인공을 절대 이해하지 못하는 인물로 재현된다. 남성 주인공들은 그런 어머니와 단절되어 있고, 그로 인해 고통받는다.

이하윤의 여성 편력이나 홍승표의 유예된 욕망은 모두 순정한 사랑을 완성하는 데 장애물이 된다. 이는 이은혜의 순정만화에서 '사랑의 결실'이 서사의 핵심 요소가 아니라는 점을 보여준다. 사랑은 언제나 좌절되고 지연된다. 이 좌절과 지연에서 생겨나는 갈등이 서사적 긴장감을 형성한다. '홍승표와 이하윤 중 신현빈은 누구와 커플이 될 것인가, 혹은 김승주와 오태준 중 유혜진의 선택을 받는 것은 누구인가'라는 질문들처럼, 중요한 것은 지연과 실패 과정에서 형성되는 긴장감과 흥미일 뿐, 사랑을 성취함으로써 얻는 행복이 아니다. 신현빈과 홍승표의 사랑이 이루어진 것으로 정리된 『BLUE』의 결말이 독자들로부터 비판받은 것은 이 때문이다. 신현빈과 홍승표의 재회는 두 사람의 이별과 성장을 지켜본 독자들에게 갑작스러운 것이었다. 『BLUE』는 별다른 부연 설명 없이, 오직 두 사람이 만나는 장면이 담긴 결말부 장면으로 둘의 사랑이 성공적으로 이루어졌음을 암시했다. 서사적 설득력을 얻지 못한 이 결론은 독자들에게 실망감을 안겨주었다. 이은혜 만화의 독자들에게 익숙한 것은 사랑의 성취보다는 사랑의 지연, 혹은 그 지연에서 생겨나는 긴장감이기 때문이다.

'오빠와의 사랑'에서 '오빠들 간의 사랑'으로

　이은혜 만화의 여성 인물들은 댕기머리 중학생에서부터 실력파 댄스가수, 잡지사의 편집장, 일러스트레이터까지 다양한 직업을 가진 생활인들이다. 이들은 1990년대 문화산업의 발달을 배경으로 등장했으며, 평범하게 학교에 다니고 회사에서 일하는 여성이다. 이는 이은혜뿐 아니라 원수연, 이정애, 박희정 등 당시 활동한 작가들의 작품에서 공통적으로 나타나는 특징이다.

　그런데 이 작가들 간에도 차이는 분명 있다. 원수연이 『LET 다이』(1995)에서, 박희정이 『호텔 아프리카』(1995)에서 퀴어한 섹슈얼리티를 고민하고 형상화한 데 반해, 이은혜의 작품들은 이성애 중심적 서사, 그것도 '삼각관계'라는 틀에서 벗어난 적이 거의 없다. 이은혜 만화는 여성들의 '상상 가능한 자유'로서 사랑을 제시했음에도, 표면 서사의 층위에서는 좀처럼 이성애 정상성의 바깥을 상상하지 않는다. 그런 점에서 보면, 이은혜 만화의 로맨스는 낭만적 사랑의 판타지를 제공하는 데 불과하다는 혐의에서 벗어나기 어렵다.

　영미권 로맨스 소설의 독자를 연구한 재니스 래드웨이는 여성들이 로맨스를 읽는 것은 가부장제로부터 해방되어 일시적인 행복과 정서적 구원을 얻기 위해서라고 설명한다. 여성 독자들에게 로맨스는 오롯이 자신만을 위한 시공간에 몰입할 수 있는 도피처이며, 가부장적 현실을 부정할 수 있는 합법적인 방법이라는 것이다.[24] 이런 여성들의 독서 행위는 '소극적 저항'으로서 독해된다.[25] 삼각관계와 낭만적 사랑은 현실의 모순을 견딜 수 있게 한다. 여성 독자들 역시 순정만화의 세계가 '현실'이 아니라는 것을 알고 있기 때문이다. 이들은 순정만화에 나타나는 성별 고정관념이나 가부장적 세계관을 비판하고, 그에 대한 자신의 목소리를 내기도 한다.[26] 독자들은 만화에서 보다 편안하게 느껴지는 여성 인물을 접하게 되고, 남성을 성적으로 대상화하기도 한다. 이런 '위반의 쾌락' 또한 순정만화 독자들의 욕망을 구성하는 강력한 요인이다. 순정만화를 통해 '미소년' 같은 남성상에 대한 취향과 선호를 전면화함으로써 지배적인 성별 규범을 역전시키는 것이다.[27]

삼각관계를 중심으로 한 이은혜의 세계에서 은밀한 '동성애적' 욕망을 읽어낸 독서 경험은 이후 성별 규범과 성애에 대한, 보다 노골적이고 다양한 서사 실험으로 이어진다. 이를테면, 「BLUE」의 홍승표와 이하윤, 김승주와 오태준의 관계를 매개로 발생하는 야오이[28]의 성적 상상력은 1996년 H. O. T.의 데뷔와 함께 본격화된 한국형 팬픽[29] 시장과 만나 폭발한다. 순정한 사랑 이야기를 통해 가부장적 현실에 저항해온 순정만화의 여성 독자들은 이제 팬픽·야오이 같은 서브컬처 장르에서 '아름다운 남성들 간의 사랑'을 실험한다. 원수연이나 이정애가 출판만화 시장에서 동성애를 이야기할 수 있었던 것은 한국에 '야오이'라고 불리는 BL[30] 시장이 이미 형성돼 있었고, 해적판 BL물의 독자 규모와 충성도가 상당했기 때문이다. 남성 아이돌 그룹의 멤버들을 커플로 짝짓는 팬픽의 상상력은 여성들이 사랑을 사유해온 방식을 뒤흔들었다. 순정만화를 중심으로 '오빠'와의 연애와 사랑의 낭만을 꿈꾸던 소녀들은 이제 아름다운 '오빠들 간의' 섹스를 즐기는 BL 독자로 거듭났다. 물론, 이 이동은 예견된 것이었다. '가장 순정한 사랑'을 그리는 듯 보였던 이은혜 만화에서조차 '순정'의 얼굴은 하나가 아니었기 때문이다.

12장

'페미니즘 리부트' 시대의
여성 간 로맨스

서브컬처 장의 페미니즘적 전환과 여성 소비자

여성이 즐기는 대표적인 서브컬처 장르는 BL(Boy's Love)과 팬픽 등 남성 간 성애물이었다. 여성이 창작하고 여성이 읽는 BL은 1970년 대 일본에서 '소년애' 장르로 출발하여 해적판 만화를 통해 한국사회에 유입되었고, 1990년대 후반 아이돌 그룹의 인기와 함께 서사적 확장을 이룬다. 팬덤에 의한 2차 창작인 RPS(Real Person Slash)는 원텍스트인 아이돌의 행동, 말투, 관계 등을 자유롭게 상상하면서 이루어졌고, 주로 여성인 아이돌 팬덤에서 큰 인기를 끌었다. 이처럼 서브컬처 장르에서 BL은 창작자와 독자의 거리가 가깝고, 창작자와 독자가 하나의 '동인'으로 이루어지는 경우가 많은 상호텍스트적 세계를 구성했다. 그 결과 BL은 각종 전자책 플랫폼에서 가장 높은 충성도를 자랑하는 고객을 가진 장르가 되었다.[1]

한국사회에서 BL은 여성들의 은밀한 욕망 혹은 여성들을 위한 포르노그래피로 유통되어 왔다. 십대 여성들은 팬픽이나 BL을 통해 남성

신체를 대상화하는 경험을 갖게 되었고, 성적 친밀성을 상상할 수 있었다.[2] 이는 서브컬처가 여성의 섹슈얼리티 상상에 있어서 중요한 역할을 하고 있음을 방증한다. 하지만 '페미니즘 리부트' 이후 한국의 대중문화 장은 변화를 맞이하게 되었다. 여성을 어떻게 그릴 것인가, 혹은 여성 서사란 무엇인가라는 질문이 SNS를 중심으로 공론장에서 폭발하였으며, 독자로서 성평등한 텍스트를 요구할 권리가 있다는 여성들의 목소리는 젠더 무감성적인 텍스트 전반에 대한 문제 제기로 이어졌다. 이에 남성들만 등장하고 여성은 부차적인 인물이 되는 BL에 대해 직접적으로 불매운동을 제안하기도 했다. '탈BL, 탈남캐'를 주장하는 이들은 여성이 읽고 생산하는 서브컬처에서 여성이 조연, 혹은 악역으로 등장하는 방식에 문제 제기를 하면서, BL 문화에 대한 전면적 재검토를 주장했다.[3] 또한 웹툰이나 웹소설에서 등장인물을 아름다운 형태로 재현하는 것에 대한 문제의식도 높아졌다. 만화나 애니메이션의 형상이 외모 지상주의를 심화시키고 있다고 비판하면서 짧은 머리에 속눈썹이 없는 여성 캐릭터, 미남이 아닌 남자 캐릭터 등을 그려야 한다는 주장이다. 이처럼 만화나 애니메이션, 웹툰 등에 대한 전면적인 재점검을 요구하는 목소리는 여성이 그리고, 여성이 나오는 만화, 웹툰이 확산되어야 한다는 주장으로 이어진다. 이러한 열기에 발맞춰 등장한 것이 여성 간 연대와 로맨스를 그린 웹툰 〈그녀의 심청〉(비완·seri)이다.

2017~2019년 저스툰에서 연재되고, '2018 우리만화상'을 수상한 〈그녀의 심청〉은 고전소설인 심청전을 중심으로 '효'와 '열'로 대표되

는 '그녀의 이름'을 의심하고 질문한다. 본격 백합물을 표방한 〈그녀의 심청〉은 페미니즘 대중화 시대의 창작물이다. 현재 외전을 포함한 특별판 세트가 출간되었으며, 연재 종료 당시 진행된 텀블벅 프로젝트는 1131％로 마무리되었다.[4] 또한 중국(2018년 8월), 일본(2018년 10월), 프랑스(2019년 2월), 대만 코미코(2019년 4월) 등 전 세계 6개국에 수출하였고[5] 스튜디오앤뉴에 영상화 판권이 판매됐다.[6] 카카오페이지에 공개될 때는 GL 카테고리가 없어서 BL 카테고리 1위를 차지하는 해프닝도 있을 만큼, 인기를 끌었다.

여성이 주인공인 세계와 여성 연대의 재현

BL이 서브컬처 시장에서 높은 점유율을 가지고 있는 데 반해, 여성 간 로맨스를 다룬 GL(Girls' Love)은 시장 규모가 작고, 마이너한 문화로 여겨진다. 그럼에도 불구하고 '페미니즘 리부트' 이후 여성이 주인공으로 등장하는 서사에 대한 목소리가 높아지면서 여성들 간의 사랑을 다룬 GL에 대한 관심도 자연스레 증가하고 있다. SNS상에서는 〈그녀의 심청〉을 권하는 독자들이 "〈그녀의 심청〉 보는 중… 총 3만 원 정도 들 것 같은데 여성서사 만화니까 이것저것 생각 안하고 그냥 지르려고 〉.〈:: 그나저나 작화 오진다 장신구 너무 예쁘면서 실제 있을 것 같은 조합이고 승상은 제발 죽으시길 만난 지 1컷만에 비호감 됨 ㅋㅋㅋㅋ"[7]과 같이 여성 서사이기 때문에 적극적으로 지지한다는 반응을 드러낸다. 여성 창작자가 여성의 이야기를 쓰는 여성 서사를 소비하고, 이를 통해 여성 서사의 범위를 확장시켜야 한다고 주장하는 분위기 속에서 웹툰 〈그녀의 심청〉은 고전 다시 쓰기를 통해 여성 서사의 가능성을 탐색한다.

〈그녀의 심청〉은 장승상 부인은 왜 공양미 300석을 대신 내주겠다고 제안했을까라는 질문을 제기하면서 시작한다. 현숙한 장승상의 부인은 왜 심청의 공양미 300석을 대신 내주겠다고 제안했으며, 이름난 효녀 심청은 이를 왜 받아들이지 않는가와 같은 자연스러운 질문은 그동안의 심청전 다시 쓰기에서 등장하지 않았다. 장승상 부인은 훌륭한 여성이기에 어려운 자를 위해 도움을 베풀 수 있고, 심청은 효녀가 되기 위해 장승상 부인의 도움을 거절해야 한다고 쉽게 넘겨버리기 때문이다. 하지만 〈그녀의 심청〉은 효녀와 열녀가 될수록 자신의 이름도, 얼굴도 잃어가는 여성들에게 개성을 부여한다. 모두 똑같은 효녀담, 열녀담 속 인물이 아니라 개성을 가진 캐릭터로 만들어내는 것이다. 그 결과 고전 서사의 토대를 뒤흔들고 현대적 여성 서사로 거듭난다.

눈먼 아버지를 보살피기 위해서 구걸과 동냥, 도둑질까지 마다하지 않는 하층민인 심청은 '여자'가 될 수 없다. 산발한 머리에 맨발, 잘 씻지 않은 몸 등 남자로 오해받을 정도다. 반면 상층 계급 여성인 장승상 부인은 심청과 대조적으로 화려하고 아름답게, 가장 여성적으로 묘사된다. 단행본으로 출간된 『그녀의 심청』의 1권 표지는 앞은 중성적인 심청이, 뒤는 화려하게 치장한 장승상 부인이 등장한다. 2권의 표지는 잘생긴 남자 주인공과 유사한 외모를 한 심청이 등장하여 눈길을 끈다.

이처럼 〈그녀의 심청〉은 계급의 격차가 젠더 규범에 연결되어 있음을 보여준다. 젠더 규범은 상류 계급일수록 더 강화되고 있으며, 하층 계급은 규범을 따를 수도 없다. 이 둘의 로맨스는 기존 질서의 해체와 새로운 세대의 등장이라는 멜로드라마의 정치적 가능성을 따르고 있다. 계급과 신분의 차이에도 불구하고 두 사람이 사랑을 이루는 과정을 통해서 보다 나은 세계를 꿈꿀 수 있다. 그런 점에서 본다면 〈그녀의 심청〉은 여성 간 사랑을 다루고 있다는 점을 제외하면, 오랫동안 반복해온 전형적인 로맨스 서사라고도 볼 수 있다. 여성들 사이의 관계를 극의 핵심 질문으로 삼자 서사의 내용이 달라진다.

로맨스 장르물인 〈그녀의 심청〉은 장승상 부인을 젊은 여성으로 바꾼다. 그는 어려서부터 주변이 원하는 대로 사는 것이 여자의 길이라고 배운 탓에 현재의 비극에 이른 인물이다. 남자인 오라버니보다 더 책도 많이 읽고 시도 잘 지었지만, 딸이기 때문에 한 번도 아버지로부터 인정받지 못했고, 그 결과 규범에 순응하는 '여성'으로 거듭났다. 〈그녀의 심청〉에서 장승상 부인과 심청은 계급이나 지위는 다르지만, 자신의 삶으로부터 소외된 자들이라는 점에서 통한다. 심청은 무능한 아버지를 먹여 살리느라 날품팔이부터 구걸, 도둑질까지 무릅쓸 만큼 힘들게 살고 있지만, 심봉사는 그런 심청에게 내가 언제 그런 일을 하라고 했냐며 사람은 착하게 살아야 복을 받는다는 무책임한 말을 내뱉는다. 이들은 가부장제 사회에서 소외된 자들이다. 악역인 장승상의 며느리 역시 자식을 낳지 못한다는 이유로 남편에게 학대당한다. '여자의 적은 여자다'라는 말은 실상 가부장제가 만들어낸 구조적 폭력이라는 점을 보여주는 셈이다. 이들은 정해진 규범으로부터 조금만 벗어나도 나쁜 여자가 된다. 뺑덕어미는 사랑하던 남자에게 속아 혼자 아들을 낳은 탓에 나쁜 여자가 되었다. 일하느라 집에 아들을 혼자 두자 마을 사람들은 그녀를 아들 덕이를 버린 '뺑덕'이라 부른다. 이처럼 〈그녀의 심청〉에서 여성들은 모두가 저마다 부조리를 겪고 있다.

장승상 부인은 이 구조 안에서 살아남기 위해 정숙한 부인을 연기한다. 첫날밤에 남편이 죽었지만, 친정에 돌아가도 갈 곳이 없기 때문에 쫓겨나지 않기 위해 초례를 치른 것처럼 연기한다. 장승상의 아들은 자신보다 어린 새어머니를 어른으로 모시지 않고, 하인들마저 말을 잘 듣지 않는다. 게다가 인당수에 이변이 나타나자 마을 사람들은 새로 나타난 외부인인 부인에게 책임을 전가한다. 이런 분위기에서 살아남기 위해 장승상 부인은 현숙한 부인을 연기한다. 그는 아버지에게 죄책감을 느끼는 심청에게 "네 아버지는 다정한 게 아니라 가장 쉬운 일을 고른 것"(30화)이라고 알려줄 만큼, 가부장제의 속내를 잘 알고 있다. 하지만 승상집에서 권력을 갖기 위해 말 한마디도 조심하며 스스로를 통제한다. 그래봤자 얻을 수 있는 것은 작은 승리뿐이다. 〈그녀의 심청〉은 여성성을 연기해서 얻는 권력이 얼마나 보잘 것 없는지를 보여준다.

장승상 부인의 말을 따라 여자다운 몸가짐을 하게 된 심청은 효녀라는 찬사를 받지만 동시에 각종 성폭력에 노출된다. 남자들의 폭력을 고발하자 그녀에게 돌아온 것은 네 몸가짐이 적절하지 못했다는 식의 비난이다. 치마 길이를 늘이고, 속옷을 더 갖춰 입는 것으로 성폭력을 막을 순 없다. 장승상 부인 역시 자신에게 주어진 규범을 최대한 이용해보려고 하지만, 그것조차 허용되지 않는다. 그가 누릴 수 있는 권력은 그저 자신을 괴롭히는 며느리를 함정에 빠뜨려 복수하는 정도였다. 남편의 질서를 지키고자 했던 며느리는 그로 인해 남편의 폭력에 시달린다. 여성들은 아버지에서 아들로 이어지는 이 구조 안에서 승리할 수가 없다. 결국 〈그녀의 심청〉은 화려한 집을 벗어나지 못하면, 장승상의 죽은 전 부인처럼 사랑하는 사람을 잃고 자신이 아닌 존재로 살아가야 한다는 것을 보여준다.

장승상의 죽은 전 부인과 심청의 어머니는 서로 사랑했지만, 결국 신분과 성별에 가로막혀 헤어질 수밖에 없었다. 심청이 어머니의 편지를 찾았을 때, 그녀의 이름이 '연'이라는 것이 밝혀진다. 자기 연민에 빠진 심봉사는 그 마지막 편지조차 제대로 전달하지 않았던 것이다. 이는 결국 '그녀의 이름'을 빼앗는 것은 가부장에 다름 아님을 보여준다. 이처럼 이 웹툰은 단 한 줄로 기록된 여성들의 이야기에 하나하나 현미경을 들이댄다. 그 결과 딸 세대인 심청과 장승상 부인에 와서, 그녀는 높은 담을 넘어 스스로의 힘으로 집을 뛰쳐나와 심청을 구하러 가는 행위자가 된다.

공모적 남성성과 여성 거래를 무화시키는 여성 간 로맨스

〈그녀의 심청〉의 공간적 배경은 유리국이다. '유리국'의 유리는 일본어로 백합, 즉 여성 간 로맨스를 지칭하는 표현과 자연스럽게 연결된다. 작가들도 유리국이라는 지명을 의식했다고 말한 바 있다.[8] 백합물은 여성들 사이의 로맨틱한 우정과 애정을 다루는 서브컬처 장르를 지칭한다. 여학교나 여성 공동체를 중심으로 펼쳐지는 여성들 사이의 강한 연대와 친밀성은 S 문화에 그 기원을 갖는다. 이처럼 섹슈얼리티의 위협이 없는 여성들 사이의 관계로 낭만화되었던 S는 백합물이라는 서브컬처 장에서 여성 간의 로맨스를 지칭하는 GL로 거듭났다.

〈그녀의 심청〉은 심청과 장승상 부인의 첫 만남에서부터 두 사람이 함께 여행을 떠나는 결말에 이르기까지 여성들 사이의 관계와 사랑에 초점을 맞춘다. 두 사람은 심청이 물에 빠진 장승상 부인을 구해줌으로써 처음 만난다. "내 손으로 아버지를 버릴 수도… 스스로 세상을 버릴 수도 없이 부디 이 삶에서 벗어나게…"를 빌던 심청이 똑같은 말을 하는 장승상 부인을 발견하는 것이다. 오빠가 금자라를 잡겠다며 배에서 낚시를 하는 통에 물에 빠진 장승상 부인은 죽기를 바라는 것처럼 쓰러져 있고, 심청은 그녀를 구해낸다. 살려준 답례로 신부의 붉은 팔찌를 건네준 것은 두 사람의 관계를 상징한다. 서브컬처에서 붉은 실은 운명적으로 연결된 두 사람의 사랑을 의미한다.

장승상 부인을 죽고 싶게 만드는 것은 그녀를 벼슬과 교환하는 오빠와 그 제도를 수긍하며 받아들이는 주변 사람들이다. 여성을 자원과 교환하는 것은 친족 구조를 가능하게 하는 오래된 제도이다. 게일 루빈은 "여성을 원자재로 간주하고 가내노예화된 여성으로 가공하는 체계적인 사회적 장치"로서의 섹스/젠더 체계를 파악한다. 그는 친족 체계의 본질을 남자들 사이의 여성 거래, 즉 여성을 증여하는 것으로 이해한다. 여성을 선물로 주는 것은 말이나 소를 주는 것과는 다르다. 여성을 선물로 교환하여 만들어진 친족은 남성과 여성의 위치, 권리 등 권력 관계를 형성한다. 근친상간과 동성애 금지를 바탕으로 작동하는 이성애 정상성은 이러한 교환이 제대로 이루어질 수 있도록 보장해주는 역할을 한다. 여자 형제나 딸을 다른 사람에게 시집보내야 하기에, 여성은 자신의 친족 밖에서 결혼 대상을 찾아야 하고, 다른 여성을 사랑해서는 안 된다.[9] 여성은 결혼으로 증여되고, 전쟁에서 전리품이 되고, 호의 표시로 교환되고, 공물로 보내진다. 장승상과 장승상 부인의 오빠, 심봉사와 주지 사이의 특별한 유대 관계를 위해 두 여성은 교환된다.

〈그녀의 심청〉에서 남자들은 여성 거래를 통해 성공하고자 한다. 장승상은 손녀뻘인 부인을 들인 탐욕스런 인물로, 어린 아내의 오빠가 바친 금자라를 먹고 그날 밤 사망한다. 장승상의 아들은 새어머니를 제거하고 자신이 재산을 차지할 생각만 한다. 장승상 부인의 오빠는 기방에 드나들며 가산을 탕진하고 뒤늦게 벼슬을 얻으려 동생을 늙은 장승상에게 시집보낸다. 그는 어릴 적에는 동생이 쓴 시를 자신의 시로 속여서 서당에 제출하기도 했다. 게다가 그가 신부의 지참금 대신 마련한 금자라를 먹고 승상이 죽었으며, 그로 인해 인당수의 용왕도 분노했다. 결국 인당수의 비극은 남자들의 욕심 때문에 생겨난 것이다.

심청과 장승상 부인을 둘러싼 사회에서 남성들은 철저하게 위계화된다. 장승상의 아들이나 몽은사의 주지는 헤게모니적 남성성을 획득한 자들로, 도화동의 질서를 관장한다. 이들은 자신의 욕망을 달성하기 위해, 주변을 이용한다. 몽은사의 주지는 "여자는 업을 완전히 없앨 수 없지만 쉬지 않고 덕을 쌓으면 다음 생에는 남자로 태어나서 성불할 수 있게 된다"[10]고 말할 만큼, 여성을 타락하고 더러운 존재로 치부한다. 심청에게 착한 아이가 되어야 한다는 가치관을 강요하는 것도 주지다. 그는 심청이 장승상 부인과 어울리며 자신의 말을 듣지 않자 그를 함정에 빠뜨린다. 장승상 부인을 여우라고 부르며, 심청에게 자기 말만 들어야 한다고 강요하는 주지는 권력을 가진 헤게모니적 남성성의 폭력성을 보여준다. 이들은 구조를 이용하여 심청과 장승상 부인을 자신들의 먹잇감으로 삼는다. 신에게 주어진 업을 다하라고 가르치는 주지에게, 자신의 업을 벗어나는 심청이나 장승상 부인은 방해물이 될 뿐이다. 때문에 몽은사 주지와 장승상의 아들은 협의하에 장승상 부인과 심청을 제거할 계획을 세운다. 심청을 용왕의 신부로 보내는 것이다.

심청의 아버지는 위의 남성들과 달리 무능력한 추종자로 등장한다. 그는 자신을 대신해서 날품을 팔고 구걸하러 다니는 딸을 걱정해 그 손을 잡아주는 아버지이지만, 심청은 그렇게 다정한 아버지를 미워할 수밖에 없는 자신을 오히려 더 책망하게 된다. 그동안 무능하지만 착한 가장으로 형상화된 심봉사는 〈그녀의 심청〉에서 어린 딸에게 기대어 살았으면서 자신이 어떤 잘못을 하고 있는지조차 자각이 없는 인물로 재현된다. 그는 아내도, 딸도 책임지고 돌보지 않았으며, 자신이 눈만 뜨면 과거에 급제할 수 있을 것이라는 식의 헛된 꿈을 품고 있다.[11] 겉보기에 악한은 아니지만, 자신을 둘러싼 구조를 그대로 승인하고 이

득을 본다는 점에서 헤게모니적 남성성에 공모하고 있는 종속적 남성인 것이다.

종속적 남성성은 헤게모니적 남성성처럼 가부장제를 수호하는 특정한 형태의 남성성을 수행하지 못한다. 생계 부양자로서 강력한 권위를 갖는 남성성의 규범적 정의는 충족시킬 수 없는 것이다. 하지만 종속적 남성들은 남성성의 헤게모니에 공모함으로써 배당금을 얻는다.[12] 이들은 심청의 아버지처럼 여성을 사랑하는 다정한 아버지의 모습을 하고 있지만, 딸의 희생을 통해서만 생존한다. 도화동의 주민들이나 선원들 역시 인당수에 제물로 팔려온 심청을 동정하면서도, 심청을 용왕의 신부로 바쳐야만 자신들이 무사히 항해하게 될 것이라는 믿음을 버리지 못한다. 몽은사의 주지와 장승상 아들이 계획한 시나리오대로만 움직이는 것이다.

이처럼 헤게모니적 남성성을 중심으로 구조화된 도화동에서 장승상 부인은 남편을 죽인, 불길한 여자로 몰려 배척된다. 여기서 그녀를 구하려던 심청은 산 제물이 되고 만다. 여성이 자신에게 주어진 삶을 벗어난다는 것이 비난과 죽음을 감수하는 것이라는 점을 〈그녀의 심청〉은 효과적으로 재현하고 있다. 이 과정에서 장승상 부인과 심청은 자유를 되찾기 위해 집을 나설 용기를 서로에게서 얻게 된다. 여성 간 로맨스가 여성의 자유를 되찾아준 것이다.

〈그녀의 심청〉은 서브컬처 장르의 관습이기도 한 여성 간 로맨스를 통해서 교환되는 여성이기를 거부한다. 남편을 죽이고, 인당수에서 금자라를 빼앗은 범인으로 몰린 장승상 부인은 집 안에 감금된다. 그런

와중 심청이 인당수에 제물로 바쳐진다는 이야기를 듣고 담장을 탈출한다. 장승상 부인이 집 밖을 나간 것도 심청 때문이었고, 궁극적으로 질서를 파괴하고 떠나기로 결정한 것도 심청 때문이었다. 그녀는 인당수의 제물이 될 찰나의 심청을 구해낸다. 선원들에게 칼을 휘두르며 욕을 하는 장승상 부인의 모습은 귀족 여성의 규범을 벗어난다. 꽃처럼 아름다운 얼굴에 생긴 큰 흉터는 새로운 인간으로 다시 태어났다는 것을 의미한다. 죽은 장승상의 몸에서 금자라를 꺼내온 그는 현숙한 양반 부인의 자리 대신 자기답게 살 수 있는 삶을 선택한다. 얼굴에 칼자국을 남긴 채, 두 사람은 남성들의 질서가 지배하는 세계와 작별한다. 〈그녀의 심청〉의 하이라이트는 도화동 사람들이 심청을 용왕의 신부로 바쳤지만, 그 용왕조차 여성이었다는 설정에 있다. '신부'는 처음부터 필요하지 않았던 것이다.

유목적 주체로 거듭나기

『그녀의 심청 외전』에는 「혼례날 밤에」, 「악녀와 거렁뱅이」, 「가는 길」, 「다툰 날」 등 4편의 에피소드가 수록되었다. 이 중 「악녀와 거렁뱅이」는 뺑덕어미의 전사(前事)이고, 「가는 길」은 뺑덕어미와 장승상 댁 며느리의 탈주를 그린다. 여성의 고통을 낭만화하는 것을 경계하는 〈그녀의 심청〉은 아들을 죽이고 자신도 죽고 싶어하는 뺑덕어미가 심청과의 만남을 통해 거듭나는 과정을 보여준다. 심청이 뺑덕어미에게 살 용기를 주었던 것처럼, 「가는 길」에서는 뺑덕어미가 장승상의 며느리를 살게 한다. 불타는 승상댁을 함께 빠져나온 두 여성은 마을을 떠나는 과정에서 우정을 쌓는다. "난 이제 끝났어. 다 망했다고, 이런 삶 따위…"[13]라고 말하던 며느리가 본 적 없는 풍경을 보기 위해 뺑덕어미와 여행을 계속하는 것은 〈그녀의 심청〉의 여성 등장인물을 하나도 소홀히 하지 않겠다는 작가의 의도를 보여준다.

〈그녀의 심청〉은 여자 되기의 규범을 어기고 개성을 가진 인간으로 성장하는 성장소설의 전범을 따른다. 이 과정에서 심청과 장승상 부인은 사랑과 죽음, 재생을 통해 성장한다. 주변을 네 편으로 만들기 위해서 더 가련하고 연약한 여성을 연기해야 한다고 하던 장승상 부인은 어릴 적 자수보다는 춤을 잘 추고, 인형으로 전쟁놀이를 하던 명랑하고 활발한 사람이었다. 하지만 아버지를 비롯한 주변 사람들로부터 인정받고 사랑받기 위해 인형처럼 곱고 꽃처럼 예쁜 여자가 된다. 그래서 〈그녀의 심청〉은 이 여자 되기로부터 탈주하는 과정을 다룬다. 로맨스 장르의 클리셰가 '말괄량이 길들이기' 식의 플롯이었다면, 여기서는 현숙한 부인이 규범으로부터 이탈하는 과정을 다룬다. 배에서 뛰어 내린 이들은 도화동을 떠나 유랑하면서 새로운 존재로 거듭난다. 장승상 부인의 며느리 역시 뺑덕과 함께 집을 떠난다. 외전에 등장하는 여성들은 모두 저마다의 삶을 찾아 장승상의 기와집을 떠난다. 정주하지 않는 두 여성은 계속해서 탈주한다. 외전에서는 길에 오른 둘의 일상적 에피소드를 포함시켜, 두 사람의 사랑이 순탄하기를 바라는 독자들에게 기쁨을 주었다. 이를 통해 디아스포라 여성 심청을 다시 해석하는 가능성을 보여준다.

한국문학 장에서 심청은 착한 여성이자 효심이 지극한 인물의 표상이다. 심청은 아버지를 살리기 위해 죽음의 경계를 넘고, 살아 돌아와서는 아버지를 찾기 위해 맹인 잔치를 여는 현숙한 여성의 전형이다. 이곳저곳 돌아다니다 결국 자신이 있어야 할 곳을 찾아내는 인물이다. 이러한 심청을 재창작할 때, 중요한 부분은 '심청이 상인들에게 팔려가 인당수에 몸을 던진다'는 화소를 어떻게 해석할 것인가이다. 많은 작가들이 '몸이 팔려간' 심청을 성 산업에 유입된 디아스포라로 해석하였다. 황석영의 『심청, 연꽃의 길』(2003)[14]에서 팔려간 심청은 난징(중국) → 진장(중국) → 지룽(대만) → 싱가포르 → 류큐 → 나가사키(일본) 등을 이동하면서 성매매 여성으로, 첩으로, 왕족의 아내로 살아간다. 19세기 동아시아가 서구의 제국주의와 길항하는 과정이 심청의 여정에 녹아 있는 것이다. 여기서 황석영은 외국인에게 성을 판매할 수밖에 없는 상황에 놓인 조선 여성을 통해 약소국을 표상한다. 이 약소국의 여성은 관음보살의 현신으로, 세계의 모순을 끌어안는다. 그는 서양인들이 아시아 여성을 착취하는 것을 비판하고, 남자들의 어리석음을 '철부지들'이라고 한탄한다. 그런 심청이기에 성매매 여성들이 낳은 아이들, 거리의 혼혈아들을 돌보다 '연화보살'이 되는 것은 자연스럽다. 황석영이 재현한 심청은 인간이 아니라 신적 존재 자체이기 때문이다.

가장 '타락한' 여성이 보살로 승화되는 과정에서 심청은 서구 근대 자본주의와 대결하는 아시아를 표상한다.[15] 그런데 이 대결은 결과적으로 세계의 모순과 파국을 보듬어 안는 동양적 승화, 신성으로 연결된다. 황석영이 디아스포라 여성을 신으로 형상화한 것은 심청뿐 아니다. 후속작인 『바리데기』에서도 마찬가지다.[16] 이러한 승화는 황석영 소설에서 반복적으로 등장하지만, 결과적으로 근대성의 침범 이전, 즉 전근대성이 지배하는 조선의 가부장제와 남성 중심주의의 문제는 교묘하게 외면한다. 남성의 이주가 일자리를 찾아 기회의 땅에 도착하는 것이라면, 여성의 이주는 성폭력이나 인신매매를 경유하여 이루어진다. 이 과정에서 심청은 '수탈당하는 조국'의 상징으로 거듭난다. 하지만 이 심청을 '판' 자가 누구인지에 대해서는 제대로 추궁하지 않는다. 『심청, 연꽃의 길』은 심청이 뺑덕어미에게 속아서 상인들에게 몸을 판 것으로 처리한다. 이러한 설정은 심청이 몸을 팔 수밖에 없는 상황을 만들었던 심봉사를 책임으로부터 면제시킨다. 이는 1970년대 최인훈이 '딸 파는 아버지' 심봉사를 명시한 것과도 다르다.

최인훈의 희곡 『달아 달아 밝은 달아』에서 심봉사는 심청이 장승상 집에 소실로 가거나 상인들을 따라가서 부자 남자를 만나 비단옷 입고 호강할 것이라고 생각하면서 자신의 잘못을 회피하는 모습을 보인다.[17] 그가 버린 딸은 중국의 성매매 업소에 팔려갔다 해적의 손에 떨어져 군 '위안부'가 된다. 최인훈은 고전소설 『심청전』을 희곡 텍스트로 각색하면서, 심청을 둘러싼 힘센 자들의 질서와 가부장제의 문제점을 고루 드러냈다. 그의 희곡에서 심청은 신성한 존재로 거듭나지 않는다. 오히려 마을의 가난하고 미친 노파로 등장해, 실제와는 전혀 다른 아름다운 이야기를 아이들에게 전한다. 하지만 마을 아이들은 젊은 시절 많은 남자들의 구애를 물리치고 사랑하는 서방님만을 섬긴 심청, 자신을 찾으러 용궁에 간 아버지를 가진 심청이라는 아름다운 이야기를 믿지 않는다. 그들은 심청의 이야기를 듣고 달아날 뿐이다.[18]

심청을 둘러싼 신화화는 팔려간 심청이 생존자로 거듭나는 과정에서 만들어진다. 이 과정에서 성산업에 노출되고 성폭력을 경험하는 심청의 육체적 훼손은 반복해서 재현되며 통과의례로서의 고통이 된다. 고난을 딛고 신성한, 혹은 미친 여성이 되는 심청의 이야기는 가부장제와 제국주의의 공모를 여성에 대한 폭력으로 재현한다는 한계를 그대로 노정한다. 이를 극복한 것이 〈그녀의 심청〉이다. 〈그녀의 심청〉의 장승상 부인과 심청은 영토화된 질서로부터 탈주하는 유목적 주체라고 볼 수 있다. 브라이도티는 여성을 생물학적 존재로 인지하는 것이 아니라 생산하고 변이하는 들뢰즈적 의미의 체현적 정체성이라고 설명한다. 여성은 백인-남성-중산층이라는 인간 개념으로부터 이동하고 변화하는, 규범에 종속되지 않는 유목적 주체가 되는 것이다.[19] 〈그녀의 심청〉은 뺑덕의 입을 빌려 "사랑받는 아내, 훌륭한 안주인, 발버둥쳐도 닿을 수 없는 그런 이름을 손에 넣으려고 자신을 속이고 자신을 죽이"(44화)는 여성들이 구조로부터 벗어나 자신의 삶을 되찾는 힘에 대해 이야기한다. 하지만 장승상 부인이 승상의 집을 벗어난 후에도, 독자들은 그의 이름을 알 수 없다. 죽은 심청의 어머니처럼 가부장제 안의 여성들에게는 이름이 주어지지 않기 마련이고, 그런 점에서 '그녀의 이름'은 '우리 모두의 이름'이기 때문이다.[20] 그의 진짜 이름은 청이에게만, 귓속말로 전해진다.

로맨스의 페미니즘적 전회

〈그녀의 심청〉은 지금 한국사회를 살아가는 여성들의 목소리를 반영하여 다시 쓴 심청전이다. 여기서 심청은 미친 노파도, 신성한 보살도 아닌 인간이 된다. 고난과 어려움에도 극복하는 장한 효녀가 아니라 고난과 어려움을 주는 구조를 벗어나 탈주한다. 〈그녀의 심청〉은 심청을 효녀로 만드는 구조가 가부장제임을 고발하고 이러한 지점은 독자들의 강력한 지지를 받는 원동력이 되었다. 〈그녀의 심청〉의 독자들은 심청의 아버지와 몽은사 주지에 대해 비판적인 목소리를 낸다. 웹툰과 같은 뉴미디어 장르에서 가장 중요한 것은 댓글을 통한 활발한 의견 교환이다. 독자들뿐 아니라 작가들도 댓글이나 SNS를 활용하여 독자들과 의견을 나누고 의사소통한다. 네이버 시리즈의 〈그녀의 심청〉 리뷰란에서 많은 공감을 받은 댓글은 심청의 아버지 심봉사나 몽은사 주지 등을 비판하는 댓글이다.[21] 심청과 장승상 부인의 관계나 심청의 변화나 성장 역시 중요한 공감 지점이지만, 많은 독자가 크게 공감한 것은 남성 캐릭터에 대한 문제 제기였다.

"가난한 집에서 눈 먼 아버지를 홀로 봉양하는 15살 여자애가 어떻게 깨끗한 방법만으로 먹고사는 일을 해결해요 아부지ㅜㅜㅜ"[22]
"애비… 눈 멀고 하루 종일 집에 앉아있는 사람이 하루종일 눈먼 아버지 봉양하기위해 구걸하러 다니는 사람보고 깨끗하고 바르게 살라니… ㅋㅋㅋㅋㅋㅋ 눈 멀기 전에도 그랬을 놈이고 청이 어머니가 돌아가시기 전에도 그랬을 놈이로고…"[23]

"애비 말하는 것와 네가 구해오는 밥이면 충분하다고 그게 어떻게 나오는 밥인데 자기가 구해온 것도 아니면서"[24]

"스새끼 다시봐도 빡치네… 늙어빠진 남자쪽은 얼마나 숭고한 이유로 아내 데려왔다고 ㅋ"[25]

아무 일도 하지 않으면서, 심청에게 착하고 바르게 살아야 한다는 규범적 말만 반복하는 심봉사에 대해 독자들은 비판적인 목소리를 발화한다. 심봉사의 자기 연민은 자신을 둘러싼 구조를 보지 않을 수 있는, 무지할 수 있는 권력이다. 몽은사의 주지 역시 자신의 이익과 평판을 위해서 심청을 괴롭히는 인물이다. 독자들은 주지에 대해 '스새끼'라는 표현을 쓸 만큼, 남성 중심의 제도에 대해 불만을 표시한다. 이는 〈그녀의 심청〉에 등장하는 기생 에피소드와도 겹쳐볼 수 있다. 취객에게 살해당한 기생의 범인은 제대로 처벌받지 않았다. 기생 여성의 죽음은 하찮은 것이라는 점은 기생이 된 심청이 비천한 삶에도 불구하고 보살로 거듭나고 신성해질 수 있다는 『심청, 연꽃의 길』이 얼마나 기생을 낭만화하고 있는가를 보여준다.

심청의 선행 역시 마찬가지다. 스님과 심청이 함께 인당수에 빠진 사람을 구했지만, 마을 사람들은 스님만을 칭송한다. 여성들에 대한 범죄도, 여성들이 한 선행도 비가시화되는 것이다. 이에 심청은 몽은사 주지가 그동안 해왔던 말들이 다 허상이었음을 깨닫고 그와 다투다 불상을 쓰러뜨린다. 황금으로 장식된 불상은 허영의 상징이다. 그동안 주지가 계속 경계했던 여성의 허영은 주지의 황금 불상에 비하면 보잘 것없는 것이었다. 이는 종교와 효도라는 규범이 성별에 따라 차등적이라는 점을 지적한다.

미친 노파도, 신성한 보살도 되지 않기 위해, 〈그녀의 심청〉은 여성 간 연애를 선택한다. 심청과 장승상 부인의 사랑은 직접적으로 묘사된다. "너를 수양딸로 삼아 말년 재미를 볼까 하니 너의 뜻이 어떠하뇨"라는 심청전 속 장승상 부인의 말을, 문자 그대로 해석하는 것이다. 작가 seri는 심청을 위해 공양미 300석을 대신 내주겠다고 나서고, 심청의 초상화를 그려 간직하며, 심청이 떠나간 뒤 비석을 세운 장승상 부인의 행위를 '사랑'으로 해석한다.[26] 300석을 대신 갚아주겠다고 제안한 것이 장승상 부인이 아니라 장승상이었다면, 자연스레 연상되었을 일이다. 이는 여러 편의 심청전 다시 쓰기에서 절대 바뀌지 않은 중핵이 심청을 둘러싼 이성애 규범적 가부장제였음을 보여준다.[27] 장승상 부인이 심청을 사랑한다는 설정으로 바꾼 것만으로, 〈그녀의 심청〉은 이전의 심청 이야기들과 전혀 다른 방향으로 전개된다.

처음에는 인당수의 제물로 삼기 위해 호의를 베푼 장승상 부인은 심청을 의도적으로 유혹하다 자신을 믿고 따르는 순수한 심청에게 반한다. 장승상 부인이 자신의 침대에서 심청을 재우거나 잠든 심청의 손에 키스하고(30화), 심청 역시 바늘에 찔려 피가 나는 장승상 부인의 손가락을 빨고(31화), 방치된 사당에 올라가 마을을 내려다보면서 데이트를 즐기고(41화), 손을 핥고 키스하는 등(53화) 두 사람의 관계는 그동안 로맨스 장르에서 이성 간에 이루어졌던 클리셰를 그대로 수행한다. 이는 삽화의 화려함과 함께 감각적으로 제시된다. 같이 잠옷을 입고 승상 부인의 침실에서 뒹굴거나 한자리에서 잠드는 등 두 사람의 관계는 무척 섹슈얼하지만, 주변 사람들은 별다른 의심을 하지 않는다. 그저 신분에 걸맞지 않은 행동이라고 생각할 뿐이다. 장승상 부인은 심청을 이용하려고 한 시절에도 심청을 성적으로 유혹한다. 단순히 먹을 것과 고운 옷을 주는 것이 아니라 두 사람 사이의 성적 긴장이 첫 만남부터 등장하는 것이다. 그럼에도 불구하고, 두 사람의 사이를 주변인들이 의심하지 않는 것은 이 둘이 여성이기 때문이다.

두 사람의 탈주는 머리를 자르고, 가면을 쓴 채 마을 축제에 나가 즐기는 것으로 이어진다. 축제에 나가기 위해 쓴 가면은 장승상 부인이 현숙한 여성이라는 평가를 듣기 위해 써왔던 진짜 가면을 가린 것으로, 오히려 장승상 부인의 본질을 지시한다. 가짜 얼굴과 진짜 얼굴이 뒤바뀐 지점에서, 장승상 부인은 자신에게 허락된 담장을 넘어가는 것이다. 이 탈출의 서사는 남성들에게만 허용된 모험과 성장의 구도를 전취하며 여성 간 로맨스의 페미니즘적 전회를 시도한다. 인당수에서 살아 돌아온 두 사람이 도화동을 벗어나 유랑을 시작하는 것은, 규범으로부터의 탈주가 계속될 것이라는 것을 보여준다. 이 여성 연대는 여성 거래의 구조를 깨고 규범적 여성성으로부터 해방됨으로써 유목적 주체로 거듭난다. 여성의 이주가 재현하는 전형성으로부터도 탈주한다. 여신이 되기를 거부하는 여성들의 탄생을 목도하는 것이다.

페미니즘 리부트 시대의 서사 실험

〈그녀의 심청〉은 페미니즘 대중화와 여성 서사에 대한 독자들의 욕망 속에서 탄생한 텍스트다. 〈그녀의 심청〉이 성공한 이후 저스툰이나 카카오페이지와 같은 유료 플랫폼에서는 아예 GL 섹션을 따로 만들어, 독자들을 유혹하고 있다. 이러한 변화는 TV 드라마에서도 종종 등장한다. 〈선암여고탐정단〉(JTBC, 2014)에는 동성 간 키스신이 등장했고,[28] 웹드라마 〈대세는 백합〉(2016)은 본격 백합물로 화제가 되었다. 여성 간 로맨스를 그리지 않더라도, 여성들 사이의 관계와 경쟁, 우정 등이 중심이 된 〈검색어를 입력하세요 WWW〉(MBC, 2019)의 인기는 서사의 중심이 여성으로 이동한 텍스트에 대한 여성들의 지지를 보여준다.

이러한 변화는 연일 계속되는 '#00_내_성폭력'이나 '미투 고발'이라는 시대적 상황과 맞물려 이루어진다. 여성 독자/시청자에게 현실 세계의 연애나 로맨스는 성/폭력과 연결되는 문제가 되었고, 디지털 성폭력에 대한 일상적 불안은 여성들을 광장에 불러 모은 신호탄이 되었다. 드라마나 웹툰에 등장하는 데이트 폭력에 대한 문제 제기가 활발해진 것도 한국사회 전반에 걸쳐 젠더 감수성이 높아졌다는 것을 의미한다. 그야말로 로맨스가 불가능한 시대인 것이다. 폭력과 이성애를 분리할 수 없는 조건에서 〈그녀의 심청〉은 여성 간 로맨스를 통해 여성 간 연대가 여성을 성장시키고, 여성 간 사랑이 세계를 변화시킬 것이라고 주장한다. 그동안 백합물이 여성들 간의 친밀한 관계를 대중문화의 기호로서 사용했던 것에서 더 나아가, 지금-여기의 주제를 작품으로 적극적으로 끌고 온 것이다.

〈그녀의 심청〉의 작가 seri는 "작품 속 청이와 마님, 뺑덕어미처럼 현실에서 도움과 연대가 필요할 일들에게 작게나마 힘이 되면 좋겠다"며 수익금 일부를 국내 저소득층 여아 지원 사업, 청소년 성소수자위기지원센터 띵동, 한국미혼모지원네트워크에 후원했다.[29] SNS를 통해서 페미니즘 이슈에 대해서 적극적으로 발언을 이어가고 있기도 하다. 여성이 쓰고, 여성이 주인공이고, 여성이 젠더 규범으로부터 탈주하는 텍스트를 요구하는 상상력을 바탕으로 만들어진 〈그녀의 심청〉에서 효녀, 열녀 등 여성에게 주어진 젠더 규범은 폐기된다. 여성을 돕는 여성을 형상화하는 과정에서 등장하는 여성 연대는 자연스레 GL적 상상력으로 이어진다. 여성들 사이의 연대가 종종 '위험하지 않은' 우정이나 소녀적 감수성으로 여겨지는 것과 달리, 〈그녀의 심청〉에서 여성들의 관계는 자신의 전 존재를 걸 만큼 위험하고 성숙하며, 가부장제의 구조를 깨는 성장으로 연결된다. 담장을 넘지 못했던 어머니와 달리, 심청과 장승상 부인은 탈영토화에 성공한다. 이들은 도화동을 떠나 유목적 주체가 된다.

13장

로맨스 대신 페미니즘을!

물론 이 선생은 훌륭한 직원이다. 얼굴은 고상하게 예쁘면서, 옷차림은 단정하게 귀엽고, 성격도 싹싹하고, 센스도 있다. 내가 좋아하는 커피 브랜드와 메뉴, 샷 수까지 기억했다가 사 오곤 했다. 직원들에게도, 환자들에게도 늘 웃는 얼굴로 인사하고 다정하게 말을 걸어 병원 분위기를 한결 밝게 만들어 주었다. 그런데 급하게 일을 그만두는 바람에 리퍼를 결정한 환자보다 상담을 종결한 환자가 더 많다. 병원 입장에서는 고객을 잃은 것이다. 아무리 괜찮은 사람이라도 육아 문제가 해결되지 않은 여직원은 여러 가지로 곤란한 법이다. 후임은 미혼으로 알아봐야겠다.

— 조남주, 『82년생 김지영』, 민음사, 2016.

세 명의 김지영들

2018년 1월 말 서지현 검사는 검찰 간부의 성폭력을 폭로하는 글에서 '김지영'을 언급한다. "누군가 나에게 '82년생 김지영'의 이름 모를 여성처럼 '네 탓이 아니야, 네 잘못이 아니야'라고 이야기해주었다면 나는 조금 더 쉽게 버텨낼 수 있었을까…"[1] 그녀는 자신의 삶을 위로할 언어를 『82년생 김지영』에서 찾았다. 한 여성 아이돌은 팬미팅에서 『82년생 김지영』을 읽었다고 고백했다가 거센 역풍(backlash)을 맞았다. 걸 그룹인 주제에 페미니스트가 되었다며 화가 난 팬들은 굿즈를 부수거나 사진을 불태워서 인터넷 게시판에 인증샷을 올렸다. 2017년 봄에는 고(故) 노회찬 의원이 문재인 대통령 취임을 축하하면서 『82년생 김지영』을 선물했다. '82년생 김지영을 안아주십시오'라는 노회찬의 손글씨는 SNS를 타고 회자되었다. 서울국제도서전에 참석한 영부인은 대통령과 함께 잘 읽었다고 화답했다.

이처럼 '김지영'의 독자들은 곳곳에 있다. 이들은 세대와 성별의 차이에도 불구하고 모두 각자의 김지영을 만났다. 대통령의 독서는 여성 문제에 공감하는 선한 지도자에 대한 지지로, 서지현 검사의 독서는 위로와 용기로, 여성 아이돌의 독서는 분노로 돌아왔다. 이는 독자가 누구냐에 따라 독서 행위가 다른 반응을 일으킨다는 것을 보여준다. 페미니스트임을 선언한 대통령이 『82년생 김지영』을 읽었을 때는 아무런 문제가 없던 것이, 페미니스트로 정체화하지 않은 여성 아이돌이 읽었을 때는 큰 문제가 된다. 이 논리에 따르면 『82년생 김지영』은 읽기만 해도 페미니스트가 되는 마법의 책이다. 같은 책에서 위로를 구했던 서지현 검사가 쓴 또 하나의 '김지영'은 미투 운동의 불씨가 되었다.

2016년 출간 이래 『82년생 김지영』은 줄곧 베스트셀러 상위권을 차지했고, 2018년 12월에는 100만 부를 돌파했다. 신경숙의 『엄마를 부탁해』 이후 처음으로 100만 부를 돌파한 이 소설은 미국, 프랑스, 중국, 일본, 대만 등 세계 각국에 번역되었으며, K-페미니즘이라는 신조어가 생길 만큼, 한국 출판물에 대한 관심을 끌어올렸다. 여성주의적 앎을 주장하는 소설이 현재 한국문학 최대의 베스트셀러가 되었다는 사실은 이채롭다. '나는 페미니스트가 아니지만'으로 시작하는 대신 자신을 페미니스트라고 이름 붙이는 것이 두렵지 않은 작가가 등장했고, 이에 열광하는 독자가 증가했다는 것을 보여주기 때문이다.

'해방된 독자'가 된 여성들

『82년생 김지영』의 인기는 '페미니즘 리부트' 이후 세계를 보는 눈이 달라진 사람들 덕택이다. '나는 페미니스트가 싫다'는 남성들과 강남역 살인 사건은 여성들의 일상에 내재한 폭력을 가시화했다. 이로 인해 여성들은 자신의 삶을 구성하는 토대를 의심하고 다시 보게 되었다. 이 다시 보기는 페미니스트 비평의 첫 단계이기도 하다. 자신이 경험하는 억압의 근본적인 원인이 젠더에 있다는 고민에서 탄생한 페미니스트 독자는 텍스트를 해석하는 주체로 거듭난다. 『82년생 김지영』을 둘러싼 비평적 논란은 이 소설의 미학적 완성도나 주제 의식의 부박함을 두고 벌어진다. 하지만 "독자들도 (김지영의) 미학적 결함 정도는 대체로 인지하고 있"다.[2] 『82년생 김지영』의 독자를 소설 미학을 모르는 비전문가로 단정지을 것이 아니라 '그럼에도 불구하고' 읽는 욕망에 주목해야 한다. 비평가의 권위가 해체되고 독자의 자율성이 강조되는 지점에 주목해야 하는 것이다. 그런 점에서 『82년생 김지영』을 둘러싼 논의를 해석하는 첫 번째 단계는 독자가 과소평가되었다는 데서 출발해야 한다.

랑시에르는 해방이 능력을 소유한 자들과 능력을 소유하지 못한 자들이라는 대립 구조를, 보기와 행위 사이의 대립을 의문시하는 데서 시작된다고 지적한다. 말하고 보고 행하는 관계들의 구조화가 지배와 예속의 구조라는 사실을 지적하면서 무지하고 훈련받지 않은 사람도 학생이나 학자처럼 관찰하고 선별하고 비교하고 해석한다고 설명한다.[3] 『82년생 김지영』의 독자들은 그런 점에서 '해방된 독자'들이다. 이들은 독서를 자신의 주요 방법론으로 선택했다. 책을 통해 스스로 언어를 배우고, 세계에 개입한다. 2015년 이후 가시화된 '젠더전(戰)'의 기수로 나선 사람들이 가부장제를 다시 보기/수정한 소설 『이갈리아의 딸들』에서 이름을 가져와 '메갈리아'로 칭했다는 것은 '해방된 독자'이기에 가능한 것이었다. 독자는 여러 개의 소설 중 『이갈리아의 딸들』을 선별하고 해석하여 '메갈리아'를 만들었다. 페미니즘 도서와 독자의 상호작용이다.

2015년 레베카 솔닛의 『남자들은 자꾸 나를 가르치려 든다』와 록산 게이의 『나쁜 페미니스트』가 올해의 책으로 꼽혔고 온라인 서점에서는 각종 페미니즘 관련 서적의 프로모션을 진행하기 시작했다.[4] 2016년에는 페미니즘 관련 서적이 100여 종 출간되었고, 『우리에겐 언어가 필요하다: 입이 트이는 페미니즘』(봄알람, 2016)은 한 달 만에 1만 부를 판매하였다. 여성혐오와 관련된 사회적 이슈가 끊임없이 생산되면서 페미니즘 출판 전쟁을 이끌고 있다는 분석도 나왔다.[5] 『82년생 김지영』은 이 페미니즘 출판 전쟁에서 주요한 매개체가 되었다. '예스24'는 노회찬 의원과 조남주 작가의 대담 이벤트를 기획하였고, '알라딘'은 『82년생 김지영』을 올해의 책으로 선정하고 전폭적인 프로모션을 진행했다.[6] 『82년생 김지영』의 성공 이후 페미니즘의 문제의식을 담은 여성 작가들의 텍스트를 모은 『현남오빠에게』(민음사, 2017), 강화길의 『다른 사람』(한겨레출판, 2017), 김혜진의 『딸에 대하여』(민음사, 2017) 등이 연이어 발표되었으며, 2018년 출판 시장은 페미니즘 소설의 전성기로 명명되었다. 이처럼 출판 시장이 페미니즘 서적의 출판에 적극적으로 나서고 있다는 것은 구매력이 있는 독자층이 있기 때문이다.

김주희는 책을 읽고 자조(self-help) 그룹을 결성하는 경향을 '독학자 페미니즘'이라고 명명한다. 페미니즘 도서가 온오프라인을 넘나들면서 '서적-이후적 독서 양식'[7]을 구성하는 매개가 되고 이를 통해 혼자 공부하는 페미니스트가 증가한다는 것이다. 페미니즘 서적을 기획하는 편집장과 페미니즘 북 카페 운영자 들은 모두 최근 입문한 사람들이 대부분 "이전에는 페미니즘 관련 도서를 읽은 적이 없다"고 말한다. 이는 이들이 새롭게 페미니즘에 접근하는 독자들임을 의미한다.[8] 이들은 자신의 고유한 경험에 근거해서 세계를 해석하고, SNS라는 공론장을 통해서 상호 참조적으로 매개된다. 이렇게 '해방된 독자'는 '#문단_내_성폭력'과 '미투' 운동을 거쳐 '저항하는 독자'가 된다. 한국문학을 '남류문학'이라고 칭하면서 '참고 문헌 없음'을 선언한다.[9]

정전화된 한국사회와 한국 문단에 대한 저항으로, 문학 장에서 자신의 자리를 새롭게 만들어나가겠다는 독자의 거부 선언인 것이다. '해방된 독자'들은 과거의 정전을 다시 보기/수정하고 자신들의 정전을 만들어나가기 시작한다. 적극적으로 정전에 '저항하는 독자'가 집단으로 나타난 것은 새로운 방식의 실천이다. '해방된 독자'는 "더 이상 우리는 우리가 써내려갈 문학의 이름을, 환경에 종속되고 부여받는 성질로 내버려두지 않을 것이다."[10] 이러한 '저항하는 독자' 상을, 지금 한국 문단은 마주하고 있다.

'읽는다'의 행위: 속아주는 독자와 속지 않는 독자

2015년 교보문고의 독자 분석에 따르면, 출판계가 주목해야 할 주요 독자층은 20대와 30대 여성(이하 '2030 여성')과 30대와 40대 남성(이하 '3040 남성')이었다. 2030 여성은 39.7%, 3040 남성은 19.4%로 각 성별에서 가장 큰 비율을 차지했다. 특히 소설의 주요 구매층은 2030 여성으로 나타났다.[11] 그도 그럴 것이 2030 여성들은 교양으로서 독서를 훈련받은 데다 책을 읽을 시간과 자원이 있는 독자들이다. 『82년생 김지영』의 독자인 3040 여성들은 1990년대에 대학에 다녔고, 2000년대에 사회생활을 시작했다. '82년생 김지영' 세대 여성에게 중요한 독서 경험은 순정만화와 할리퀸 로맨스, 자기 계발서였다. 여성들은 세계문학전집을 읽고, 당대의 한국문학을 읽고, 할리퀸 로맨스도 읽었다. 예술적인 것, 미학적인 것뿐만 아니라 가치 없고 선정적인 서사들을 읽으면서 성장해온 것이다. 여성의 욕망이 독서 행위의 키워드가 되었고, 양귀자의 『나는 소망한다 내게 금지된 것을』(살림, 1992), 공지영의 『무소의 뿔처럼 혼자서 가라』(문예마당, 1993) 등이 '페미니즘 텍스트'로 호명되며 베스트셀러가 되었다. 1995년에는 최초의 페미니즘 계간지를 표방한 『페미니스트 저널 IF』가 창간되기도 했다. 일도, 가정도 다 성공하면서 여성 욕망을 긍정하고 실천하자는 분위기는 '김지영들'에게 주어진 청사진이기도 했다. 1990년대 후반 등장한 여성 대상의 자기 계발서들이 '남자처럼 일하고 여자처럼 승리하라', '남자는 여자 하기 나름'이라는 류의 격언을 내놓은 것은 일과 가정을 양립하는 여성성을 새로운 모델로 제시했음을 보여준다. 여자도 사회에 진출하여 공적 자아를 획득해야 한다는 요구는 매우 손쉽게 자기 계발하는 주체라는 신자유주의적 모델과 결합했다.[12] '김지영'은 이렇게 '열심히' 살아온 여성들이 동일시할 수 있는 캐릭터다.

독서가 여성의 욕망을 직조한다는 것은 엠마 보바리에서부터 출발한 여성 독자 모델의 전형이다. 여성은 책읽기를 통해 세계를 확장시키고, 타인의 욕망을 모방하는 법을 훈련한다. 그러나 여성들이 기꺼이 엠마 보바리가 되는 것은 보바리의 비극적 결말을 몰라서가 아니다. 알면서도 부러 속아주는 것이다. 페미니스트 비평가들은 할리퀸 로맨스와 같은 여성 대상 소설의 독자를 분석하면서 공격적 남성성과 수동적 여성성을 강조하는 가부장제적 로맨스 서사를 여성들은 왜 즐겨 읽는가라는 질문을 던진다. 때로 이러한 질문은 훈련받지 않은,

자기 기만적인 지각을 가진 여성들은 소설이 진정으로 말하는 것을 모르거나 그 의미를 인정하고 싶어 하지 않는다는 식의 해석으로 이어진다. 여성 독자를 어리석은 대중으로 두고, 비평가가 여러 겹의 텍스트를 해체하고 분석하여 그 '진짜 의미'를 알아내면, 소설의 해석은 완료된다는 것이다. 그러나 래드웨이는 로맨스를 읽는 행위를 분석하기 위해서 제일 먼저 해야 할 일은, 텍스트적 특징이나 서사적 디테일에 대한 강박을 포기하는 것이라고 말한다. 로맨스 소설 독자와의 인터뷰를 통해 래드웨이가 확인한 것은 독자에게 중요한 것은 '로맨스 소설'을 읽는 것이 아니라 로맨스 소설을 '읽는다'는 행위라는 점이다.[13] 이처럼 읽는 재미를 바탕으로 한 자기 충족적 행위가 독서다. 나이, 계급, 교육 수준 등이 저마다 다른 여성들은 책을 통해서 다양한 서사적 장치들을 즐긴다. 『82년생 김지영』 역시 마찬가지다. 『82년생 김지영』을 통해서만 읽을 수 있는 문제의식이 있는 것이다.

『82년생 김지영』의 한계는 여러 곳에서 발견된다. 여성 인물은 2016년에도 여전히 '다락방의 미친 여자'로 남았으며, 화자는 권위를 가진 남성 지식인인 정신과 의사다. 열심히 살았지만 결국 '실패하는' 여성 인물의 서사는 젊고 순진무구한 여성이 자신의 순결함(virginity)을 항변하는 감상소설(sentimental novel)의 구조와 닮았다. 『82년생 김지영』의 선전 문구가 알려주듯, 죄지은 것 없이 순결한 여성이 흘리는 눈물은 '평범한 여성' 독자들이 아무런 저항 없이 동일시하게 만든다. 이때 가장 중요한 것은 여성 인물이 무고하고 무력하다는 설정이다. 도덕적으로 흠잡을 데 없는 김지영의 비극은 김지영과 함께 성장한 세대를 사로잡았다. 무고한 피해자 김지영과 자신을 동일시하는 여성들이 많다는 것은 김지영처럼 최선을 다해 자신의 삶을 완수한 여성들이 느끼는 박탈감을 보여준다. 이들의 독서에서 김지영과 같은 얄팍한 문학적 형상화에 '속지 않는' 비평가가 되는 것은 중요하지 않다. 여성 독자들은 김지영과 마찬가지로 선량한 피해자로 인정받기를 원하기 때문에 그녀에게 '속아준다'.

'개인'이 남성으로 동일시된 사회에서 여성은 남성처럼 되기도 하고, '여자다움'으로 무장하여 여성성을 위장하는 등 다양한 '되기'를 수행한다. 이 여성-되기의 과정에서 '나도 김지영과 같다'는 선언이 등장한다. '김지영 열풍'의 한 축은 이 읽기 훈련이 선택한 일종의 여성성 수행으로서의 가면이다. 능력 있고 성공할 여성일수록 자신의 여성성을 드러내기 위해 가면을 쓴다. 이는 여성들이 사회에서 생존하기 위해 선택하는 일종의 방패다.[14] '무고하고 순수한 여자의 얼굴을 하라. 그러면 사회는 너를 위협적이지 않은 존재로 여길 것이다.' 무해한 희생자의 얼굴을 한 여성들은 기꺼이 가면을 감내한다. '김지영'이 성공한 데는 누구나 공감할 수 있는 서사가 큰 힘을 발휘했다. 누구나 안타깝다고 생각하는 저 여자, 그 여자가 내 아내이자 어머니, 친구라고 생각하게 만드는 것이다. 그리하여 '김지영'은 지금 가장 문제적인 텍스트가 되었다. '여류 소설가에 의한 우스운 소설들'은 여성독자들의 읽기 행위를 통해 비로소 그 힘을 획득한다. 자, 그러면 이제 물어볼 차례다. 여기서 속고 있는 것은 누구인가.

정치적으로 올바르지 않은 '김지영'들

'김지영 현상'을 둘러싼 비평가들의 미학 논쟁은 문학은 교양 있는 엘리트들이 가르치고, 이해시킨다는 앎의 틀을 반복한다. 미학적으로는 완성되지 못했지만, 정치적으로는 올바른 텍스트라는 평가 역시 마찬가지다. '정치적 올바름'의 정의가 '선량한 피해자를 도와야 한다'라면 『82년생 김지영』은 정치적으로 올바른 텍스트다. 그러나 정치적 올바름이 평등과 가치의 재분배를 요구하는 사유라면, 『82년생 김지영』은 정치적으로 올바르지 않다. 이 소설은 희생적인 여성과 그 좌절이라는 멜로드라마적 구도를 벗어나지 못한다. 이 정도로 선량한 인물이 모두의 시혜를 구하는 서사가 정치적으로 올바른 텍스트라는 평가를 받는다면, 오히려 문학이 상상하는 정치적 올바름이 무엇인가를 다시 물어야 한다.

여성 작가가 여성이 경험하는 삶의 취약성을 재현하는 것이 정치적 올바름이라면 여성문학 텍스트는 모두 정치적으로 올바른 텍스트가 된다. 소재를 중심으로 텍스트의 정치학을 논한다면, 일본군 '위안부'를 재현한 김숨의 『한 명』이나 북한 이탈 주민을 형상화한 황석영의 『바리데기』는 '가장' 정치적으로 올바른 텍스트다. 이런 식으로 문학의 정치성을 판단하면, 남는 것은 소재를 두고 벌이는 경쟁뿐이다. 더 약자를, 더 소수자를 재현하는 것으로는 정체성 정치의 한계와 마주할 수밖에 없다. 최근 한국문학의 탈출구를 페미니즘 문학이나 퀴어 문학으로 호명하려는 시도가 놓인 곤경이 여기에 있다. 여성이 경험하는 폭력을 재현하고, 성소수자를 가시화한다는 것만으로 정치적으로 올바른 텍스트가 될 수는 없다. 이러한 평가는 오히려 여성문학이나 퀴어 문학에 대한 사유를 중단하기 위해 '정치적으로 올바름'이라는 프레임을 빌려온 것일 뿐이다. 김애란의 딸은 자신을 버린 '아비'에게 선글라스를 씌워주고, 한강의 딸은 나무가 되어 비체[15]로 남는다. 누구도 이들의 서사에 대해서는 정치적 올바름이라는 기준을 제시하지 않는다. 그러나 유독 페미니즘을 주장하는 텍스트에 대해서는 정치적 올바름을 거론한다.

정치적 올바름은 '기준 미달'의 텍스트를 비평 대상으로 포함한다는 뉘앙스를 전달하기 위해 가져온 용어다. 근대문학이 총체성이 사라진 시대에 세계의 균열을 증언하는 인간의 서사라는 전통적 정의를 빌려온다면, 이데올로기와 적대가 사라진 한국문학이 페미니즘이라는 '실재'를 포착한 것은 당연한 일이다. 강화된 반동(backlash)의 흐름 속에서 페미니즘은 현재 한국사회에서 적과 나를 나누는 가장 강력한 벡터로 작동한다. '일베'와 '오유'도, 국민의힘-더불어민주당-정의당도 페미니즘을 벡터로 새로운 분할선을 그린다. 그런 점에서 페미니즘은 새로운 감각을 분할하는 정치가 된다. '김지영 현상'은 이렇게 분할된 사건으로서의 '진리'를 지원하기 위해 등장하는 후사건적 실천이다. 독자들은 『82년생 김지영』을 읽고, 자신의 삶을 되새김질한다. 이때 문학은 지원 세력이 된다. 독자들은 김지영의 삶에 공감하면서, 희생자로서 자신의 위치를 가늠한다. 독자와 작품 사이에 초래되는 혼란스럽고 예측 불가능한 상호작용을 '협상'하는 것이다.[16] 페미니스트 독자들은 '김지영'을 무기로 삼아 자신의 정당성을 주장한다. 그런 점에서 '김지영 현상'은 오늘날 "문학과 삶이 관계 맺는 방식"이 달라진 상황과 겹쳐 읽어야 한다는 주장을 상기할 수 있다.[17] '김지영'에 열광한다고 해서 지금까지 미학적으로 훈련된 독자들이 사라진 것이 아니다. 독자들은 보편적 미학에 저항하고 새로운 미학을 요구하고 있다. 그런 점에서 '김지영 현상'은 '치안이 아닌 정치'를 획득하는 분기점이 되어 줄 것이다. 이는 독자들의 욕망이 결합되어 만들어진 것이지 텍스트만의 힘이 아니다. 그런 점에서 『82년생 김지영』은 정치적으로 올바른 것이 아니라 매우 영리한 텍스트가 된다. 『82년생 김지영』은 로맨스 대신 페미니즘을 선택한 여성들이 '착한 여자'로 남으면서 손에 쥘 수 있는 무기다. 김지영이 누구와도 갈등하지 않는 '진정한' 페미니스트 서사의 표상이 될 수 있다면, 그것만으로 이 텍스트의 영리함은 진가를 발휘한다. 『82년생 김지영』은 아주 교활한 지점에 서 있다.

그리하여 연대하는 독자에게 더 많은 책을

'동방신기 5대 팬픽'으로 서사를 배운 20대와 『베르사이유의 장미』로 프랑스 혁명을 읽은 30대, 할리퀸 로맨스를 섭렵한 40대 등 다양한 계층의 여성들이 『82년생 김지영』을 읽는다. 이들에게 독서는 억압적 현실로부터의 일탈과 변혁을 의미했다. 전혜린 열풍, 사강 열풍 등 여성들의 책읽기는 교양이 허락하는 범위 내에서 아버지를 죽이고, 시대와 불화하는 방법이었다. 로맨스 소설의 바탕을 이루는 이성애 중심적 가부장제가 지배하는 세계관이 더 이상 그 균열을 감당하지 못할 때, 페미니즘은 로맨스 소설의 자리를 이어받는다. 일탈조차 불가능해진 세계에서 달라질 수밖에 없었던 여성 독자의 감수성이 페미니즘을 로맨스 소설의 대체제로 부상하게 한 것이다. 『82년생 김지영』이 2040 여성 독자들의 압도적인 지지를 받은 것은, 누구와도 싸우거나 갈등하지 않는 '착한' 페미니스트 서사이기 때문이다. 그것만으로도 이 텍스트의 영리함은 진가를 발휘한다. 그런 점에서 『82년생 김지영』은 독자들의 수행성을, 그리고 그 수행성을 통해 새롭게 분할해 낸 정치성을 보여주기에 적절한 텍스트이다. 이 정치적 행위를 여성 특유의 낭만성이라고 간과한 것은 독자의 욕망에 대해 질문하지 않았던 문학 장의 문제다. 여성 독자는 말 그대로 텍스트를 먹어치우며 전진해왔다. 그리고 『82년생 김지영』에 이르러 이들은 책읽기를 통해 연대하는 독자가 되었다.

'페미니즘 리부트' 이후 한국문학은 스스로를 여성이라고 자각하고, 젠더를 근본적 문제로 삼는 독자 집단과 만나고 있다. 이는 산업화 시대의 농민이나 노동자가 사회의 근본 모순을 재현하던 것과 마찬가지다. 노동자 문제를 소설화할 때, 이에 대해서 '노동자 정체성의 정치'라는 말을 쓰지 않았다. 이촌향도와 농민의 소외를 이야기할 때에도 '농민 정체성 정치'라고 하지 않았다. 그러나 여성은 노동자나 농민보다 더 큰 범주임에도 불구하고 언제나 정체성 정치로 과소 재현된다. '김지영 현상'은 이러한 사회적 분위기, 한국 문단의 상황에 대한 일종의 권력 투쟁이다. 정체성 정치가 아니라 미학적, 재현적 가치에 대한 근본적 질문을 제기한다는 차원에서 감각을 새롭게 분유한 정치다.

이 정치의 행위자가 독자라는 점에 주목해야 한다. 여성 독자들은 '책을 산다'는 행위를 통해 자신의 의제를 표현한다. 출판사들이 서둘러 페미니즘 서적을 기획하는 것은 운동 방식으로 등장한 '책을 산다', 그리고 더 나아가 '책을 읽는다'에 민감하게 반응하기 때문이다. 사회 운동 차원에서도 흥미로운 변화가 나타났다. 독서라는 매우 개인적 행위가 새로운 운동의 레퍼토리로 등장했다. 이는 문학이 본래 내재하고 있는 정치적 가능성이다. 상업적 인쇄 매체와 함께 등장한 근대문학이 독자들이 새로운 공동체로서 민족국가를 상상할 수 있게 하는 토대였던 것처럼, 『82년생 김지영』과 같은 텍스트가 연대체로서 페미니즘을 구성한다. 그리하여 이제 한국문학은 페미니스트 인식론을 바탕으로 젠더화된 읽기를 하는 독자들과 마주하게 되었다. 신작 소설, 신작 시, 신작 영화 그 모든 것이 '젠더'라는 새로운 잣대로 평가하는 경험을 할 것이다. 이 근본적인 방향 전환을, 읽고자 하는 독자의 욕망을 적극적으로 사유하기를 기다려본다.

주

머리말

1 자크 랑시에르, 『감성의 분할』, 오은성 옮김, b, 2008; 진은영, 「감각적인 것의 분배」, 『창
작과비평』142, 2008 겨울, 67~84쪽.

2 매슈 아놀드는 "모든 인간을 단맛과 빛의 환경에 살게 하는 것"이 교양이며, 문화의 완성
에 대한 공부로 정의한다. 이때 교양은 "무관심성(disinterestedness)"을 바탕으로 한 것이
며, 문화의 민주화이자 평등의 진정한 사도가 된다. 매슈 아놀드, 『교양과 무질서』, 윤지관
옮김, 한길사, 2006, 53~86쪽.

3 한국평론가협회 편, 『문학비평용어사전』, 국학자료원, 2006, 244쪽.

4 김복순, 「근대초기 여성교양의 성립과 파트너십 문화론의 계보」, 『여성문학연구』17, 여성
문학학회, 2007, 177~223쪽.

5 이혜정, 「1970년대 고등교육을 받은 여성의 삶과 교육」, 서울대학교 박사학위논문, 2012,
28~34쪽.

6 「세 여고생 연쇄 음독 사건의 교훈」, 『동아일보』, 1962.2.14.

7 정미지, 「불온한 '문학소녀'들과 '여학생 문학'의 좌표」, 『문학을 부수는 문학들』, 민음사,
2018, 200~227쪽.

8 2015년 초 "나는 페미니스트가 싫다. 그래서 IS가 좋다"며 IS로 간 소년과 "무뇌아적 페미
니즘이 IS보다 위험하다"는 칼럼리스트 김태훈의 발언은 2000년대 이후 누적된 여성혐오
가 임계점을 넘어 수면으로 올라왔음을 알렸다. '김여사', '된장녀', '김치녀'와 더불어 여
성혐오가 한국사회에서 이미 '일상'임을 보여준 것이다. 여성혐오를 커밍아웃한 공론장
덕택에, 트위터와 페이스북 등 각종 인터넷 공간에는 페미니즘을 이야기하는 목소리들
이 커지기 시작했다. '#나는 페미니스트입니다' 선언에서부터 메갈리아까지, '여성혐오를

혐오한다'는 일련의 흐름이 만들어졌다. 손희정은 이를 '페미니즘 리부트'라고 명명하면서 2015년 이후 페미니즘 대중화의 새로운 토대가 만들어졌음을 지적한 바 있다. 손희정, 「페미니즘 리부트」,『문화과학』83, 2015 가을, 14~47쪽.

9 에이드리언 리치는 "뒤돌아보고, 참신한 눈으로 바라보며, 새로운 비평의 방향으로 옛 텍스트에 진입하는 행위"를 '다시 보기(re-vision)'라고 칭했다. 일레인 쇼왈터 편,『페미니스트 비평과 여성문학』, 신경숙 외 옮김, 이화여자대학교출판부, 2004, 187쪽.

10 푸코는 통치성에 저항하는 투쟁을 대항품행이라고 정의하며, 대항품행은 그 주변부로부터 이용되고 순응하는 듯하면서 권력을 변화시킨다고 지적한다. 권력은 고정된 것이 아니라 유동적인 것이며, 개인은 자유롭게 능동적인 주체로서 행위하기 때문에 권력이 있는 곳에는 저항이 있다는 것이다. 미셸 푸코,『안전 인구 영토』, 오트르망 옮김, 난장, 2011, 265~312쪽.

1장 S언니와 여성 간 친밀성의 역사

1 渡辺周子,『'少女'像の誕生 ─ 近代日本における「少女」規範の形成』, 新泉社, 2007.

2 「여류 명사의 동성연애기」,『별건곤』, 1930년 11월호, 120쪽.

3 최백월, 「내가 만일 여학생 시대를 다시 갖는다면」,『학생』, 1929년 5월호, 44쪽. 원문을 지금의 맞춤법 표기에 맞게 수정하였다.

4 Gregory M. Pflugfelder, ""S" is for Sister: Schoolgirl Intimacy and "Same-sex Love" in Early Twentieth-Century Japan", *Gendering Modern Japanese History*, Harvard University Press, 2005, pp. 133~190.

5 소춘, 「요때의 조선 신여자」,『신여성』, 1923년 11월, 58쪽.

6 이서, 「언니 저 달나라로: 백합물과 1910~30년대 동북아시아 여학생 문화」,『뼈라』1, 2012, 142~164쪽.

7 김흥제,「동성연애」,『조광』, 1937년 3월, 286~287쪽. 원문을 지금의 맞춤법 표기에 맞게 수정하였다. 김흥제는 이 글에서 한 여학생의 일기라면서 위의 인용문을 언급한다. '동성연애'가 여러 나라에서 오랫동안 존재했었다는 것을 함께 거론하면서, '동성연애'의 원인이 이성 간 분리, 연장자의 유혹, 이성 연애의 실패 등 여러 가지가 있지만, 가장 중요한 것은 본성의 발로라고 언급하고 있다. 이성 연애와 다른 것이 없다는 언급도 한다. 하지만 '동성연애' 같은 반사회적 본능을 잘 통제해야 한다는 당부로 글을 마무리한다.

8 김순영, 「언니 저 달나라로: 사춘기 소녀의 심경」,『신여성』, 1933년 6월, 54쪽.

9 이광수,『무정』, 태학사, 2019, 133쪽.

10 박차민정, 『조선의 퀴어』, 현실문화, 2018, 231~271쪽.

11 「두 여성자살과 시비」, 『동아일보』, 1931.4.16.

12 이광수, 『무정』, 태학사, 2019, 326쪽.

13 이광수, 『애욕의 피안』, 태학사, 2022, 25쪽.

14 이광수, 『애욕의 피안』, 태학사, 2022, 26쪽.

15 이 절은 허윤, 「1950년대 퀴어 장과 병역법·경범법을 통한 '성 통제'」, 『'성'스러운 국민』, 서해문집, 2017, 101~111쪽을 토대로 수정하였다.

16 최정희, 『녹색의 문/속 녹색의 문/끝없는 낭만』, 민중서관, 1976, 18쪽.

17 최정희, 『녹색의 문/속 녹색의 문/끝없는 낭만』, 민중서관, 1976, 24~25쪽.

18 최정희, 『녹색의 문/속 녹색의 문/끝없는 낭만』, 민중서관, 1976, 26쪽.

19 『녹색의 문』에 대한 분석은 허윤, 「기억의 탈역사화와 사이의 정치학」, 『한국문화연구』 28, 이화여자대학교 한국문화연구원, 2015, 109~137쪽 참조.

20 김내성, 『애인』 전편, 삼중당, 1957, 78~79쪽.

21 부산시 광복동 K생, 「도색잡지 일소책 없을까」, 『희망』, 1952년 6월호, 72쪽.

22 1950년대 동성애가 신문지상에 보도된 것은 미국이나 영국의 사례를 소개하거나 의학문 답 코너에서 답변하는 경우 정도다. 이 시기 동성애는 '정신병'으로 다루어졌다. 이에 관 해서는 터울, 「시간 사이의 터울 #8: 성과학과 우생학 ― 제2의 성과 제3의 성」, 〈친구사이 소식지〉 69, 2016.3.17. 참조.

23 〈질투〉는 필름이 남아 있지 않고, 시나리오만 존재한다. 한국영상자료원에 보관 중인 시 나리오를 참조했다.

2장 해방기 여성독본과 여성해방의 거리

1 이 장에 실린 『가정독본』과 『새 시대 가정여성훈』, 『조선여성독본』은 근대서지학회 오영 식 선생님 소장본이다. 자료를 공유해주신 오영식 선생님께 감사드린다.

2 『국민소학독본』(1895) 이래 국가가 관여하지 않고 제작된 교과서나 수신서에는 독본 이라는 명칭이 사용되었다. 허재영, 『통감시대 어문 교육과 교과서 침탈의 역사』, 경진, 2010, 160쪽.

3 김경남은 19세기 후반 소개된 남녀평등권이 부덕이나 부의를 위한 교육이 아니라 남녀 평등권에 기반한 교육을 주장하고 있다는 점을 강조한다. 김경남, 「장지연의 『녀ᄌ독본』, 『일사유사』를 통해 본 근대 지식과 여성 인물 발굴의 의미」, 『어문론집』 85, 중앙어문학회, 2021, 129~154쪽.

4 장지연, 『여자독본』, 경진, 2012, 23쪽. 『여자독본』의 총론 제2과는 "어머니 된 자 중 누가 그 자식이 착한 사람이 되기를 원치 아니겠는가마는 매양 애정에 빠져 그 자식의 악한 행실을 기른다. 아버지 된 자가 그 자식을 멀리 학교에 보내고자 하여도 그 어머니나 혹 그 조모가 애정을 못 잊어 반대하는 경우가 많다. 이것이 다 여자가 학문이 없어 그러한 것이다"(24쪽)라고 함으로써 여자들의 할 일의 제일 우선을 자녀 교육으로 삼고 있다.

5 정영진, 「국권상실기(1905~1910) 여성의 국민화와 남녀동권 인식 — 여자용 교과서 여자독본과 여성가사를 중심으로」, 『어문연구』 43(1), 한국어문교육연구회, 2015, 285~310쪽.

6 노병선, 「여자소학슈신서」(1909), 허재영 외 옮김, 『근대수신교과서 1』, 소명출판, 2011, 251쪽.

7 구자황, 「해방기 독본 문화사를 보는 시각」, 『우리문학연구』 56, 우리문학회, 2017, 261~290쪽.

8 해방기 여성독본으로는 『가정독본』을 비롯하여 『처녀의 위생 독본』(조선생활개선협회, 건국사, 1946), 『우암선생 계녀서』(송시열, 정음사, 1946), 「조선영양독본」(『경향신문』, 1947.5.8), 「산모독본(연재)」(『경향신문』, 1948.9.12~), 『성교육독본』(문예서림, 1948), 『육아독본』(태극서관, 1950.5) 등이 있다. 이 밖에도 여성독본과 관련해서는 임세화, 「해방기 남북한의 문해정치와 여성독본의 자리 — 박영애의 『여성독본』과 최화성의 『조선여성독본』을 중심으로」, 『인문과학』 85, 성균관대학교 인문학연구원, 2022, 85~156쪽을 참조.

9 해방기 여성독본류 중 발행 시기가 가장 빠른 것은 1946년 3월 건국사에서 나온 조선생활개선협회 편, 『생활개선강좌 1 처녀의 위생독법』이다. 류진희, 「최화성의 『조선여성독본』(1949): 해방기 어떤 여성이 되어야 하는가」, 〈해방기 국민됨의 요동: 경계, 젠더, 언어〉 학술대회 자료집, 성균관대학교 동아시아학술원 HK+ 연구소, 2022.1.20.

10 1938년 흥업구락부에 대한 일제 검거로 치안유지법에 의해 검거된 이만규는 구속 후 심한 고문을 받았고, 이후 배화여고보에 복직하지 못하고 퇴직하였다. 1944년 이만규는 여운형의 권유로 건국동맹에 가입하였으며, 해방 직전 조선독립선언문을 작성한다. 이후 건국준비위원회, 조선인민공화국 보건부장(1945.9), 조선인민당 서기장(1945~1946), 민주주의 민족전선 중앙위원 및 교육 분야 전문연구위원(1946.2), 근로인민당 조직국장(1947) 등을 역임한다. 그러나 여운형의 암살과 아들의 구속 등 남한 사회의 레드 퍼지가 강화된 이후 1948년 9월 장택상의 도움으로 아내와 두 아들, 손자 등과 함께 월북한다. 남한에는 이철경과 이미경, 두 딸만 남았다.

북한에서 이만규는 1948년 제1회 최고인민회의 대의원에 선임되고, 1949년 조선노동당의 외곽단체인 조국통일민주주의전선 중앙위원이 되었다. 한국전쟁기 납북 인사와 대화를 담당하기도 했고, 1952년 조국전선 서기국장에 선임되었다. 이후 1957년 조선문자 개혁연구위원장, 최고인민회의 제2기 대의원 등을 거쳐 1961년 근로인민당 대표가 되고, 1965년 조국통일사 사상 겸 책임주필을 지냈다. 1978년 90세의 나이로 사망하여 애국열사릉에 안장되었다. 이만규의 삶에 대해서는 박용규, 「이만규와 가정독본」, 『가정독본』, 창비, 1994, 234~253쪽: 박용규, 「이만규 연구」, 『한국교육사학』 16, 한국교육학회, 1994, 213~242쪽: 하성환, 「진보적 교육자 이만규」, 『진보평론』 65, 뉴래디컬리뷰, 2015, 277~308쪽을 참조하였다. 이만규의 자식들은 남과 북 모두에서 상당한 지위를 누렸던 것으로 보인다. 함께 북으로 간 장남 정구는 김일성대 교수를 지냈으며, 차남 길구는 세브란스 출신으로 북에서도 의사 생활을 했다. 장녀 임경은 남편인 의사 이호림과 함께, 차녀 각경은 여운형의 조카인 남편 여경구와 함께 월북하였다. 각경은 건국부녀동맹 위원장을 지내기도 했으며 김일성대 서예교수를 역임했다. 삼녀 철경은 남한에서 금란여고 교장을 역임하고 한국여성단체협의회 회장을 지냈으며, 육영수와도 막역한 사이였다고 알려졌다. 사녀 미경은 이화여중 교사였으며 12회 신사임당상을 수상한 서예가이다.

11 이철경, 「나의 아버지 이만규」, 『애산학보』 43, 2017, 221~234쪽.

12 이만규, 『새 시대 가정여성훈』, 을유문화사, 1946, 3쪽.

13 이만규, 『새 시대 가정여성훈』, 을유문화사, 1946, 1쪽.

14 이만규, 『새 시대 가정여성훈』, 을유문화사, 1946, 6쪽.

15 이만규, 『가정독본』, 창비, 1994, 96쪽.

16 이만규, 『가정독본』, 창비, 1994, 210쪽.

17 이만규, 『새 시대 가정여성훈』, 을유문화사, 1946, 7쪽.

18 이만규, 『새 시대 가정여성훈』, 을유문화사, 1946, 20쪽.

19 유전적으로 우수한 집안과 결혼하는 것이 좋다는 권고나 가족들의 수명과 건강 여부 등을 판단해야 한다는 제안은 "총명하고 품질 좋은 자녀"를 낳는 것으로 이어진다.

20 이만규, 「여자의 사명」, 『배화』 창간호, 1929, 13쪽(하성환, 「진보적 교육자 이만규」, 『진보평론』 65, 뉴래디컬리뷰, 2015, 291쪽 재인용).

21 이만규, 『새 시대 가정여성훈』, 을유문화사, 1946, 29~30쪽.

22 이만규, 『새 시대 가정여성훈』, 을유문화사, 1946, 31~32쪽.

23 류진희, 「해방기 여성 사회주의자 서사와 탈식민적 글쓰기」, 『여성학논집』 38(2), 이화여자대학교 한국여성연구원, 2021, 35~59쪽. 류진희는 여성 사회주의자 최화성에 대해 잘 알려져 있지 않은 것은 여성을 사상가로 보지 않는 사회적 분위기와 레드 퍼지 이후 강화된 남한의 반공 이데올로기 때문이라고 지적한다.

24 최화성, 『조선여성독본』, 백우사, 1949, 31~34쪽.

25 류진희, 「최화성의 『조선여성독본』(1949): 해방기 어떤 여성이 되어야 하는가」, 〈해방기

국민됨의 요동: 경계, 젠더, 언어〉 학술대회 자료집, 성균관대학교 동아시아학술원 HK +
연구소, 2022.1.20, 74쪽. 류진희는 최화성이 수원 최초 전도부인 김사라의 외증손녀이고,
할머니가 삼일여학교 교사 김메례이며, 어머니가 삼일여학교 1회 졸업생인 박승호라고 설
명하면서, 최화성의 가계를 정리한다. 기독교 여성 교육자/운동가 집안에서 성장한 것이다.

26 비슷한 시기 북한에서 발행된 허정숙의 『세계민주여성운동과 조선민주여성운동』(조선문
화협회중앙본부, 1947)은 소련 여성의 행적을 중심으로 "여성해방과 조국의 부강한 자주
독립 건설을 위하여 분투하는 일반 여성들의 교양과 지표의 자료"로 만들어진 책이다. 즉
소련과 소련 여성을 일종의 롤모델로 설정하는 것이다. 이 책과 관련해서는 허윤, 「허정숙
편, 『세계민주여성운동과 조선민주여성운동』(조선문화협회중앙본부, 1947) 해제」, 『근대
서지』 19, 근대서지학회, 2019, 533~542쪽 참조.

3장 1950년대 여성잡지 『주부생활』과 '가장 여류다운 여류'

1 이종호, 「1950년대 남한 문학전집의 출현과 문학정전화의 욕망」, 『한국어문학연구』 55,
한국어문학연구학회, 2010, 349~382쪽; 이종호, 「해방 이후 한국문학의 정전화 과정과
'배제'의 원리」, 『우리문학연구』 37, 우리문학회, 2012, 247~280쪽.

2 이봉범, 「1950년대 잡지저널리즘과 문학」, 『상허학보』 30, 상허학회, 2010, 397~454쪽.

3 이봉범, 「8·15 해방 후 신문의 문화적 기능과 신문소설 ─ 식민유산의 해체와 전환을 중심
으로」, 『한국문학연구』 42, 동국대 한국문학연구소, 2012, 333~334쪽.

4 이화여자대학교 가정학회에서 발간한 학회지로, 1953년 발간 당시 『가정학보』였으나
1962년 제호를 『가정』으로 바꿔 1969년까지 발행되었다.

5 새가정사 한국기독교가정생활위원회에서 발행하는 잡지로 현재까지 발행 중이다. 영문명
Christian Home. 전신(前身)은 1949년 1월부터 6.25 전까지 간행되던 『기독교 가정』이다.

6 한국여성문학학회 여원 연구모임에서 출간한 『여원 연구 ─ 여성·교양·매체』(국학자료원,
2008)가 대표적이다.

7 만주에서 『만선일보(滿鮮日報)』 기자를 지낸 뒤 해방 후 귀국, 1946년 『대조(大潮)』에 작
품을 발표하기 시작했다. 해방 후 문단 재편성의 주역이었던 김송의 아내로, 한국전쟁 중
에는 손소희와 함께 해군종군작가단에 가입하기도 하였다. 약 6개월간 『주부생활』의 주
간을 맡았다.

8 식민지 시기 '가장 여류다운 여류'로 호명되던 최정희는 1950년대 약 50여 편의 단편소설
과 『녹색의 문』(『서울신문』 1953.2.26~7.8), 『흑의의 여인』(『여원』 1955.10~1956.10),
『광활한 천지』(『희망』 1956.1~1957.3), 『데스마스크의 비극』(『평화신문』 1956.1.4~

1956.3.29), 『그와 그들의 연인』(『국제신보』 1956.9.1~1957.2.8), 『인생찬가』(『여성계』 1957.4~1958.12), 『너와 나와의 청춘』(『주부생활』 1957.5~1959.3) 등을 연재하였다. 동시에 『조선일보』, 『여원』, 『학생계』, 『문학예술』, 『여상』, 『문학춘추』, 『현대문학』, 『주부생활』 등에서 편집위원, 선자, 추천자, 심사위원, 주간으로 활동하였다. 장편 『인간사』 로 1960년 제1회 여류문학상 수상 작가가 되었다.

9　최상길, 「창간 1주년을 맞는 새해에 즈음하여」, 『주부생활』, 1958년 1월, 57쪽

10　"주부님들에게 소용되는 것은 아무래도 값싸고 이로운 것일 줄로 사료됩니다. 그런데 웬 일인지 우리 잡지가 한국에서 제일 싸다고 샘을 내는지 구박을 주는지 잡지살이에 말썽이 많드구먼요. 여성잡지 처녀놓고 천오백만 독자 앞에 기껏 두 서너가지를 헤아리게 나오면 서도 혼자 못해 먹어서인지 안달을 부리는 장사치도 있드구먼요. ―갑자기 쏟아져 나오 는 월간잡지평은 그걸 말해주는 것이에요.― 기왕 문화사업으로 나선 바에야 더 싸게 해 드리지 못하는 것이 미안할 지경인데 좀 피가 나오더라도 값을 올릴 생각은 없으니 제 못 도 안 된 자식 기르는 셈치고 힘껏 가꾸어 주시기 바랍니다." 「편집을 마치고」, 『주부생활』, 1957년 9월, 200쪽.

11　김은하, 「전후 국가 근대화와 "아프레 걸(전후 여성)" 표상의 의미」, 『여성문학연구』 16, 한국여성문학학회, 2006, 177~209쪽.

12　파인의 모자에 관해서는 「탄금의 서」 9장에서도 서술하고 있다. "나도 깜짝 놀랐다. 꼭 그 가 거기 들어 앉아 있는 것 같았다. 그는 모자를 쓰지 않고 집을 떠나갔다. 모시 와이셔츠에 양복 바지를 입고 이웃에 다니러 가듯 비오는 아침에 나간 후 다시 집에 돌아오지 못했다.// 모자는 그동안 외로웠느라고 했다. 모자는 그동안 배가 고팠느라고 했다. 모자는 그동안 폭격이 무서웠느라고 했다." 최정희, 「탄금의 서」, 『최정희 선집』, 어문각, 1975, 469쪽.

13　김동환의 납북에 대해서 "이 나라 문단의 장로급 시인인 파인과 안서 두 분 역시 함구무 언으로 버티어 온 것만이 사실일 뿐 생존여부에 대해서는, 전혀 알 길이 없다"고 처리하는 등 해방 이후 한국전쟁의 발발은 한국 문단을 반공을 중심으로 재편했다. 최태응, 「북한 문단」, 『해방문학 20년』, 정음사, 1966, 84쪽.

14　"개선과 의욕이 벅차게 불타오르기 시작하는 그런 새해가 다채로운 증면을 단행하고 어 머니 격인 최정희 여사를 새로 주간으로 모시게 되었다."

15　전후(戰後)의 프랑스어인 '아프레 게르(apres-guerre)'에서 '게르'를 '걸(girl)'로 바꾼 말 로, 한국전쟁 후 새롭게 등장한 여성을 지칭한다. 한국사회에서는 여성을 사치스럽고 방 탕하게 보는 여성혐오적 시선을 배태하고 있다.

16　Janice Radway, *Reading the Romance*, the University of Carolina Press, 1984, pp. 86~118.

4장 명동다방의 여대생: '여대생 소설'과 감정의 절대화

1 『경향신문』, 1955.9.11.

2 「여대생의 음독자살 그 동기」,『동아일보』, 1964.9.29.

3 '흥미롭다'는 텍스트가 비평적으로 가치판단의 대상이 될 수 없음을 내포하는 말이다. 문학사적으로 의의는 없고 비평적으로는 무가치하지만 '단지 흥미로울 뿐'인 것이다. 게다가 흥미는 개인의 취향에 의해 생겨나는 정동이다. 보편성, 규칙, 초연함, 아름다움, 조화, 균형, 절제, 총체성 등 고전적 미학과 대립되는 주관적인 범주에 속하는 것이다. 응가이는 '흥미롭다(interesting)'가 새로움, 신선함을 제외하면 사실상 내용이 없는 미학(aesthetic without content)이라고 지적한다. 칸트 식의 '철저하게 사심이 없는' 미적 판단을 위반하는 개념으로서 '흥미롭다'가 등장했다는 것이다. 그래서 '흥미롭다' 앞에는 항상 '단지(merely)'가 붙기 마련이다. 이때 중요한 것은 이 '흥미'를 구성하는 정당화 과정이다. "흥미롭다는 자질이나 가치가 부재한 것이 아니라 왜 그런가에 대한 내러티브를 짜는 과정"이다. Ngai, *Our Aesthetic Categories: Zany, Cute, Interesting*, Harvard University Press, 2015.

4 이 시기 남자 대학생을 중심으로 한 문인 집단으로는 서울대 문리대의 동인지『산문시대』가 있다. 1962년 창간된『산문시대』는 김현·김승옥·염무웅·김치수·서정인 등이 소속되어 있었으며, 서울대 불문과에 재학 중이던 김승옥은 「생명연습」(1962)을 발표하며 등단하였고, 「역사」(1963), 「무진기행」(1964)으로 한국문학을 대표하는 작가가 된다.

5 조은정, 「1960년대 여대생 작가의 글쓰기와 대중성」,『여성문학연구』24, 한국여성문학학회, 2010, 87~118쪽.

6 이용희, 「한국 현대 독서문화의 형성: 1950~60년대 외국 서적의 수용과 '베스트셀러'라는 장치」, 성균관대학교 박사학위논문, 2018, 10쪽.

7 이화여자대학교 홈페이지 연혁 참조.

8 「학생시대의 연애불가론 좌담회」,『여원』, 1955년 10월(창간호), 32~41쪽.

9 이태영, 「현대여성은 지성을 상실했는가 ― 현대여성의 정조관념을 검토한다」,『여원』, 1955년 10월, 26~28쪽.

10 박순천, 「남성과 축첩」,『부인경향』1(2), 1950년 2월, 28쪽.

11 최희숙,『슬픔은 강물처럼』, 신태양사, 1959, 145쪽.

12 여성들의 서브컬처 장르인 '야오이'는 독자들의 재창작을 바탕으로 한 2차 장르로서, 클라이맥스도, 결론도, 의미도 없는(야마나시, 오치나시, 이미나시) 세계에 텍스트 기호만이 반복되는 세계를 지칭한다. 최희숙의 소설 역시 그런 데이터베이스적 소비의 성향을

갖고 있다.

13 에바 일루즈, 『낭만적 유토피아 소비하기』, 박형신 외 옮김, 이학사, 2014, 70~78; 104~ 123쪽.

14 음악 감상실을 중심으로 소일하는 젊은이들 사이에 긴 여대생 희숙(김지미)은 영일(황해) 과 가까이 지내다가 그가 입대할 즈음 시를 쓰는 규식(최무룡)과 친해진다. 규식이 가정 형편이 엉망이 되어 시골로 내려가자, 희숙은 휴가 나온 영일과 결혼할까를 생각해보지만 순정을 지켜 규식을 기다리기로 결심한다. 규식은 병든 몸으로 돌아오고 희숙은 그를 정 성껏 간호한다. 규식은 자신의 지난날을 뉘우치고 바른 생활을 하겠다고 약속하지만 결국 숨을 거둔다. KMDB, https://www.kmdb.or.kr/db/kor/detail/movie/K/00608

15 박계형, 『머무르고 싶었던 순간들』, 신아출판사, 1966.

16 박계형, 『머무르고 싶었던 순간들』, 신아출판사, 1966, 44쪽.

17 박계형, 『머무르고 싶었던 순간들』, 신아출판사, 1966, 106쪽.

18 영화 〈머무르고 싶었던 순간들〉(이형표, 1969)에서 북한 장교 최달수(김성옥)는 윤희 (고은아)를 고문하고, 윤희의 남편이자 자신의 옛 친구인 성호(신성일) 또한 죽이고자 하 나 수색대원에게 사살당한다. 성호는 윤희를 찾아가지만, 그는 그곳을 이미 떠나고 없다. 이후 6년간 성호는 아들과 함께 아내를 그리워하며 살아가고 있다. 윤희는 지방의 한 초 등학교 교사로 재직 중이다. 자궁암으로 시한부 인생을 선고받은 윤희를 위해 주위 사람 들은 서울의 가족에게 연락을 취해 6년 만에 가족이 재회한다. KMDB, https://www. kmdb.or.kr/db/kor/detail/movie/K/02037 이처럼 영화는 원작 소설과 달리 자극적인 방식으로 윤희의 수난사를 강조함으로써 비극을 강화한다.

19 잡지 『학원』은 이봉구의 「창포꽃 필 때면」(1954년 5월호)을 시작으로 이원수의 「그림 속 의 나」(1954.6), 한무숙의 「얼굴」(1954.7), 최정희의 「하얀꽃 한송이」(1954.8) 등 1950년 대 말까지 '순정소설'을 꾸준히 게재했다. 서은영, 「'순정' 장르의 성립과 순정만화」, 『대 중서사연구』 21(3), 대중서사학회, 2015, 147~173쪽.

20 현찬양, 「1980년대 순정만화의 젠더 재현」, 연세대학교 석사학위논문, 2018, 30~31쪽.

21 방송윤리위원회가 발족되고, 방송법이 세밀하게 방송 윤리를 규정하였던 1970년대 방송 에서 금지해야 할 가치/정서/행동으로 '퇴폐, 허무, 선정, 무분별, 무절제, 비생산, 사치, 낭비, 불건전, 환락 윤락가, 가족 간 갈등, 지역 간·계층 간의 감정 분열, 문란' 등이 있었 다. 이하나, 「1970년대 감성규율과 문화위계 담론」, 『역사문제연구』 30, 역사문제연구소, 2013, 209쪽. 그러나 같은 시기 소설에서는 위의 요소들이 가감 없이 드러났다. 손장순의 소설 『세화의 성』(1971)은 신분 상승을 위해 약혼녀를 버린 남자가 임신한 아내를 폭행해 서 유산시키거나 처가의 재산을 낭비하는 등 자극적인 내용을 담고 있었으나 1년 6개월간

『조선일보』에 연재되어 큰 인기를 끌었다.

22 이 소설은 1960년 현상 공모에 당선되어 출판될 예정이었으나 4.19 당시 서울신문사의 화재로 인해 출판사에서 보관 중이던 원고가 분실되어 1980년 출판된다.

23 「사진전 연 아름다운 수의의 작가 신희수」,『동아일보』, 1980.5.10. 신희수는 대학 졸업 후 미군 교육고문관인 미국인과 결혼하여 해외로 이주한 탓에 한국에서 소설을 발표하지는 못했다.

24 신희수,『아름다운 수의』, 문학예술사, 1980, 98쪽.

25 신희수,『아름다운 수의』, 문학예술사, 1980, 101쪽.

26 신희수,『아름다운 수의』, 문학예술사, 1980, 325쪽.

27 영화 〈아름다운 수의〉(이형표, 1962)에서 여대생 여옥(태현실)은 약혼자가 유학을 떠나 그와 떨어져 있던 중 친구의 약혼자(이상사)와 육체관계를 맺는다. 그녀의 이런 행동은 인습적인 가정에 대한 반발과 주위 환경에서 오는 고독감 때문이다. 그녀는 사생아를 숨기고 결혼한 아버지와 애정 없는 질투에 바쁜 어머니, 아버지를 저주하는 배다른 오빠 등과의 관계로 괴로워한다. 결국 그녀는 자신의 잘못에 대해 귀국한 약혼자 앞에서 죽음으로써 사죄한다. KMDB, https://www.kmdb.or.kr/db/kor/detail/movie/K/00797

28 김춘식, 「대중소설과 통속소설의 사이—60년대 후반~70년대 대중소설에 대해서」,『한국문학연구』20, 동국대 한국문학연구소, 1998, 147~167쪽.

29 「웃음도 강물처럼—『슬픔은 강물처럼』을 둘러싼 이얘기 저얘기」,『명랑』, 1960년 3월, 109쪽.

5장 여학생과 불량소녀 사이: 잡지 『여학생』과 소녀다움

1 동명의 잡지로 1949년 12월 창간호를 발간한『여학생』이 있다. 발행처는 여학생사로 동일하지만, 편집인은 박목월, 발행인은 조화영이다. 박목월은 편집후기에서 "소녀가 지닌 순결과 찬란한 꿈을 그리워하기 때문에" 소녀잡지를 하고 싶었다고 밝히고 있다. 소녀들의 "꿈을 정리하고 순화시키고 한결 더 투명한 것으로 영롱히 만들려 한다"는 것이다(『여학생』, 1949년 12월, 60쪽). 김윤경은 박목월의『여학생』이 해방 이후 여학생을 '문학소녀'로 호출한 최초의 잡지였다는 점에 주목하고 있다. 이에 대한 자세한 논의는 김윤경, 「'해방 후 여학생' 연구: 잡지『여학생』을 중심으로」,『비평문학』47, 한국비평문학회, 2013, 37~62쪽 참조. 1949~1950년 발행된『여학생』은 문학을 중심으로 지면을 편성하여 문학적 감수성에 초점을 맞추고 있다. 반면 이 장에서 다루는『여학생』은 1965년 12월 창간된 종합 교양지로, 여학생 독자의 문학적 감식력뿐만 아니라 진로 선택이나 학과 공부 등

에도 초점을 맞추고 있다.

2   『여학생』은 여학생 모델의 얼굴을 중심으로 찍은 표지, 10여 면에 달하는 컬러 화보와 일
    러스트레이션으로 볼거리를 제공하고, '주니어를 위한 노블'과 '명작순례'와 같은 외국 소
    설은 2도 인쇄를 통해 차별화하는 등 시각적 요소에 신경 쓰는 매체였다. 또한 연재만화
    와 소설을 통해 읽는 재미도 보강하였다. 이 덕택에 1966년 3월, 4월호가 모두 매진을 기
    록하는 등 인기를 끌었다.

3   김양선, 「1960년대 여성의 문학,교양 형성의 세대적 특성 – 잡지 『여학생』의 문학란을 중
    심으로」, 『현대문학의 연구』 61, 한국문학연구학회, 2015, 27~49쪽.

4   김양선, 「취향의 공동체와 소녀들의 멜로드라마」, 『대중서사연구』 24(1), 대중서사학회,
    2018, 229~257쪽.

5   박세기, 「창간사」, 『여학생』, 1965년 12월, 75쪽.

6   최신해, 「여성으로서의 십대의 위치」, 『여학생』, 1968년 2월, 108~109쪽.

7   오영희(M여고 2년), 「여재」, 『여학생』, 1966년 9월, 232~237쪽.

8   이상혜(P여고 1년), 「HR복스」, 『여학생』, 1966년 9월, 238~242쪽.

9   강경자, 「방관자는 싫다」, 『여학생』, 1966년 8월, 266~271쪽.

10 장미순(S여고 2년), 「소문」, 『여학생』, 1966년 11월, 342~346쪽

11 「특집 10대 위에 우는 사랑의 종소리」, 『여학생』, 1967년 12월, 100쪽. '사랑의 종'은 청소
    년들의 귀가를 종용하고, 부모들로 하여금 자신의 자녀가 귀가하였는지 등을 확인하도록
    하는 것으로, 1965년 6월 1일 자로 오후 10시에 울려 청소년 통행금지를 알리는 제도다.

12 조우현, 「배금주의 앞에서의 오늘의 한국소녀 – 지켜져야 할 인간의 존엄성」, 『여학생』,
    1967년 12월, 106~108쪽. 같은 특집에서 숭실대 철학과 교수 안승욱은 "1. 나라와 민족
    을 사랑해야 한다 2. 직책에 대한 윤리 3. 과학에 대한 사랑 4. 진실에 대한 사랑 5. 자타
    의 인격 존중"이라는 현대판 삼강오륜을 발표한다. 이는 직업에 대한 성실성과 과학에 대
    한 강조를 통해 산업주의적 주체를 생산하는 데 초점을 맞추고 있다. 안승욱, 「구도덕 앞
    에서의 오늘의 한국소녀 – 현대의 삼강오륜」, 『여학생』, 1967년 12월, 110~112쪽.

13 강영선, 「생리적으로 본 십대의 과정」, 『여학생』, 1968년 2월, 104~106쪽.

14 「한국의 숙제(3) 소년범죄 해부」, 『경향신문』, 1964.12.21.

15 권인숙은 1970년대 이후로는 순결 교육에 대한 강화가 『여학생』 지면을 차지하고 있다고
    분석한다. 권인숙, 「1950~70년대 청소년의 남성성 형성과 국민 만들기의 성별화 과정」,
    『한국민족운동사연구』 56, 한국민족운동사학회, 2008, 281~321쪽.

16 『여학생』은 '새로 등장한 여학생의 신교양지'라는 카피를 중심으로 하단에는 「사랑과 죽
    음의 교차로」와 「불량소녀 수기」의 광고를 싣는다. 『동아일보』, 1965.11.20. 첫 호에서는

주요 기사를 언급하였지만, 이후에는 목차를 싣는 것으로 대체하였다.

17 「문제소녀란 너울을 벗는 날은 언제」 알리는 말씀, 『여학생』, 1966년 9월.

18 『여학생』, 1966년 3월, 168~173쪽.

19 김영란, 「(논픽션, 하나의 현실) 소년원의 담은 낮지만」, 『여학생』, 1969년 6월, 169~173쪽. 김영란은 좋은 학교에 다니는 평범한 여중생이었으나 아버지의 탈선으로 인해 경제적으로 어려워지고, 학교를 그만두게 된다. 큰 회사의 급사로 취직한 김영란은 선배의 권유로 10만 원짜리 계를 들고, 그 돈으로 집을 계약할 계획을 세우지만, 계주가 도망갔다는 말에 좌절한 나머지 회삿돈 10만 원을 횡령한다.

20 오문실(J여고 2년), 「밤고양이의 변명」, 『여학생』, 1966년 11월, 347~351쪽.

21 오문실(J여고 2년), 「밤고양이의 변명」, 『여학생』, 1966년 11월, 351쪽.

22 권오운 기자, 「르포타쥬 가출, 꽃샘바람 따라 악의 계절에 오는 서울」, 『여학생』, 1968년 5월.

23 『여학생』, 1970년 6월, 142쪽.

24 일탈 행위의 재현이 주는 재미와 쾌감은 불량소녀 수기가 인기를 끌었던 주요 원인 중 하나였을 것이다. 이러한 대중성에 대한 고찰은 추후의 연구로 남겨두고자 한다.

25 손명자(가명)(S여고 카운슬러), 「상처를 준 외숙을 찾던 S양」, 『여학생』, 1965년 12월, 291~294쪽.

26 「죽음으로 돌아간 사랑놀이」, 『여학생』, 1971년 7월; 「미쳤어, 어느 사랑과 죽음」, 『여학생』, 1971년 10월 등.

27 최규숙, 「꽃샘바람」, 『여학생』, 1966년 3월, 342~347쪽.

28 윤지숙, 「무심천 이쪽저쪽」, 『여학생』, 1966년 6월, 298~303쪽. 자미는 친절한 새어머니에게 반항하고, 가출을 하는 등 문제를 일으킨다. 교실에서도 항상 불만에 차서 조용한 공부 시간에 괴성을 지르거나 지나친 반발로 선생님에게 반항한다.

29 손정희, 「싱싱한 낙엽」, 『여학생』, 1966년 8월, 272~275쪽. 아버지, 어머니, 고모 집을 오가며 신상조사카드를 작성하지 못하고 있던 미나는 혼자 등산을 갔다 사고를 당해 죽고 만다. '나'는 미나의 죽음이 자살은 아닌지 생각한다. "가장 원만하고 가장 행복해 보이던 그의 이면에 그런 환경이 깔려 있고 그것을 내부로 축적하다 소녀의 돌발적인 결단으로 흐린 날 산을 올라갔는지도 모른다."(275쪽)

30 1920~1977. 경성법학 전문학교 졸업. 소년법원 판사였던 권순영은 1958년 서울아동상담소를 설립해 초대 소장을 역임했다. 서울가정법원장 권한대행을 맡아 1963년 서울 가정법원 설립을 이끌기도 했다. 1950년대 박인수 사건에서 "법은 사회적 이익이 있는 정조만을 보호한다"는 판결문을 남긴 것으로 알려져 있다.

31 권순영, 「17세의 기록—미스테이크 여고생 10경: 가정의 비정이 저지른 사회악의 본보기」, 『여학생』, 1968년 6월, 334~337쪽.

32 「학생풍기문제를 얘기하는 좌담회」, 『동아일보』, 1955.5.19~22. 참석자는 이정희(국회 문교분위원), 안용백(문교부 고등교육국장), 정해수(문교부 장학관), 조재호(경기고 교장), 권중휘(서울대 학생처장), 심태진(선린중 교장), 사회 김동명 등이다.

33 이옥주, 「학생의 변」, 『여학생』, 1967년 11월, 213쪽.

6장 호모 이코노미쿠스가 된 여학생: 박정희 체제의 통치성과 여성 노동자의 등장

1 조윤식, 『여학생』, 1965년 12월, 417쪽.

2 박정희, 『우리 민족이 나아갈 길』, 동아출판사, 1962.

3 박정희는 학구열의 탈선이나 택시, 외식 등의 소비 풍조를 타파하고 노동하는 손을 만들어야 한다고 말한다. "고운 손으로는 살 수 없다. 전체 국민의 1% 내외의 저 특권 지배층의 고운 손은 우리의 적이다. 보드라운 손결이 얼마나 우리의 마음을 할퀴고, 살을 앗아간 것인가"(271쪽)라며 "돌아가는 기계 소리를/ 노래로 듣고" "땀과 눈물로 밝히는 등"만이 민족의 시계를 밝혀줄 수 있다며 노동의 중요성을 강조하는 것이다. 박정희, 『국가와 혁명과 나』, 향문사, 1963, 256~281쪽.

4 재건학교는 실과 과목에 과목 배당률의 25%를 부과하는 등 "일하면서 배우고" 경제적으로 자립할 수 있는 사회인과 일꾼을 양성하는 데 중점을 두었다. 이는 재건학교를 통해 농촌 청소년들을 생산성이 높은 기능 인력으로 양성하려는 정부의 의도를 직접 반영하는 것이라 할 수 있다. 그러나 실제 수업 운영에 있어서는 실과 과목의 교사를 확충하기 어렵다는 점에서 가장 적은 비중을 차지할 수밖에 없었다. 이훈도, 「광복 후 한국야학의 유형과 교육사적 의의」, 『교육철학』 15, 한국교육철학회, 1997, 275~300쪽.

5 해방 이후 교육에 남녀평등의 대원칙이 적용되었다. 미군정은 남녀 모두에게 6-3-3-4제의 신학제를 적용하였으며, 남녀공학을 실시하고, 공립 중학교 교장에 여성을 임명하였다. 공립학교에서는 '여성을 여성으로' 기르고, '국가에 도움이 되는' 여성을 육성하기 위한 교육을 실시하였다. 이러한 '민주적 교육 이념'의 결과, 1954년 6만 7693명이던 여학생 수가 1960년에는 12만 9110명으로 증가하여 138.8%의 증가율을 보였고, 1969년에 시작된 중학교 무시험 진학 제도와 고교 평준화 정책은 교육 기회를 확대시켰다. 여성의 국민 평균 교육 연수는 1966년 6.40년에서 1980년 9.44년으로 늘어났으며, 고등학교 취학률은 19.6%에서 62.2%로 높아졌다. 이는 바야흐로 여학생이 특수한 집단이 아니라 대중으로서 사회의 전면에 등장하였음을 의미한다. 이옥분, 『여성교육론』, 교육과학사, 2003,

103~115쪽; 한국여성개발원, 『한국여성교육의 변천과정연구』, 2001; 경제기획원, 『한국의 사회지표』, 1989 참조.

6 강이수, 『한국 근현대 여성노동: 변화와 정체성』, 문화과학사, 2011, 337~345쪽.

7 경제기획원, 『경제활동인구연보』 각년도(어수봉, 『한국의 여성노동시장』, 한국노동연구원, 1991, 67쪽에서 재인용).

8 어수봉, 『한국의 여성노동시장』, 한국노동연구원, 1991, 52~64쪽.

9 제약 회사에서 일하는 여성 영업사원을 지칭하는 것으로, 주로 피임약 홍보 및 판매 업무를 맡았다. 『여학생』, 1972년 10월, 260~265쪽.

10 전자계산기가 일반 기업에 도입되면서 각광을 받기 시작한 직업으로, 프로그래머의 계산식에 따라 데이터를 입력하는 작업을 수행했다. 대기업의 수요가 높기 때문에 "엘리트 청년이 많아서 적당한 사람과 교제할 수 있는 기회도 많다"고 소개된다. 『여학생』, 1971년 3월, 136쪽.

11 문자를 송수신하는 작업을 하는 사람으로, 정부 기관, 대기업, 신문사 등 언론기관에서 수요가 있으며, 결혼 후에도 취업이 가능하고 초봉 1만 8천 원 선이다. 『여학생』, 1971년 3월, 136쪽.

12 윤양모, 「신학기를 맞이하여 새 희망과 창조와 전진을」, 『여학생』, 1970년 1월, 51쪽.

13 박정희, 『지도자도』, 국가재건최고회의, 1961, 9~13쪽.

14 「한 가지 기능만 익히면」, 『여학생』, 1972년 2월, 204~210쪽.

15 「중퇴생, 어디서 어떤 대우를 받나?」, 『여학생』, 1974년 6월, 137~143쪽.

16 스튜어디스의 월급은 1만 5천 원 정도로, 은행원이나 교사 등에 비해 1.5배 정도의 보수를 받는다. 『여학생』, 1966년 3월, 241~245쪽.

17 「넬리 블라이의 후예가 되려면」, 『여학생』, 1966년 4월, 229~233쪽.

18 "운전사도 일종의 서어비스업이라고 할 수 있으니까, 이 방면의 여자 수요는 늘어날 것이다. 그러나, 결혼 후, 가정과 겸할 것을 생각해보면 아무래도 다른 직업보다는 여성취향이 아닐 것 같다." 『여학생』, 1965년 12월호, 311~323쪽. 『여학생』은 서비스업을 여성의 직업으로 규정 짓고 운전사 역시 여성의 직업이 될 수 있다고 승인했다. 그러나 결혼 후 가정과 충돌할 것이기 때문에 여성 취향이 아니라고 단정 짓는다. 이는 여성의 직업 선택에 있어 '취향'을 결정하는 것은 가정과 결혼임을 잘 보여주는 사례라고 할 수 있다.

19 정연희, 「여자의 꿈을 살리는 길」, 『여학생』, 1972년 1월호, 100~103쪽.

20 『여학생』, 1967년 8월, 281쪽.

21 여기서 말하는 사무원은 접수, 정리, 기록, 발송 등의 일반사무, 부기, 계산, 출납 등의 경리사무, 섭외, 조사 등의 대외적 사무를 담당하는 '여직원'을 지칭한다.

22 『여학생』, 1967년 10월, 386쪽

23 『여학생』, 1967년 12월, 276~280쪽.

24 『여학생』, 1972년 7월, 190~195쪽.

25 「이색직업여성 3 여자경찰관: 밝은 사회 건설의 새 기수」, 『여학생』, 1972년 8월, 261~265쪽.

26 "적극적으로는 체력, 정신력을 증진시켜 국민이 명랑한 사회생활을 누릴 수 있게 하는 공중위생의 일부분을 맡고 있다", "국민의 일상생활에 대한 영양의 지식과 기술을 보급, 향상시키기 위해 영양학리에 따라 영양지도를 행하는 것"으로 소개한다. 『여학생』, 1966년 10월, 110~114쪽.

27 이때 간호원 적성테스트가 흥미롭다. 학교 행사 때, 자진해서 일을 보는 사람, 귀찮은 일을 남으로부터 가볍게 받아들이는 사람, 남이 지시하는 일도 불만 없이 받아들이는 사람, 아무리 괴로운 일이더라도 남을 위한 일이라면 만족하는 사람 등이 간호원으로 적합한 사람으로 제시된다. 『여학생』, 1966년 12월, 218쪽.

28 『여학생』, 1968년 5월, 270쪽.

29 「여학생의 사치」 『여학생』, 1971년 2월; 「여학생 사복 지대를 가다」, 『여학생』, 1971년 4월; 「운이 좋아 직공이 돼」, 『여학생』, 1971년 6월, 「고독과 불운의 여정」, 『여학생』, 1971년 6월 등 『여학생』은 여성을 소비와 사치의 주체로 젠더화한다. 권인숙은 『학원』과 『여학생』에 대한 연구를 통해 반공이데올로기와 국가재건, 부국강병의 주체 형성을 명분으로 한 국민 만들기 프로젝트의 주요 대상인 청소년의 사회화 과정을 젠더적 관점에서 다시 읽으려고 시도한다. 근대화 과정에서 청소년들의 문제는 여학생들의 순결과 소비, 의상 문제로 집중되어 나타나 검열과 경계가 주로 여성성의 영역으로 모아진다는 것이다. 권인숙, 「1950~70년대 청소년의 남성성 형성과 국민 만들기의 성별화 과정」, 『한국민족운동사연구』 56, 한국민족운동사학회, 2008, 281~321쪽.

30 「돈, 돈이 필요해!」, 『여학생』, 1970년 11월.

31 「경종! 십대를 유혹하는 인기 직종: 연예계, 화려한 무대라지만」(1969년 2월); 「어른들의 유혹에 떨어진 순결」(1971년 11월); 「소녀들을 유혹하는 검은 광고」(1971년 5월); 「이 씻을 수 없는 과오」(1972년 2월); 「유학에의 꿈이 부른 파멸」(1972년 3월); 「아르바이트 여고생」(1972년 10월); 「경종! 십대를 유혹하는 인기직업의 명암: 당신의 꿈은 패션모델인가요?」(1975년 2월) 등.

32 「중퇴생, 어디서 어떤 대우를 받나?」, 『여학생』, 1974년 6월, 137~143쪽.

33 「기억 속의 세발자전거」, 『여학생』, 1969년 5월, 284~294쪽.

34 조우현, 「배금주의 앞에서의 오늘의 한국소녀」, 『여학생』, 1967년 12월, 106~108쪽.

35 나윤경, 「60∼70년대 개발국가 시대의 학생잡지를 통해서 본 10대 여학생 주체형성과 관련한 담론분석」, 『한국민족운동사연구』 56, 한국민족운동사학회, 2008, 323∼374쪽.

36 「철저한 생활인 이상윤 양」, 『여학생』, 1972년 11월.

37 「아르바이트와 허영심」의 필자인 여학생은 빨간 구두를 신고 영화 구경을 가고, 다방에 가는 친구들을 부러워한다. 하지만 "그까짓 한 때의 사치보다야 얼마나 건전한지 몰라"라며 아르바이트를 하는 자신의 의지를 다잡는다. 「아르바이트와 허영심」, 『여학생』, 1971년 2월, 194∼195쪽.

38 조안 스콧, 「여성노동자」, 『여성의 역사』, 새물결, 1998, 617∼649쪽.

7장 애국과 봉사의 마음: 한국여성단체협의회 기관지 『여성』과 국가 페미니즘

1 1977년 문교통계연보에 따르면 우리나라 4년제 대학생 수는 25만 1329명인데, 그중 여자 대학생 수는 6만 3324명이었다. 이기열, 「한국여성고등교육의 현황과 문제점」, 『아시아여성연구』 17, 숙명여대아시아여성연구소, 1978, 39∼48쪽.

2 『현대여성백과사전』은 전 6권으로, '1권 요리/영양, 2권 사교/에티켓(정충량), 3권 건강/생리, 4권 교양/서한(박목월), 5권 의복/미용, 6권 육아/교육'으로 되어 있다. 이 가운데 2권인 사교/에티켓의 경우, 여성 언론인이자 『여성』 편집장이었던 정충량이 직접 저술하였다. 『현대여성백과사전』, 삼중당, 1969 참조.

3 『현대여성교양전집』, 태극출판사, 1971. 이 전집은 1963년 계몽사에서 나온 『현대여성교양강좌』를 확장해서 편찬한 것으로 보이는데, 각 권의 제목이나 필자 등이 겹치는 경우가 빈번하다. 하지만 『현대여성교양전집』의 경우 한국 필자의 글보다 외국 글이 많은 것이 특징이라 할 수 있다. 엘렌 케이, 프로이트, 마가렛 미드에서부터 미키 키요시(三木清), 강원용에 이르기까지 동서양의 글들이 주제에 따라 편찬됐다. 『현대여성교양강좌』는 전 5권으로, '1권 이브의 고독, 2권 구원의 여상, 3권 미와 매력, 4권 행복의 도표, 5권 지성의 장미' 등으로 이루어져 있으며, 각 권마다 20꼭지 정도의 짧은 글을 싣고 있다. 필자는 철학자, 영문학자, 소설가 등 다양하며 대학교수인 경우가 많았다. 『현대여성교양강좌』, 계몽사, 1963.

4 천정환은 1960년대를 '교양주의의 시대'로 명명하고, 처세와 교양의 담론은 당시의 경제 개발주의와 맞물려 행복과 성공이라는 새로운 자아 이미지를 만들어냈다고 지적한다. 천정환, 「처세 교양 실존」, 『민족문학사연구』 40, 민족문학사연구소, 2009, 91∼133쪽.

5 김귀옥, 「분단, 한국전쟁과 여성」, 『한국현대여성사』, 한울, 2004, 41∼65쪽.

6 조선어사전 편찬위원이자 건국운동 때 불교 대표로 참여했으며 문교부장관(1952), 초대

원자력원장(1959)을 역임했던 김법린의 부인으로, 불교계를 중심으로 활동하였으며, 모윤숙에 이어 대한여성청년단 2대 단장이 되었다.

7 대한여자청년단은 '대한여자청년호국단'을 개편하여 만든 조직으로, 실제 훈련을 실제 겸임한 조직이다. 초대 단장은 당시 대한애국부인회 문화부장이던 모윤숙이었다. "대한여자청년호국단은 대통령의 특명으로 대한여자청년단으로 개편하여 우리나라의 여성청년운동의 중추체로 발족하게 되어 이미 사백여명이 훈련을 받고 방금 각지에서 조직과 훈련을 하고 있다 한다."(『동아일보』, 1949.12.16.) 5.16 이후 1963년 한국부인회로 통합되었다.

8 전쟁미망인을 위해 설립된 사회복지법인 모자원과 부녀직업보도소의 시설 장들이 모여 아동복지와 부녀복지를 위해 구성, 발의한 단체이다. 1957년 정식 인가를 받았고, 1998년 관련법 개정과 함께 명칭이 '한국여성복지연합회'로 변경되었다.

9 1946년 9월 우익 여성단체를 통합하여 조직한 여성단체로, 회장은 박순천이었다. 1951년 12월 자유당 창당에 규합한 5개 사회단체 중 하나이다. 1948년 독립촉성애국부인회와 서울시 부인회를 통합하여 결성하였다.

10 여성의 법적 지위 개선을 위한 본격적 연구 활동을 목표로 1952년 설립된 '여성문제연구원'이 1959년 이름을 바꿔 '여성문제연구회'가 되었다. 여성문제연구원 부설 여성법률상담소(1956)는 이태영을 초대 소장으로 하여, 실제 여성 상담을 진행하는 등 적극적 활동을 펼쳤다.

11 1959년 2월, 소년범죄 예방을 위해 치안국 여경계에서 만든 단체로, 국립경찰병원 건물 4층에 개소하였다. 지도위원으로 문교부 심태진 수석장학관, 법무부 소년과장 주문기 검사, 소년부지원장 권순영 판사 등이 있었다. 주요 상담 내용으로는 아동으로부터 중·고등학교 학생에 이르는 남녀 학생들에 관한 교외생활문제, 보호자의 등한으로 인한 학생들의 탈선에 관한 것, 남녀 학생들의 교외풍기문제, 악우와의 교제로 인한 등교 기피에 관한 문제, 이성문제, 신체적인 변화에서 문제 등을 다루었다고 한다. 『경향신문』, 1959.2.24: 『동아일보』, 1959.2.25.

12 교양과 국제친선을 목표로 하는 한양여성클럽은 "고관대작들의 부인과 부유층 부인들의 모임"으로, 모윤숙이 회장이었다. 주요 활동은 빈민 구제나 의연금 모집, 민간외교, 교양 강좌에 초점을 맞추었다. 1956년 미군이 파주에서 한국 민간인을 총살한 사건 등으로 한미 간 분위기가 악화되었을 때, "착잡한 감정을 한국여성들의 동양적인 부드러움으로 무마해준 것"(『동아일보』, 1957.12.27.) 등이 보도된 바 있다.

13 창간호 축시에서 여협의 문예부장 모윤숙은 "여성의 자유와 해방의/새 역사가 창조되는 날/모질던 풍우와 어거운 고생들도/언제런 듯 모르겠노라/ (⋯) 영원한 고임과 높임을 받

을/한국의 모성이여!/아내와 그 딸들이여!/그대들을 위한 석가래와 기둥과/아담한 방들
이/처음 마련되었으니 왼 겨레의 마음과 혼에/정숙한 기품과 불후의 슬기를 더욱 밝혀
라/끄을고 갈 내일의 수레바퀴가/오늘 우리의 출발을 기다리고 있다"라고 적으며 『여성』
의 대상을 어머니, 아내, 딸로 호명한다. 모윤숙, 「우리의 출발을…」, 『여성』, 1964년 9월
(창간호), 4쪽.

14 "이제 우리 여성단체들이 한데 뭉치어 사단법인을 만들고 여성회관을 경영관리하는 이때
를 계기로 우리의 요망에 차지 않는 미미한 간행물이기는 하나 오랜 진통 끝에 우리의 소
리를 대변하는 잡지를 간행하게 된 것을 자축하는 바이다. 물론 이것은 우리의 희망의 백분
의 일에도 차지 못하는 출생이나 그것이 빠른 시일 안에 주간이 되고 일간이 되도록 성장하
여 우리 희망과 사회기대에 더 충분히 기대할 수 있는 것이 될 것을 염원하여 마지않는다."
김활란, 「올바른 여론조성과 여성단체간 유대에 힘쓰자」, 『여성』, 1964년 9월(창간호),
3쪽.

15 『여성』이 만들어지는 데는 김활란의 의욕이 크게 작용하였으나 김활란은 실제 편집에는
관여하지 않고, 중요한 사안이 있을 때만 지시하는 형태였다고 한다. 정충량, 「『여성』
창간시의 회고와 미래에 대한 전망」, 『여성』, 1974년 4월 참조. 정충량은 『여성』 200호에
도 출판공보위원회로 이름을 올리고 있다.

16 1922년 한국 YWCA 창설(1922~1923, 1925~1927, 1938~1950 회장, 1949~ 1970 이
사장), 1950년 대한여학사협회 창설(1950~1954, 1956~1960 회장), 1959년 한국여성
단체협의회 창설(1959~1970 회장), 1966년 주부클럽 연합회 창설(1966~1968 회장),
1968년 범태평양 동남아세아 여성협회 창설(1968~1970 회장). 전후 3차례 걸쳐 한국대
표로 유네스코 총회에, 7차례 유엔총회에 참석하였다.

17 성신여학교 설립자. 해방 후 교육정책 수립에 적극 참여하여 교육심의회 위원을 비롯하여
표준어사정 위원·중앙교육위원회 위원·대한교육연합회교육정책 위원·교육제도심의회
위원·문교부교육정책심의회 위원 등을 지냈으며, 1973년 국회의원으로 지명되기도 했다.

18 1948년 문교부 검인정교과서 검정위원과 서예교과서 심사위원을 역임하였고, 대한주부
클럽연합회 회장, 여성교육자회 회장, 사단법인 한국여성단체협의회 회장, 한일여성친선
협회 이사, 남북적십자회담대표단 자문위원, 한국기독교미술인협회 회장, 국정자문위원
등을 지냈다. 2장에 나오는 이만기의 딸이기도 하다.

19 1948년 『경향신문』 문화부 기자로 기자 생활을 시작하여 1956년 우리나라 최초의 여성
논설위원이 되었다. 1961년 한국여기자 클럽을 창설, 초대 회장이 되었고, 1963년 이화
여대 신문학과 교수가 되었다. 1962~64년 여협 총무를, 1964~66년 상무이사를 맡았다.

20 정충량, 「『여성』 200호 기념 좌담회」, 『여성』, 1983년 8월.

21 정충량, 「『여성』200호 기념 좌담회」, 『여성』, 1983년 8월, 12쪽.

22 1960년대 '생활상식' 코너에서는 김장 담그는 법은 물론이고 세탁법, 가전제품 사용법 등 다양한 정보들이 등장한다. 여원 여류신인문학상을 수상한 박혜숙의 소설을 5회에 걸쳐 연재(『불가사리』, 1966년 4월호~11월호)하고, 「생활수필」(1974년 5~6월호), 「나의 추천시」(77년 3월~80년 12월) 등에 지면을 할애하기도 했다.

23 당시 대한YWCA의 간사로 활동했던 이요식은 『여성』지가 주로 여성단체와 학계에서 활용되었다고 지적한다. "기관지, 다 배분하니까 보죠. 그 때 일반 여성들에게 도움이 되기보다는 학계에서 많이 활용했죠. 왜냐하면 여성이라는 보이스는 어디 얻을 데가 없었잖습니까? 외국서적 아니면 여성운동이라는 게, 일반 여성들에게는 그게 돌아갈 게 없죠. 단체에 배분하니까, 단체에서 간부들 모임 같은 거 있을 때 자료로 활용하지만, 실지로 활용된 거는 주로 학계에서 교육계에서 많이 쓰셨죠. 왜냐면 상당히 그 때 그 때 이슈, 타픽을 잡아서 특집도 내고 했으니까. (…) 주로 학계에서 많이 인용을 했고, 밖에 계신 분들이 동참을 해서 특집도 많이 참여해주시고, 원고도 많이 쓰시고 해서 도움이 됐고"(이요식 인터뷰, 2000.1.8). 신건, 「1960~70년대 근대화 프로젝트와 여성담론에 관한 연구」, 연세대 석사학위논문, 2001, 4쪽 재인용.

24 1953년 가족법 초안을 접한 대한YWCA연합회, 대한부인회, 대한여자청년회, 대한여자국민당, 여성문제연구원, 대한조산원회, 여자선교단의 7개 단체는 연합하여 건의문을 보내고, 1954년 초 황신덕, 김활란, 표경조 등 여성계 지도자 50여 명이 공동으로 진정서를 만들고 대중계몽강연과 방송매체 보도를 시작했다. 그러나 이 노력에도 불구하고 유교에 바탕을 둔 가부장적 가족제도를 전통이라고 주장하며, 호주제와 동성동본불혼제를 근간으로 하는 가족법이 제정되었다. 이에 대해 한국가정법률상담소(소장: 이태영), YWCA연합회, 한국여성단체협의회 등 61개 단체가 범여성가족법개정촉진회를 결성하여 연대 활동을 전개하였다.

25 한국여성단체협의회, 『세계여성의 해 기념자료집』, 한국여성단체협의회, 1975.

26 이효재, 「1971년도 여성운동의 방향」, 『여성』, 1971년 4월, 20~24쪽.

27 박정희, 『지도자도』, 국가재건최고회의, 1961, 9~13쪽.

28 박정희 체제의 지도자—피지도자론에 관련해서는 황정화, 「상시화된 예외상태와 민주주의」, 『민주주의와 인권』 12(3), 전남대 5·18연구소, 2012, 155~199쪽 참조.

29 서영희, 「1970년대에 거는 근대화 완성의 기대—여성의 조직활동과 더불어」, 『여성』, 1970년 1·2월, 3쪽.

30 「우리 스스로 자신의 일을 해결하자」, 『여성』, 1965년 1월, 2쪽.

31 「봉사회원의 장한 정신을 방방곡곡에 펴보자」, 『여성』, 1965년 4월, 2쪽.

32 김활란, 전국여성대회 초대의 말.

33 김현미, 「한국의 근대성과 여성의 노동권」, 『동아시아의 근대성과 성의 정치학』, 한국여성연구원, 2002, 45~78쪽.

34 박정희 체제는 최용신을 적극적으로 부활시키며 1974년 10월에는 최용신 선생 기념비를 세우기도 하였다. 박영우, 김은하, 이대연, 「국가 재건의 시대와 근대적 여성 주체성의 구성」, 『한국문학이론과 비평』 43, 한국문학이론과비평학회, 2009, 285~512쪽.

35 한국여성단체협의회, 『한국여성단체협의회 30년사』, 한국여성단체협의회, 1993, 96쪽.

36 김은실은 근대화 과정에서 여성이 국민국가 프로젝트의 인구 재생산 도구로, 생산을 위한 노동력으로 동원되어 왔다는 것을 가족계획사업을 통해 분석하고 있다. 김은실, 「한국 근대화 프로젝트의 문화 논리와 가부장성」, 『우리 안의 파시즘』, 삼인, 2000, 105~130쪽.

37 육영수, 「제8회 전국여성대회 치사」, 『여성』, 1970년 10월, 7쪽.

38 김수진, 「전통의 창안과 여성의 국민화」, 『사회와 역사』 80, 한국사회사학회, 2008, 215~255쪽.

39 1대 이철경(여협 3대 회장, 대한주부클럽연합회 회장), 2대 채선엽(성악, 이화여대 음대 교수, 이화여대 이사장), 3대 나사균(화요클럽, 대한주부클럽연합회 이사), 4대 김갑순(이화여대 영문과교수, 대한주부클럽연합회 이사), 5대 한무숙 등이 역대 수상자이다. 초기 수상자들은 대부분 김활란 주도로 이루어진 화요클럽과 대한주부클럽연합회, 여협 소속의 여성 명사들이었다.

40 여협은 개인회원 확장을 통해 여협 재정과 사업 운영에 도움을 주기 위해 노력하였는데, 이러한 움직임 중 가장 대표적인 것이 화요클럽이다. 화요클럽은 "몇몇 주부들이 여협을 돕기 위한 모금 및 봉사활동을 하기 시작한 비공식 모임이었는데 1966년 발전적으로 해체하고 한국의 여성운동에 중요한 몫을 하는 또 하나의 단체인 대한주부클럽연합회로 발족되었다." 한국여성단체협의회, 『한국여성단체협의회 30년사』, 한국여성단체협의회, 1993, 78쪽. 대한주부클럽연합회는 1966년 1회 총회를 갖고 1대 회장으로 정충량을 선출하였다. 소비자운동과 여성·아동 교육, 여가, 교양 강좌 등을 중심으로 사업을 펼친다.

41 이숙종, 「대한민국 범여성궐기대회 ― 고 육영수 여사의 서거와 우리의 주장 대회사」, 『여성』, 1974년 9월, 5~6쪽. "조촐하고 청순한 목련의 기상으로 따뜻하고 아름다운 한국 여성의 귀감이었던 고인을 추모하고, 겸손하고 검소한 여성으로서의 생활태도를 본받는 일을 비롯하여 이웃을 내 몸 같이 사랑하고 기쁨과 슬픔을 함께 나누는 인간애와, 나라와 국민을 위하여 봉공하는 애국 애족의 정신, 국민교육과 아동교육에의 열성 및 민족문화 애호에까지 기울인 세심한 고인의 보살핌까지를 모두 이어받아 나가야 할 일이 우리 여성의 과업임을 천명했다."

42 모윤숙, 「故 육영수 여사의 서거와 우리의 주장」, 『여성』, 1974, 9월, 9쪽.

43 전산초(대한간호협회 회장), 「정부에 보내는 멧세지」, 『여성』, 1974년 9월, 13쪽.

44 여협 결성 당시 최고회의 의장 부인이었던 육영수는 여성계 지도자들과 만나고, 여성 문제에 대해 관심을 보였다고 한다. 이에 한 독지가가 부녀사업에 써달라고 기부금을 희사했다는 소문을 들은 이숙종이 직접 찾아가 도움을 요청하였고, 육영수는 그 기탁금으로 여성운동에 쓰일 부녀회관을 짓고 이 건물을 여협 주관으로 하겠다는 구두 약속을 한다. 그러나 이 건물은 1965년 임대계약이 만료하자 보사부로 이양되었고, 여협은 스스로 새 회관을 지어야 할 상황에 놓인다. 한국여성단체협의회, 『한국여성단체협의회 30년사』, 한국여성단체협의회, 1993, 65~76쪽.

45 총력안보는 1980년 11월호까지 유지된다. 김종갑, 「한국문학의 전통성에 대하여-딜레탕트의 입장에서」(1978년, 4월호), 이정숙, 「총력안보와 여성」(1978년, 5월호), 송석일, 「총력안보와 여성의 자세」(1978년, 8월호), 김태봉, 「제3땅굴과 우리의 각오」(1978년, 11월호), 오춘희, 「판문점을 다녀와서」(1978년, 12월호), 김종갑, 「남북대좌와 우리의 자」세(1979년, 4월호), 윤여훈, 「남북대화와 우리의 자세」(1979년, 5월호), 최봉기, 「북한의 어머니와 어린이」(1979년, 6월호), 강정숙, 「땅굴견학 수행기」(1979년, 7월호), 송석일, 「3당국회담제의와 국제안보」(1979년, 8월호), 이소란, 「산업시찰기」(1979년, 11월호), 김창순, 「이 시국을 사는 자세」(1979년, 12월호) 등

46 권명아, 『역사적 파시즘』, 책세상, 2005, 159~204쪽.

47 이 밖에도 『여성』은 1977년 7월 6일 범여성총력안보궐기대회를 개최한다. 61개 여성단체 1만 2천 명이 참석한 가운데, "한반도 평화구조는 미지상군철수계획에 따라 크게 위협받고 있으므로 충분한 억지력을 갖추게 해달라"는 내용의 메시지를 카터 미국 대통령에게 보냈다. 또한 베트남전에서 미국이 패배한 일을 들어, "하루아침에 공산화되어 나라를 빼앗긴 월남국민의 경험은 강 건너의 불이 아님을 깊이 인식해야 할 것"(이범준, 「6월을 맞이하여」, 『여성』, 1977년 6월), "한국의 상황은 다르다"며 베트남의 공산화로 김일성이 자극받고 있는 현실을 지적하며 미군철수에 대해 비관적 견해를 내비친다(송우, 「주한미군 철수와 우리의 각오」, 『여성』, 1977년 6월, 7쪽).

48 이정숙, 「총력안보와 여성」, 『여성』, 1978년 5월, 11쪽.

49 "가사원은 일반가정의 부녀를 회원으로 하고 여가선용, 능력개발, 자활지도, 가정상담, 교양강습 등을 통하여 여성의 경제적 사회적 지위향상을 도모하고 회원 상호협조와 친선을 목적으로 하여 활동해오던 바 '일하는 손'(여성) 수상자를 선발하여 표창하므로써 부지런히 일하는 여성을 격려하였다."(『여성』, 1970년 12월, 16쪽)

50 『여성』, 1979년 6월호. 『여성』 6월호는 주로 6.25에 관한 이야기를 통해 승공을 이야기

한다. 이 호에서도 「북한의 어머니와 어린이」(최봉기)라는 글을 통해 "북괴는 부녀자들로 하여금 한 가정의 주부 아내 어머니로서의 역할을 바라는 것이 아니라 당의 충실한 혁명 투사 노동력의 제공자로서의 역할을 강요하고 있다"(6~7쪽)며 비판을 가한다. 그런데 이는 역설적으로 한국이 원하는 여성은 한 가정의 주부이자 아내, 어머니로서의 역할이라는 것을 강조하는 효과를 낳는다. 이정식의 안보론에서도 어머니를 통한 안보교육이 강조된 것처럼, 1970년대 총후안보는 여성의 가정 내 역할을 중심으로 구조화된 것이다.

51 1971~1976년 사이 '군 기지 정화운동'은 미군을 위해 성병 진료소를 만들고, 성병검사를 정기화하였다. 또한 국가는 기지촌의 여성들에게 '외화를 버는 애국자', '민간 외교관'이라는 수사를 동원하였다. "미군을 만족시키는 여러분 모두가 애국자이다. 여러분 모두는 조국을 위해 외화를 벌려고 일하는 민족주의자입니다"라는 격려사는 기지촌 여성 대상의 교양 강좌에서 몇 번씩이나 반복되었다. 조희연, 『박정희와 개발독재시대』, 역사비평사, 2007, 178~180쪽; 캐서린 문, 「한·미 관계에 있어 기지촌 여성의 몸과 젠더화된 국가」, 『위험한 여성』, 삼인, 2001, 177~216쪽 참조.

52 이철경, 「안보는 생존이다」, 『여성』, 1977년 4월, 5쪽.

53 최민지, 「한국여성운동소사」, 『여성해방의 이론과 현실』, 창작과비평사, 1979, 238~260쪽.

54 이러한 입장은 1980년대 '재야' 여성운동 진영에서 공통적으로 지적하고 있는 부분으로, 이승희, 「한국여성운동의 현단계」, 『여성운동과 문학 2』, 풀빛, 1990, 237~267쪽; 여성사연구회 편집부, 「한국 여성해방이론의 전개에 대한 비판적 검토」, 『여성 2』, 창작사, 1988, 174~200쪽 등도 같은 의견을 내고 있다.

55 심정인, 「여성운동의 방향 정립을 위한 이론적 고찰」, 『여성 1』, 창작사, 230쪽.

56 김은실, 「여성에게 국가란 무엇인가」, 『황해문화』 51, 2006, 48~69쪽.

57 루이 알튀세르, 「이데올로기와 이데올로기적 국가장치들」, 『레닌과 철학』, 백의, 1995, 135~192쪽. 노동력의 기술 재생산에 대한 준비는 이데올로기적 복종이라는 형태로, 그리고 그 형태하에서 이루어진다. 알튀세르는 국가기구가 호명과 응답의 과정을 통해 헤게모니를 재생산하고 있다고 지적한다.

58 신인령, 「여성사회와 중간집단」, 『양극화시대와 중간집단』, 삼성출판사, 1975, 307~325쪽. 이러한 크리스찬아카데미의 입장은 1979년 '크리스찬아카데미 사태'를 불러온다. 당시 반공법 위반으로 집행유예를 선고받은 신인령(산업사회 담당, 노동자교육), 2년 4개월간 실형을 살고 1981년 광복절 특사로 나온 한명숙(여성사회 담당) 등은 이후 여성운동 및 학계의 주요 인물이 된다.

59 박인혜, 「1980년대 한국의 '새로운' 여성운동의 주체 형성 요인 연구」, 『한국여성학』 25(4), 한국여성학회, 2009, 141~172쪽.

60 이숙종, 「미국 여성에게 보내는 메시지」, 『여성』, 1976년 7·8월, 39쪽.

61 이재경 외, 「서문: 글로벌 사회의 국가와 젠더」, 『국가와 젠더』, 한울, 2009, 12~38쪽.

62 임옥희, 『채식주의 뱀파이어』, 여이연, 2011, 58쪽.

63 김활란, 『그 빛속의 작은 생명: 우월 김활란 자서전』, 여원사, 1965, 380~383쪽.

8장 여성학 교실과 번역된 여성해방운동

1 민족민주운동연구소 여성분과, 「80년대 여성운동과 90년대 여성운동의 전망 1」, 『정세연구』 9, 1990, 97~106쪽; 「80년대 여성운동과 90년대 여성운동의 전망 2」, 『정세연구』 10, 1990, 46~75쪽; 이승희, 「여성운동과 한국의 민주화」, 『새로운 정치학』, 인간사랑, 1998, 298~325쪽 참조.

2 이나영, 「급진주의 페미니즘과 섹슈얼리티」, 『경제와 사회』 82, 비판사회학회, 2009, 10~38쪽.

3 대한민국 출판물 총목록(국립중앙도서관 발행, 1980~1990), 여성관련문헌종합목록 〔1988년 6월말 현재 국회도서관, 숙대·서울여대·효성여대 도서관, 한국교육개발원, 한국여성개발원 등 여성 관련 주제 분야의 단행본 학위논문 연구보고서 등 6320권(한국서 2751권, 일서 1103권, 양서 2466권)〕, 여성관련문헌해제서지 1945~1984(여성관련 분야 단행본 총 3239권에 대한 해제서지, 동양서 국내단행본 546권, 학위논문 939권, 일서 425권, 합 1910권), 『여성연구』(1984년 겨울호 여성학 강좌용 참고도서 목록), 『한국여성학』(1~3, 1985~1987) 등 6개의 목록을 종합하여 대략적인 목록을 완성한 바, 80여 권 정도로 한정할 수 있었다.

4 "다만 이 목표는 이 시대의 한국적인 역사 속에서 이루어져야 하므로 서구 어느 나라의 전철을 그대로 모방할 수는 없는 것이다. 더욱이 국제시대에 산다고 우리의 인간적 삶의 실현을 억압하고 제한하는 역사적 상황을 무시하고 국제적 추세나 보편적 이념만을 앞세우는 여성운동의 자세는 외세 의존적 안일과 현실도피의 위장일 뿐이다."(이효재, 「80년대 여성운동의 과제」, 『한국의 여성운동』, 정우사, 1984, 196~197쪽)

5 Homi Bhabha, "The Third Space", *Identity: Community, Culture, Difference*, London: Lawrence and Wishart, 1990, pp. 207~221.

6 호미 바바, 『문화의 위치』, 나병철 옮김, 소명출판, 2002, 91~93쪽.

7 조주현, 「한국여성학 지식의 사회적 형성」, 『경제와 사회』 45, 비판사회학회, 2000, 172~197쪽.

8 『신데렐라 콤플렉스』의 부제는 다양하다. 홍수원 번역의 우이당판은 '여왕심리의 갈등',

김영만 번역의 을유문화사판은 '자립을 망설이는 여성들의 고백', 이호민 번역의 나라원
판은 '여자들의 갈등심리'로 되어 있다. 원서의 부제는 '여성들이 가진 독립에 대한 숨겨
진 공포(Women's Hidden Fear of Independence)'이다. 이를 우이당판에서는 '여왕심
리'라고 번역함으로써 독립에 대한 공포를 '여왕심리'와 등치시키고 있다. 이는 남성에 대
한 의존 심리를 여왕심리라고 분석하여 젠더화하는 것이라 할 수 있을 뿐 아니라 책 본문
의 내용에도 부합하지 않는 번역이라고 할 수 있다.

9 田中美智子(1922~2019). 일본 중의원을 5회, 15년간 지내고 은퇴한 정치가이자 공산당
원. 무소속으로 당선되어 의료비 문제와 여성 노동자 30세 정년 문제, 남녀 임금격차 문
제 등을 해결하려고 노력하였다. 저서로『未婚のあなたに』, 学習の友社, 1979;『若い日々
のために―性・モラルそして愛』, 学習の友社, 1981;『女は度胸』, 学習の友社, 1989 등이
있다.

10 松井やより(1934~2002). 아사히신문 논설위원이자 저널리스트. 〈전쟁과 여성에의 폭력〉
일본 네트워크를 설립했으며 2002년 〈군사주의에 반대하는 동아시아·미국·푸에르토리
코의 네트워크〉에 일본 대표로 참가하였다. 일본군 '위안부' 문제를 일본사회에 제기하였
으며 2000년 도쿄 여성국제전범법정을 제안, 천황 히로히토를 전범으로 고발한 바 있다.
한국에 번역된 저서로『여성들이 만드는 아시아』(들린아침, 2007)가 있으며 정신대문제
대책협의회를 통해 알려져 있다. 저서로『女性解放とは何か』, 未來社, 1975;『女たちの
アジア』, 岩波書店, 1987;『アジア・女・民衆』, 新幹社, 1988;『グローバル化と女性への暴
力』, インパクト出版会, 2000 등이 있다.

11 마가렛 미드,『누구를 위하여 그리고 무엇 때문에: 나의 인류학적 자서전』, 강신표·김봉
영 옮김, 문음사, 1980;『세 부족사회에서의 성과 기질』, 조혜정 옮김, 이화여대출판부,
1988.

12 보봐르의『제2의 성』은 1955년 이용호에 의해 부분적으로 초역이 이루어졌다. 이는 독
일, 미국, 일본, 아르헨티나에 이은 세계에서 다섯 번째 번역이었다. 이후 7명의 번역자
에 의해 7개의 출판사에서 번역본이 출간된 바 있으며, 완역본은 1973년 조홍식에 의해
이루어진다. 보봐르의 에세이나 자서전도 빨리 소개된 바 있다. 번역된 시기는 비교적 빠
르지만 보봐르와『제2의 성』에 대한 관심은 사르트르와의 계약 결혼과 여성의 성 문제로
초점에 맞추어진 것이 대부분이었다. 보봐르와『제2의 성』의 수용사에 관해서는 유미향·
박정윤·이영훈,「번역가의 젠더와 성적 표현의 번역」,『번역학연구』13(5), 한국번역학
회, 2012, 143~173쪽; 조혜란,「제2의 성의 초기 한국어 번역과 수용: 이용호의 1955년,
1964년 번역을 중심으로」, 고려대 석사학위논문, 2012 참조.

13 조옥라,「가부장제에 관한 이론적 고찰」,『한국여성학』2, 한국여성학회, 1986, 9~49쪽;

조혜정, 「가부장제의 변형과 극복」, 『한국여성학』 2, 한국여성학회, 1986, 136~217쪽 참조.

14 「또 하나의 문화를 펴내며」, 『평등한 부모 자유로운 아이』, 또하나의문화, 1985, 12~28쪽.

15 「AWRAN의 지상논단」, 『평등한 부모 자유로운 아이』, 또하나의문화, 1985, 269쪽.

16 조혜정, 『탈식민시대 지식인의 글읽기 삶읽기』, 또하나의문화, 1992, 15~36쪽. 이러한 문제 제기는 여성해방운동에 대한 시각에서도 일관적으로 드러난다. 조한혜정은 해방 후 여성해방운동은 다시 시작됐어야 하지만 '민족적'인 것을 되찾고자 하는 성급한 과정에서 미처 진정한 민족 자존의 길은 찾지 못한 채 신복고주의에 매달리게 되었다고 지적한다. 수입된 '현대적' 헌법 제정으로 자동적으로 참정권을 얻게 되고, 따라서 서구 여성들이 끈질기게 벌여온 선거권을 얻기 위한 사회운동을 벌일 필요도 없었던 여성들이 체제 비판적 사회운동의 와중에서 비로소 자신과 동료 여성들, 그리고 다른 억압 집단에 관한 문제를 논의하기 시작했다는 것이다. 조혜정, 『한국의 여성과 남성』, 문학과지성사, 1988, 42~43쪽.

17 http://forwomen.org 참조. 1970년대 『미즈』와 미즈 재단은 서로 관련된 단체였으나, 1987년 이후 공식적으로 분리되었다.

18 여자인지, 남자인지 묻는 질문에 "그냥 X"라고 답하는 X는 멜빵바지를 입고 달리기와 공놀이를 하며, 쿠키 굽는 것을 좋아한다. 남자아이의 옷과 여자아이의 옷을 모두 입으며, 유치원에 가서도 남자친구와 여자친구를 두루 사귄다. 1등을 하기 위해 달리는 것이 아니라 달리기를 좋아하고, 친구를 사귀는 것을 좋아한다. 처음에는 X를 꺼려하던 아이들도 점차 X처럼 멜빵바지를 입고 뛰어놀게 된다는 짧은 동화이다.

19 http://www.freetobefoundation.org 참조.

20 원작은 가상의 동물 sneetch를 등장시키는데, 닥터 수스가 그린 캐릭터가 큰 오리와 닮아서 「별배꼽오리」가 되었다. 이후 sneetch는 옷이나 머리 스타일 등 별로 중요하지 않은 요인 때문에 자신이 다른 사람보다 더 낫다고 생각하는 사람들을 지칭할 때 쓰이기도 한 표현이 되었다. www.urbandictionary.com 참조.

21 오일환, 「1980년대 이후 한국 사회운동과 정치발전」, 『한국정치외교사논총』 21, 한국정치외교사학회, 2000, 199~226쪽.

22 박형준, 「전환기 사회운동의 성격」, 『오늘의 한국사회』, 사회비평사, 1993, 416~422쪽.

23 조주현, 「여성 정체성의 정치학: 80·90년대 여성운동을 중심으로」, 『한국여성학』 12, 한국여성학회, 1996, 138~179쪽.

24 『여성』은 1985년의 1호 〈허위의식과 여성의 현실〉, 1988년의 2호 〈변혁기의 여성들〉, 3호 〈한국여성의 노동현실과 운동〉을 주제로 하여, 총 3번 발간되었다.

25 『여성』에서 여성해방이론에 대한 전면적 재검토를 요청한 이유는 1호에 실린 심정인의

주 339

「여성운동의 방향 정립을 위한 이론적 고찰」(200~255쪽)을 통해 확인할 수 있다. 심정 인은 해방 이후의 여성운동에 대해 친일파와 특권적 여성들의 여가 활용적 활동이며 개량 주의적 경향의 여성운동 세력에 의해 장악되었다고 평가절하한다. 이들은 유물론적 여성 해방이론을 토대로, 한국의 여성해방운동의 뿌리를 근우회나 마르크시즘에서 찾으며, 여 성평우회에 대해 강한 비판을 선포했다. "여성운동은 가부장제를 포함하여 여성을 억압 하는 사회 구조를 변혁하여 남녀 모두가 인간답게 살 수 있는 사회를 건설"하는 것이라는 입장이다.

26 여성사연구회 편집부, 「한국 여성해방이론의 전개에 대한 비판적 검토」, 『여성 2』, 창작사, 1988, 174~200쪽.

27 윤금선은 1980년대 독서 경향에 대한 분석을 통해서 70년대 후반부터 '번역물 붐' 현상이 나타났으며, 특히 사회과학 단행본과 기획 출판이 늘어났다고 지적한다. 특히 1982년 2월 금서 조치가 대폭 해제되면서 이데올로기 관련 서적의 번역 출판물이 급속도로 증가 하게 된다는 것이다. 그러나 이러한 증가는 1980년대 중반 대대적인 단속을 통해 억제되 기도 한다. 윤금선, 「1980년대 전반기 독서운동 사례와 독서경향 분석」, 『독서연구』 19, 한국독서학회, 2008, 229~277쪽.

28 『여성과 사회』는 번역자의 이름과 출판사는 다르지만, 책 본문과 역자 후기가 동일하다. 따라서 1982년 한밭출판사판과 1988년 보성출판사판이 같은 책이라고 할 수 있다. 이 책 은 1920년대 『부인론』으로 소개되었으며 『동아일보』 1925년 11월 9일 자에 배성룡이 번 역한 베벨의 『부인해방과 현실생활』(조선지광사)이 출간되었다는 신간 소개 기사가 실 려 있다. 식민지기 『부인론』의 수용 양상에 대해서는, 홍창수, 「서구 페미니즘 사상의 근 대적 수용 연구」, 『상허학보』 13, 상허학회, 2004, 317~362쪽; 김양선, 「사회주의 여성 해방론의 소설화와 그 한계」, 『우리말글』 36, 우리말글학회, 2006, 181~202쪽; 김경애, 「근대 남성지식인 소춘 김기전의 여성해방론」, 『여성과 역사』 12, 한국여성사학회, 2010, 111~149쪽 참고.

29 강이수, 「불행한 결혼인가, 불가능한 결혼인가」, 『여성과 사회 1』, 창작과비평, 1990, 379~ 389쪽.

30 조금안, 『여성해방론』, 동녘, 1988, 4쪽.

31 마르크스주의의 입장에서 여성해방사상의 역사를 정리한 편역서이다. 저자인 미즈다 타 마에의 두 권의 저서를 한 권으로 합친 이 책은 서양 근대 사상의 출발점인 루소에서부터 시작하여 계급 구조와 가족 구조를 분석한다.

32 김지해는 우리나라에서는 부르주아 여권운동의 사상적 원천에 대해서는 소개가 되었으 나 사회주의 여성운동, 민족해방 여성운동에 대한 소개는 전무한 편이기 때문에 19세기

말~20세기 초를 풍미했던 사회주의 여성운동을 소개하는 것이 매우 시급한 일이라고 평가하고 있다.

33 『여성 3』(1989)은 '민족민주운동과 여성운동'이라는 주제로 좌담회를 개최한다. 이 자리에 당시 여연의 부회장이었던 이미경이 참석하여, "여연 출범 시 자체 내에서 단순히 남녀 간의 지위개선문제에 집중하는 것만이 아니라 한국의 사회구조적 문제의 근본인 민주화 자주화 문제 해결에 여성들이 역사의 주체로서 참여해야 한다"는 입장을 세웠다는 것을 분명히 하며 이것이 1988년 '분단' 올림픽 개최와 미국의 수입개방 요구 등과 맞물려 주요 현안으로 떠올랐다고 대답한다. 「민족민주운동과 여성운동」, 『여성 3』, 창작사, 1989, 25~31쪽.

34 장달중, 「반미운동과 한국정치」, 『한미관계의 재조명』, 경남대 극동문제연구소, 1988, 123~143쪽; 「반미운동의 성격에 관한 이론적 고찰」, 『국제문제연구』 12(1), 서울대 국제문제연구소, 1988, 1~17쪽.

35 이승희, 「여성운동과 한국의 민주화」, 『새로운 정치학』, 인간사랑, 1998, 305쪽.

36 노마 스톨츠 친칠라, 「여성해방, 계급해방, 민족해방」, 『세계여성운동 2』, 동녘, 1988, 9~27쪽.

37 선정된 책은 다음과 같다. 고준석, 『아리랑 고개의 여인』, 유경진 옮김, 한울, 1987; 구엔 반붕, 『사이공의 흰 옷』, 친구, 1986; 도미틸라(구술), 모에마비처(기록), 『어머니들』, 정순이 옮김, 한마당, 1986; 엥겔스, 『가족의 기원』, 김대웅 옮김, 아침, 1985; 필립 S 포너, 『클라라 체트킨 선집』, 조금안 옮김, 동녘, 1987; 벨로프, 『여성, 최후의 식민지』, 강정숙 외 옮김, 한마당, 1987; 사피오티, 『산업사회의 여성』, 김정희 옮김, 일월서각, 1986; 울프 쿤, 『여성과 생산양식』, 강선미 옮김, 한겨레, 1986; 김지해 편, 『세계여성운동 1 : 사회주의 여성운동 편』, 동녘, 1987; 타마키 하지메(玉城肇), 『세계여성사』, 백산, 1986 등의 총 10권이다.

38 김사임이 여성해방 의식을 가지고 있었던 것은 몇몇 장면에서 확인된다. 그러나 화자인 남편 고준석은 아내가 당 활동을 위해 나가는 것도 불편하고 부담스럽게 여길 만큼, 여성해방에 대한 최소한의 공감대도 형성하고 있지 않다. 고준석은 아내 김사임을 철저히 낭만화, 대상화하고 있는 것이다.

39 원제는 *Ao Trang*으로 베트남 여성이 입는 흰색 전통 의상을 지칭한다. 작가의 이름인 응웬을 구엔으로 번역할 만큼 베트남 문화나 언어에 대한 이해가 부족한 상태에서 번역된 초판본은 1980년대 대학생, 노동자 사이에서 큰 인기를 끌었다. 2006년 동녘에서 『하얀 아오자이』라는 이름으로 재출판되었다.

40 호미 바바, 『문화의 위치』, 나병철 옮김, 소명출판, 2002, 336쪽.

9장 대안 공동체 '또 하나의 문화'와 민중시인 고정희의 역설적 공존

1 「성차별 없는 평등사회 실현 여성모임 '또 하나의 문화' 탄생」, 『동아일보』, 1984.12.11.

2 조옥라, 「가부장제에 관한 이론적 고찰」, 『한국여성학』 2, 한국여성학회, 1986, 9~49쪽;
   조혜정, 「가부장제의 변형과 극복」, 『한국여성학』 2, 한국여성학회, 1986, 136~217쪽 참조.

3 「책을 펴내며」, 『내가 살고 싶은 세상』, 또하나의문화, 1994, 13쪽.

4 조형, 「외로운 투사들의 모임(동인 회보 제2호, 1984.12.9)」, 『내가 살고 싶은 세상』, 또하
   나의문화, 1994, 404쪽.

5 조혜정, 「근본적인 사회 변혁의 시작(동인 회보 제2호, 1984.12.9)」, 『내가 살고 싶은 세
   상』, 또하나의문화, 1994, 405쪽.

6 김은실, 「좌담회 : 따로, 또 같이 하는 사회 운동」, 『내가 살고 싶은 세상』, 또하나의문화,
   1994, 447쪽. '또문' 10주년을 맞아 진행된 이 좌담회에는 김은실, 김효선, 김희옥, 송도
   영, 송제숙, 안희옥, 유승희, 전정환, 전해원, 조형, 최현희, 호용수 등 다양한 세대와 직업
   의 '또문' 동인들이 참여했다.

7 강희영·하빈·한정아, 「인간 해방 문화의 실현을 향한 몇 가지 제언(동인 회보 제18호,
   1987.8.22)」, 『내가 살고 싶은 세상』, 또하나의문화, 1994, 412쪽.

8 조혜정·김은실, 「또 하나의 문화, 앞으로 10년」, 『내가 살고 싶은 세상』, 또하나의문화,
   1994, 479쪽.

9 프레이저는 제2의 물결에서 포스트페미니즘으로의 이동을 '3막의 연극'으로 비유한다.
   1막은 제2의 물결이 처음 등장하던 국가 주도 자본주의 사회를 배경으로 펼쳐진다. 신좌
   파와 함께 출현한 반란 세력으로서 페미니즘은 '개인적인 것이 정치적인 것'이라고 주장
   함으로써 남성 중심주의를 폭로하고 자본주의 사회를 근본부터 변혁하려고 시도했다. 이
   과정에서 페미니스트들은 좌파 내부의 성차별주의와 맞서 싸우고, 임금 노동을 탈중심화
   하고 돌봄노동의 가치를 안정화하고자 했다. 그뿐만 아니라 국가주의에 대항하여 젠더 정
   의를 증진하고 실현할 수 있는 기관으로 변형하여 NGO 단체를 결성하였으며, '자매애는
   글로벌하다'는 구호를 만들어내기도 하였다. 이들은 젠더 부정의에 대한 투쟁은 인종차별
   주의, 제국주의, 동성애 혐오, 계급 지배에 대한 투쟁과 연대해야 한다는 것을 믿어 의심치
   않았다. 낸시 프레이저, 『전진하는 페미니즘』, 임옥희 옮김, 돌베개, 2017의 8, 9장 참조.

10 『믿는 만큼 자라는 아이들』(웅진출판, 1996), 『다시 아이를 키운다면』(나무를심는사람
   들, 2013), 『결혼해도 괜찮아』(나무를심는사람들, 2015) 등 최근까지도 자녀 교육에 관한
   책들을 출간하고 있다. 이 책들의 선전 문구에서 박혜란은 "과외 한 번 시키지 않고 아들
   셋을 '공짜로' 서울대에 보낸" 어머니이다.

11 이소희, 『여성주의 문학의 선구자 — 고정희의 삶과 문학』, 국학자료원, 2018.

12 김정은, 「1980년대 여성주의 출판문화운동의 네트워킹 행위자로서 고정희의 문화적 실천」, 『페미니즘 리부트 시대, 다시, 고정희』, 소명출판, 2022, 406~449쪽. 김정은은 고정희가 1980년대 『여성문학』, 『또문』, 『여성신문』에 이르기까지 다양한 여성주의 출판문화운동을 벌여왔으며, 이 과정에서 네트워크 매개자 역할을 수행했다고 지적한다.

13 이혜령, 「빛나는 성좌들」, 『상허학보』 47, 상허학보, 2016, 409~454쪽.

14 조옥라, 「고정희와의 만남」, 『모든 사라지는 것들은 뒤에 여백을 남긴다』, 창작과비평사, 1992, 193쪽.

15 『고정희 시전집』, 또하나의문화, 2011, 339쪽. 이 글은 『여성해방출사표』의 서문으로, 전집에 수록된 버전으로 수록하였다.

16 『하나보다 더 좋은 백의 얼굴이어라』, 또하나의문화, 1988, 5쪽. 『하나보다 더 좋은 백의 얼굴이어라』에는 고정희를 중심으로 강은교, 공지영, 김경미, 김승희, 김혜순, 노영희, 신동원, 이성애, 장정임, 차정미, 천양희 등의 작품이 실렸다. 가장 많은 시편을 수록한 것은 고정희다.

17 정혜진, 「고정희 시의 섹슈얼리티와 '페미니즘의 급진성'」, 『페미니즘 리부트, 다시, 고정희』, 소명출판, 2022, 450~502쪽. 정혜진은 고정희를 급진적 페미니스트로 명명하고, 그의 시가 여성 계급의 해방을 노동, 계급, 섹슈얼리티 등의 다양한 층위에서 이야기하고 있다고 지적한다.

18 또문, 『지배문화, 남성문화』, 또하나의문화, 1988, 174~175쪽.

19 이선옥, 「민족 문제와 성 문제의 불행한 결합 — 윤정모의 『고삐』」, 『한국학연구』 5, 숙명여대 한국학연구소, 1995, 185~203쪽.

20 조혜정, 「그대, 쉬임없는 강물로 다시 오리라」, 『너의 입술에 메마른 나의 입술』, 또하나의문화, 1993, 229쪽.

21 고정희, 「여성주의 문학 어디까지 왔나」, 『너의 침묵에 메마른 나의 입술』, 192쪽.

22 고정희, 「독자에게 보내는 편지」, 『여성신문』 10, 1989.2.10.(고정희, 『너의 침묵에 메마른 나의 입술』, 67쪽 재인용).

23 고정희, 『모든 사라지는 것들은 뒤에 여백을 남긴다』, 창작과비평사, 1992, 84~85쪽.

24 허윤, 「'하얀 손'에 대한 원한과 박정희 체제의 젠더 정치」, 『남성성의 각본들』, 오월의봄, 2021, 325~357쪽.

25 조혜정, 「그대, 쉬임 없는 강물로 다시 오리라」, 『모든 사라지는 것들은 뒤에 여백을 남긴다』, 228~229쪽.

26 김은실, 「고정희 선생님이 죽었다?」, 『모든 사라지는 것들은 뒤에 여백을 남긴다』, 220쪽.

27 김양선, 「486세대 여성의 고정희 문학 체험 — 80년대 문학담론과의 길항관계를 중심으로」, 『비교한국학연구』 19(3), 국제비교한국학회, 39~63쪽.

10장 페미니즘의 대중화와 『페미니스트 저널 IF』

1 김보명, 「1990년대 한국 대학 반성폭력 운동에 관한 연구」, 서울대학교 여성학협동과정 석사학위논문, 2007, 13~17쪽.
2 영페미니스트의 활동에 대해서는 권김현영, 「영페미니스트, 넷페미의 새로운 도전」, 『대한민국넷페미사』, 나무연필, 2017, 11~77쪽 참조.
3 천정환, 「응답하라… 응답하라… 1990's」, 『시대의 말, 욕망의 문장』, 마음산책, 2014, 505~512쪽.
4 『이프』는 '만약에'라는 페미니스트적 가정을 의미할 수도 있고, 페미니즘이 완결된 것이 아니라 계속 변화하고 발전하는 무정형(infinite feminism)이라는 의미를 담기도 한다. 또한 I'm a feminist 또는 I'm Female의 약자로도 사용할 수 있다.
5 「보수적 남성에 '글'로 전면전 선언 "여성 계간지 '『이프』' 창간」, 『경향신문』, 1997.5.16.
6 1990년대 여성잡지 시장은 『조선일보』, 『중앙일보』, 『동아일보』, 『경향신문』 등 일간지 신문사가 주도하고 있었으며, 광고비를 통해 이윤을 생산하는 시스템이었다. 1990년대 초반 해외의 패션 전문지의 라이선스판이 발간되기 시작하였으며, 여성지의 구독자가 주부에서 여자 대학생으로 확장되는 시기였다.
7 이에 따라 2000년대로 가면서 「스타일리스트 이정우의 섹시한 옷 입기」(2000년 봄), 「유인경의 옷 이야기」 등의 기사가 연재되기도 한다.
8 한국계 미국인으로서 『플레이보이』 등에서 누드모델로 활동하였다. 1990년대 한국에서 화보집을 발간하고 사인회를 갖는 등 인기를 끌었다. 다수의 광고를 촬영하기도 했다.
9 (그 여자의 페미니즘) 신정모라, 「남성의 기생충 근성 — 걸레들과 기생충들에게 보내는 사과문」, 『이프』, 1997년 여름, 120~122쪽. 신정모라는 PC통신 나우누리에 이 글을 비롯한 남성 중심주의를 비판하는 글을 하루에 5~6건 올리면서 이름을 알렸다. 「노출 단속에 유방시위로 맞서자」, 「만원전철에서 성추행에 대처하기 위해서 여자가 먼저 흥분해 공격하자」 등 급진적 주장으로 새로운 세대 여성운동을 대표하는 인물이 되었다. 「'여성을 해방하라' 끝없는 35살의 반란 PC통신 여성해방론자 신정모라」, 『경향신문』, 1996.11.11.
10 『이프』 독자관리팀의 분석에 따르면 『이프』의 독자들은 "체계적인 페미니즘의 수혜를 받지 못한 전국 각지의 외로운 여성들이 대다수"였다. 박미라·유숙렬·정박미경·제미란·조박선영, 「완간호 좌담: "이제는 말하고 싶다"」, 『이프』, 2006년 봄, 140쪽.

11 조박선영, 「그 많던 마니아들은 어디로 갔을까」, 『이프』, 2006년 여름, 83~84쪽.

12 박미라는 영페미니스트들이 『이프』의 독자였다고 말하는 것에 대해 "이해하기 힘들다"고 표현하면서, 영페미니스트들과의 갈등을 지면에 드러낸다. 유숙열 역시 페미니즘은 여자를 사랑하는 법을 배우는 것인데, 한국 여성들은 그 방법을 모른다며 영페미니스트들과의 갈등을 암시한다. 정박미경은 유숙열이 영페미니스트들 때문에 잡지를 만들 전의를 상실했다고 하는 등 『이프』와 영페미니스트 사이의 갈등은 골이 깊었다. 박미라·유숙열·정박미경·제미란·조박선영, 「완간호 좌담: "이제는 말하고 싶다"」, 『이프』, 2006년 봄, 135~136쪽.

13 편집부, 「왜 성희롱인가」, 『이프』, 1997년 여름, 33쪽.

14 유숙열, 「예술과 폭력 사이에서 꽃피는 남근의 명상」, 『이프』, 1997년 여름, 34~46쪽. 이 글에서 유숙열은 송기원의 『여자에 대한 명상』, 이문열의 『선택』, 김원우의 『모노가미의 새 얼굴』, 김완섭의 『창녀론』 등 네 편의 텍스트를 분석하여 비판하고 있다. 1995년 출간된 김완섭의 『창녀론』은 '창녀'를 숭배하는 방식의 성적 자유주의라는 1990년대적 특징을 보여주며, 페미니스트들의 많은 비판을 받았다.

15 고갑희, 「누가 사랑을 아름답다 했는가? 차라리…」, 『이프』, 1997년 가을, 55쪽.

16 2000년 가을호의 기획 주제는 〈그들의 '진보'엔 여성이 없다〉로 운동 사회의 성폭력 문제를 거론하였다.

17 유숙열, 「예쁜 여자는 페미니스트의 적인가」, 『이프』, 1999년 봄, 53쪽.

18 정미경, 「결혼 밖에선 무슨 일이 벌어지나」, 『이프』, 2000년 여름, 120~125쪽.

19 강금실, 「실질적으로 보호할 수 있는 장치가 아니다」, 『이프』, 2000년 여름, 128쪽.

20 유시민은 「"간통죄 무서워 간통 못하는 사람, 하나도 못봤다!"」, 『이프』, 2000년 여름, 126쪽.

21 유숙열, 「페미니스트저널 IF 이야기」, 『상허학보』 51, 상허학회, 120쪽.

22 유채지나, 「포르노의 패러다임을 바꾼다―포르노 여성주의자 애나벨 청」, 『이프』, 2000년 여름, 174~179쪽.

23 애나벨 청은 영국 유학 시절 지하철에서 만난 남자에게 윤간당한다. 이후 미국에서 여성학을 전공한 그는 22살 때부터 6년간 하드한 컨셉의 포르노를 찍는 배우로 활동한다. 애나벨 청을 '포르노 스타'로 명명하는 것은 그녀가 포르노와 성폭력을 연결시키는 지점을 비가시화한다. 애나벨 청이 자기 주도적 포르노 스타인가를 판단하기 위해서는 그의 삶 전체를 관통해서 살펴보아야 한다.

24 유채지나, 「〈노랑머리〉가 때론 포르노의 주인공이고 싶다는 것은 〈거짓말〉인가?―포르노 사태에 대한 성찰」, 『이프』, 1999년 겨울, 172~176쪽.

25 정박미경, 「포르노의 현실과 포르나의 상상, 그 틈을 들여다보다」, 『이프』, 2005년 겨울, 36쪽.

26 정박미경, 「포르노의 현실과 포르나의 상상, 그 틈을 들여다보다」, 『이프』, 2005년 겨울, 39쪽.

27 소연, 「빨리 포르나가 만들어졌으면 좋겠어!」, 『이프』, 2005년 겨울, 44~47쪽; 김정란, 「꽃의 여자, 블로다이웨드의 반란—성관계에서 주도권을 행사했던 켈트 여신들」, 『이프』, 2005년 겨울, 48~53쪽; 박미라, 「여성 노동요에 나타난 에로틱 판타지의 좌절과 독설 또는 해학」, 『이프』, 2005년 겨울, 54~57쪽 등.

28 「긴급출동 호스트바 잠입 르뽀-'다꽝마담'에서 '왕게임'까지」, 『이프』, 1997년 가을, 45~50쪽.

29 「완간호 좌담: "이제는 말하고 싶다」, 『이프』, 2006년 봄, 136쪽.

30 이현승, 「같이 자는 여자, 같이 잠들 수 있는 여자」, 『이프』, 1997년 여름, 74~76쪽.

31 변정수, 「마음이 '통'하면 몸이 '통'한다」, 『이프』, 1998년 여름, 130~132쪽.

32 「총론」, 『이프』, 1998년 여름, 60쪽.

33 1968년 프랜신 고트프리드가 여성 최초로 월스트리트에서 거래 업무를 맡자 그녀의 출근 길에 남성들이 지하철 출구에 모여 그녀를 성희롱했다. 이에 칼라 제이와 앨릭스 케이츠 슐먼, 수잔 브라운밀러는 1970년 '월스트리트 추파의 날' 시위를 기획하여 지나가는 남자들을 성희롱하였다. 박소영, 「옮긴이의 말」, 수잔 브라운밀러, 『우리의 의지에 반하여』, 오월의봄, 2018, 674쪽.

34 「밝히는 남자 박노해, "부드러운 페니스로…"」, 『이프』, 1999년 겨울, 54~59쪽.

35 「"난 페미니스트의 노예가 되어도 좋아"」, 『이프』, 1999년 겨울, 146쪽.

36 "싸우자고 하니까. 모든 불합리와 비상식을 그냥 두고 볼 수 없다. 그거지 않나. 딴지랑 비슷하다. 『이프』는 우연찮게 창간호부터 접해서 재미있게 읽고 있다. 그런 공격적인 페미니즘이 필요하다."(65쪽) 「순한 남자 김어준, "빨리 돈 벌어서 조선일보 사야지"」, 『이프』, 2000년 여름, 64~69쪽.

37 『이프』, 1998년 가을, 268쪽.

38 「기대와 실망의 『이프』 변주곡」, 『이프』, 2006년 여름, 138쪽.

39 박미라(전 편집장), 「프로다워라, 돈을 밝혀라」, 『이프』, 2000년 가을, 27쪽.

40 1999년 가을호에서는 특집으로 「사이버 주류에 합류하기」를 다루면서, 여성에게 유용한 사이트로 여성 전용 쇼핑몰도 함께 소개한다. 패션, 화장품, 다이어트 정보 사이트도 동시에 등장한다.

41 유숙열, 「내 인생의 주홍글씨, 페미니즘」, 『이프』, 2006년 봄, 156~163쪽.

42 「Female gaze」, 『이프』, 1999년 겨울.

43 정치인으로서 아름다운 나라를 만드는 것이 목표라고 포부를 밝히는 박근혜는 "하늘이고 땅이고 전부 오염되고 개발이라고 해서 전부 파헤치고 그랬는데 땅을 살리고 가꾸고 시민들이 깨끗한 공원에서 여유를 즐기고 휴식할 수 있는 나라, 원리원칙이 지켜지는 나라"라는 추상적인 나라상을 이야기한다. 황오금희, 「박근혜 의원, 대통령 도전할까」, 『이프』, 2000년 가을, 45쪽.

44 「특집 국회를 점령하라! 여성정치인 의상 제안」, 『이프』, 2000년 봄.

45 이 좌담회에는 언니네트워크 활동가 난새, 시타, 조제, 해송, 호빵 등 5명이 참여하였다. 시타, 「기대와 실망의 『이프』 변주곡」, 『이프』, 2006년 봄, 110쪽.

46 시타, 「기대와 실망의 『이프』 변주곡」, 『이프』, 2006년 봄, 111쪽.

47 권김현영, 「이프에 말걸기의 어려움」, 『이프』, 2006년 봄, 114~117쪽.

48 육오영화, 「웃고, 놀고, 뒤집고… 다음엔?」, 『이프』, 2006년 봄, 89쪽.

11장 한없이 투명하지만은 않은, 『BLUE』

1 권김현영, 「순정만화 여성들의 친밀한 정서적 문화동맹」, 『여성과 사회』 12, 2001, 119~120쪽.

2 박세형, 「한국 출판만화 유통의 문제점과 개선방안 연구」, 『만화애니메이션연구』 3, 1999, 358~397쪽.

3 『씨네 21』 1995년 제6호(라현숙, 「출판만화의 여성장르에서 나타나는 의미투쟁에 관한 연구」, 이화여대 석사학위논문, 1996, 197~198쪽 재인용); 박세형, 「한국 출판만화 유통의 문제점과 개선방안 연구」, 『만화애니메이션연구』 3호, 한국만화애니메이션학회, 1999, 370쪽; 곽선영, 「여성장르로서의 순정만화의 특성에 관한 연구─수용자 분석을 중심으로」, 서강대 석사학위논문, 2000, 6쪽의 국내 만화잡지 발간 현황을 참조로 작성.

4 1911년에 이탈리아의 영화 평론가 리치오토 카누도는 연극, 회화, 무용, 건축, 문학, 음악에 이어 '영화'를 '제7의 예술'로 규정했다. 이후 '사진'이 '제8의 예술'로, '만화'가 '제9의 예술'로 언급된다.

5 「꼼꼼한 구성 없으면 일日 만화 못 눌러」, 『동아일보』, 1996.5.22; 「어린이에 나쁜 영향 주는 일본풍 만화 보면 가슴 아파」, 『경향신문』, 1996.8.23. 이 두 편의 기사는 만화가 황미나의 인터뷰로, 일본 만화와의 비교를 통해서 한국 만화를 발전시켜나가야 한다는 입장을 취한다.

6 「순정만화 세상 향해 문 활짝」, 『한겨레』, 1999.3.18.

7 김은혜, 「1980년대 여성 서사만화 연구」, 전북대 박사학위논문, 2017.

8 Tania Modleski, *Loving with vengeance: Mass Produced Fantasies for Women*, Archon Books, 1982, p. 11.

9 김성종, 「여성만화가 4인 돌풍」, 『경향신문』, 1995.5.15.

10 박인하, 『누가 캔디를 모함했나 ― 순정만화 맛있게 읽기』, 살림, 2000, 216~224쪽.

11 류진희는 「청소년보호법」이 1990년대 섹슈얼리티 담론에 미친 영향을 분석하면서, 성적 실천과 무관한 청소년을 생산하는 「청소년보호법」의 문제에 대해 비판했다. 「청소년보호를위한유해매체물규제등에관한법률」로 제안된 「청소년보호법」은 청소년에게 음란성·폭력성·잔인성·사행성을 조장할 우려가 있거나 반사회적·비윤리적이고 정신적·신체적 건강에 유해하다고 판단되는 매체를 제재 대상으로 규정함으로써 사실상 검열의 근거로 작동했다. 「청소년보호법」은 35차례 개정되었으나 유해 매체물 심의 기준은 처음 설계한 그대로 유지되었다. 이는 '청소년유해매체'라는 애매한 기준이 '만화'와 같이 아동·청소년을 대상으로 한 장르들을 구속하고 있었음을 보여준다. 특히 청소년보호법 제정 당시 제재 대상 항목에 '동성애'가 포함됨으로써 1990년대 후반 한국 만화계에서 펼쳐진 다양한 섹슈얼리티 실험들은 거세될 수밖에 없었다. 1995년에 원수연이 「Let 다이」(1995)를 통해 동성애 소재를 대중적인 출판만화에 등장시키며 새로운 서사를 실험했던 것과 같은 작업이 더 이상 불가능해진 것이다. 류진희, 「"청소년을 보호하라?", 1990년대 청소년 보호법을 둘러싼 문화지형과 그 효과들」, 『상허학보』 50, 상허학회, 2018, 97~121쪽.

12 천정환·정종현, 『대한민국 독서사 ― 우리가 사랑한 책들, 知의 현대사와 읽기의 풍경』, 서해문집, 2018.

13 1980년대 후반부터 서정윤의 『홀로서기』(청하, 1987)와 같은 시집이 연간 베스트셀러에 오르면서, 순정한 사랑의 감각이 주요하게 재현되었다. 1990년대는 그야말로 사랑시 전성시대였다. 김경숙은 이를 '기획된 사랑'이라고 칭하면서 출판이 보수화되었다고 지적한다. 김경숙, 「1980~1990년대 베스트셀러 시의 '사랑' 담론」, 『한국문학이론과비평』 29, 한국문학이론과비평학회, 2005, 201~237쪽.

14 서은영, 「'순정' 장르의 성립과 순정만화」, 『대중서사연구』 21, 대중서사학회, 2015, 147~177쪽.

15 손상익, 『한국만화통사』(하), 시공사, 1998, 274쪽.

16 노수인, 「한국 순정만화와 일본 소녀만화의 관계 연구 ― 순정만화가들과의 심층인터뷰를 중심으로」, 이화여대 석사학위논문, 1999, 54쪽.

17 김성훈, 「만화가 황미나 ― 한국 만화계의 '큰언니'」, 〈네이버 캐스트〉, 2009.4.3.

18 순정만화의 개념을 논의한 한상정은 순정만화의 역사를 가족/순정만화(1957~1962), 소

녀만화(1963~1976), 감성만화(1977~현재)로 구분하면서 어린아이들의 순수한 감정을 드러낸 1시기가 순정만화의 사전적 의미에 가장 적절한 작품들이며, 3시기는 감성적 스토리, 유려한 장식성, 목적의식적인 연극성 등을 바탕으로 하는 감성만화라고 정의한다. 한상정, 「순정만화라는 유령 ─ 순정만화라는 장르의 역사와 감성만화의 정의」, 『대중서사연구』 22(2), 대중서사학회, 2016, 297~325쪽; 한상정, 「프랑스의 감성소설과 연애소설에 나타난 "감상성"의 연구: 순정만화의 "감상성"의 이해를 위하여」, 『한국언어문화』 35, 한국언어문화학회, 2008, 207~230쪽.

19 『윙크』는 신일숙의 「리니지」(1993~1995), 강경옥의 「노말 시티」(1993~2001), 이은혜의 「BLUE」 독점 연재를 선언하면서 만화잡지 시장에 뛰어든다. 창간호 표지는 이은혜가 맡았으며, 한동안 이은혜의 일러스트가 포함된 브로마이드나 엽서 등을 부록으로 제공해서 독자를 모았다.

20 세즈윅은 18~19세기 영국 소설에 나타난 '두 남자와 한 명의 여자'라는 삼각관계가 실상은 두 남성의 유대를 강화시키는 역할을 한다고 지적하면서, 남성의 우정, 멘토십, 라이벌 구도, 그리고 이성애와 동성애 섹슈얼리티는 서로 친밀하고 유동적인 관계에 있다고 설명한다. Eve Kosofsky Sedgwick, *Between Men: English Literature and Male Homosocial Desire*, Columbia University Press, 1985.

21 르네 지라르, 『낭만적 거짓과 소설적 진실』, 김치수·송의경 옮김, 한길사, 2001. 지라르의 이 구도는 프로이트의 '오이디푸스 콤플렉스'에 기대고 있다. 남자아이는 강력한 아버지와 사랑하는 어머니 사이의 역학에서 거세 공포로 인해 아버지와의 동일시를 택한다는 것이다. 아이에게 욕망과 동일시는 아버지의 역할에 도달하기 위한 것이다. 이처럼 라이벌 관계와 사랑은 많은 면에서 등가를 이룬다. '나'는 라이벌이 이미 선택한 사람을 사랑하게 되며, 라이벌과의 유대감이 '나'의 행동이나 선택에 있어 다른 어떤 변수보다 더 결정적인 역할을 한다. 지라르는 이 구조를 두 명의 남자가 한 명의 여자를 향해 경쟁하는 관계라고 분석한다.

22 '여러 오빠들 중 연인 찾기'라는 설정은 tvN에서 방영한 〈응답하라〉 시리즈(2012~2015)에서 반복된 '남편 찾기' 구도이기도 하다. '남편 찾기' 구도의 쾌락은 독자들이 미션에 적극적으로 참여하면, 그에 따른 리워드가 주어진다는 게이미피케이션의 법칙에 기인한다. 이를테면, 「점프트리 A+」에서 유혜진이 누구를 선택할 것인지를 두고, 독자들 간에 일종의 게임이 벌어진다. 만화를 함께 읽는 친구들끼리 각각 '승주파', '태준파'로 나뉘어 경쟁하는 것이다.

23 이은혜의 유일한 가족극은 「금니는 싫어요」(1992)로, 독자들의 연령대가 상대적으로 낮았던 잡지 『나나』에서 연재되었다.

24 Janice Radway, *Reading the Romance: Women, Patriarchy, and Popular Literature*, University of North Carolina Press, 1991.

25 이정옥, 「로맨스, 여성, 가부장제의 함수관계에 대한 독자반응 비평—재니스 A. 래드웨이의 『로맨스 읽기: 가부장제와 대중문학』을 중심으로」, 『대중서사연구』 25(3), 대중서사학회, 2019, 349~383쪽.

26 라현숙, 「출판만화의 여성 장르에서 나타나는 의미투쟁에 관한 연구—『아르미안의 네 딸들』을 중심으로」, 『연구논총』 30, 이화여자대학교 대학원, 1996, 193~236쪽; 김은미, 「세대별로 살펴본 순정만화의 페미니즘적 성취」, 『대중서사연구』 13, 대중서사학회, 2005, 37~61쪽.

27 곽선영, 「여성장르로서의 순정만화의 특성에 관한 연구—수용자 분석을 중심으로」, 『만화애니메이션연구』 5, 한국만화애니메이션학회, 2001, 237~269쪽.

28 여성들의 서브컬처 장르인 '야오이'는 독자들의 재창작을 바탕으로 한 2차 장르로서, 클라이맥스(야마)도 결론(오치)도 의미(이미)도 없다는 뜻의 일본어(야마나시やまなし, 오치나시おちなし, 이미나시いみなし)의 앞 글자를 따서 만들어졌다.

29 팬들이 원 텍스트를 자유롭게 가공하여 쓰고 읽는 소설을 말한다.

30 Boys' Love의 약자로 남성 간 사랑과 성애를 다루는 서브컬처 장르를 지칭한다.

12장 '페미니즘 리부트' 시대의 여성 간 로맨스

1 교보문고, 알라딘, 예스24 등 주요 유통사들은 전자책 시장에서 BL의 성장세가 두드러진다고 말한다. 알라딘의 경우, 전체 전자책 매출 대비 BL 비중(소설+만화)이 2017년 7월 13%에서 2019년 2월 현재 30% 이상까지 높아졌다. 교보문고의 경우, BL이 상업화되기 시작한 2015년과 2016년 각각 월평균 매출 성장률이 213%와 211%로 급성장세를 보였다. 이유진, 「페미니즘 시대 BL 논쟁이 뜨거운 이유는」, 『한겨레』, 2019.5.17. http://www.hani.co.kr/arti/culture/book/894266.html

2 박세정, 「성적 환상으로서의 야오이와 여성의 문화능력에 관한 연구」, 이화여자대학교 석사학위논문, 2006; 류진희, 「동성서사를 욕망하는 여자들: 문자와 이야기 그리고 퀴어의 교차점에서」, 『성의 정치 성의 권리』, 자음과모음, 2012, 195~223쪽.

3 2018년 말부터 트위터를 중심으로 '탈BL' 논쟁이 격렬하게 일어났다. 이들은 트위터를 통해 페미니즘 관련 게시물을 접하게 되었고, 자신이 그동안 즐기던 서브컬처 문화가 여성 대상화나 성애화 등 여성혐오를 바탕으로 이루어졌다는 것을 깨달았다고 고백한다. BL을 비롯한 만화, 애니메이션 등에서 남성이 등장하는 서사를 거부하고 여성 창작자가

여성을 그리는 텍스트를 소비하겠다는 결심도 이어진다. 이러한 탈BL 논쟁의 특징과 한계에 대해서는 김효진, 「페미니즘의 시대, 보이즈 러브의 의미를 다시 묻다」, 『여성문학연구』 47, 2019, 한국여성문학학회, 197~227쪽을 참조.

4 https://www.tumblbug.com/hersimcheong_se

5 이세연, 「'그녀의 심청' 전 세계 6개국 연재 확정, 글로벌 시장까지 휩쓴다」, 『국민일보』, 2019.4.12. http://news.kmib.co.kr/article/view.asp?arcid=0013226295&code=61171111&sid1=i.

6 임소라, 「단행본매출 1위 위즈덤하우스 미디어그룹, 올 상반기 5작품 영상화 계약 체결」, 『아시아경제』, 2019.06.25. https://cm.asiae.co.kr/article/2019062509150896025#Redyho

7 https://twitter.com/fleurcalendula/status/1145261563575599105/photo/1

8 비완 seri, 「작가 후기」, 『그녀의 심청』 2, 위즈덤하우스, 2019, 319쪽.

9 게일 루빈, 「여성 거래」, 신혜수 외 옮김, 『일탈』, 현실문화, 2015, 104~114쪽.

10 비완·seri, 『그녀의 심청』 1, 위즈덤하우스, 2018, 50쪽.

11 비완·seri, 〈그녀의 심청〉 30, 저스툰, 2018.2.13.

12 R.W. 코넬, 『남성성/들』, 안상욱 외 옮김, 이매진, 2013, 127~128쪽.

13 비완·seri, 『그녀의 심청 외전』, 위즈덤하우스, 2020, 88쪽.

14 이 책은 2003년 『심청』이라는 제목으로 출간되었으나, 이후 2007년 『심청, 연꽃의 길』로 제목이 바뀐다. 황석영은 자신이 원래 제목으로 삼고 있었던 것이 『심청, 연꽃의 길』이었다고 밝힌 바 있다.

15 류보선, 「모성의 시간, 혹은 모더니티의 거울」, 『심청 하』, 문학동네, 2003, 309~313쪽.

16 북한 이탈 주민인 바리는 중국, 홍콩을 거쳐 런던의 다문화 지구로 이주한다. 어릴 적부터 영매의 재능이 있던 그는 이 험난한 이주의 과정에서 주변을 포용할 수 있는 소수자 공동체의 기둥이 된다. 이러한 소수자 되기의 서사화는 장편소설의 윤리를 확보할 수 있는 방법이자 세계문학에 다가가는 방법으로, 황석영이 선택한 방식이기도 하다. 『바리데기』는 폭력을 신성화함으로써 신자유주의의 폭력을 통과제의로 만든다. 구타, 성폭력, 인권의 말살 뒤에 여신이 된다는 '전형적' 설정은 한국문학이 세계문학이자 동아시아문학으로서의 보편성을 갖는 통로이기도 하지만, 한국 여성을 손쉽게 전형화하는 방식이기도 하다. 황석영의 『바리데기』에 대한 구체적인 논의는 허윤, 「포스트 세계문학과 여성-이주-장편서사의 윤리학」, 『여성문학연구』 39, 한국여성문학학회, 2016, 73~98쪽.

17 "이놈 주둥아리 한번 잘못 놀려 부처님께 시주 한다 내가 한 말 때문에 남경배 상인들게 공양미 값으로 팔려 물 건너 대국 땅에 기생살이 팔려가는 내 딸 심청이가 떠나는 뱃길을

배웅이나 하고서야 이 발이 떨어지겠네"(345쪽), "색주가에 딸 판 놈"(350쪽), "우리 청이
효녀 되고 우리 뺑덕어미 열녀 되고 이내 몸이야 딸 마누라 위해 천하 잡놈 된다 한들 내
어찌 마달쏜가 부모의 큰 은혜야 하늘이 따를쏜가 바다인들 채울쏜가 자 도화동 저 바다
야 (바다를 내려다보면서) 잘 있거라, 부모 된 가시밭길 이 몸은 떠나간다"(352쪽) 등 심
봉사는 자신이 '딸 판 아버지'라는 자각을 가지고 있으며, 그 딸이 나중에 효녀로 거듭날
것이라는 감언이설에 넘어가는 모습을 보인다. 최인훈은 심봉사의 자기 연민을 직접 드러
내고 있는 것이다. 이는 신화를 쓰는 자와 신화가 되는 자, 신화를 믿는 자 사이의 간극을
그대로 드러낸다. 최인훈, 「달아 달아 밝은 달아」, 『최인훈 전집 10권 옛날 옛적에 훠어이
훠이』, 문학과지성사, 2018, 325~411쪽.

18 "청청/미친 청/청청/늙은 청/놀리면서/ 달아나는 소리/멀어진다/홀로 남는/심청" 최인훈,
「달아 달아 밝은 달아」, 『최인훈 전집 10권 옛날 옛적에 훠어이 훠이』, 문학과지성사,
2018, 411쪽.

19 로지 브라이도티, 『유목적 주체』, 박미선 옮김, 여이연, 2004.

20 riri, 네이버 시리즈 댓글, 2020.09.03. "윗 댓글처럼 정말 승상 부인과 뺑덕 어미, 며느리
등 청이를 제외한 여자들의 이름이 나오지 않은 건 우리 모두의 이름이기 때문인 거 같네
요 너무 잘 읽었습니다 좋은 웹툰 감사해요"

21 〈그녀의 심청〉은 저스툰에서 시작하였으나 현재 카카오페이지, 네이버 시리즈 등에서도
볼 수 있다. 〈그녀의 심청〉이 최초 연재된 저스툰에는 댓글창이 없기 때문에 댓글란이 공
개되어 있는 네이버 시리즈를 참고하였다.

22 김나겸, 네이버 시리즈 댓글, 2019.7.8.

23 뀨, 네이버 시리즈 댓글, 2019.7.8.

24 최민경, 네이버 시리즈 댓글, 2019.7.8.

25 두통, 네이버 시리즈 댓글, 2019.7.9.

26 비완·seri, 「작가 후기」, 〈그녀의 심청〉, 저스툰, 2019.3.26. https://www.justoon.co.kr/
content/home/091i07h96e3c/viewer/23pa1z7e8ee7

27 최인훈의 「달아 달아 밝은 달아」나 황석영의 『심청, 연꽃의 길』에서 심청을 욕망하는 사
람들은 다 심청의 섹슈얼리티를 착취하고 판매하려고 한다. 심청을 사간 상인들은 인신
매매범이고, 심청을 사간 성판매업소의 노파, 사장 역시 심청을 좀 더 비싼 값에 팔기 위
해 흥정한다. 모두가 심청의 섹슈얼리티를 남성들에게 판매하는 데 혈안이 되어 있는 것
이다.

28 〈선암여고 탐정단〉 11~12화에 등장한 동성 간 포옹과 키스가 방송의 품위 유지와 어린
이와 청소년의 정서 함양을 어겼다는 이유로 방심위의 경고 처분을 받았다. 이성 간 포옹

과 키스가 아무런 제재 없이 방송되는 것과 달리, 여전히 한국사회에서 동성애에 대한 검열 기준이 높게 책정되어 있음을 보여준 사건이다. 김세옥,「'선암여고 탐정단' 동성애와 키스신, 무엇이 문제일까」,〈피디저널〉, 2015.3.25. https://www.pdjournal.com/news/articleView.html?idxno=54960

29 작가 seri의 트위터, 2019.06.25, @serikachan https://twitter.com/serikachan/status/1143743488195883008

13장 로맨스 대신 페미니즘을!

1 「서지현 검사가 올린 안태근 성추행 폭로 글」,『한겨레』, 2018.1.30. http://www.hani.co.kr/arti/society/society_general/830046.html

2 김미정,「흔들리는 재현·대의의 시간: 2017년 한국소설의 안팎」,『문학들』 2017년 겨울, 26~49쪽.

3 랑시에르,『해방된 관객』, 양창렬 옮김, 현실문화, 2016, 24~25쪽.

4 "인터넷 서점 알라딘 여성학 분야의 도서 판매는 2010년에 견줘 2.5배 증가했다. 교보문고에서도 여성학 분야 도서 판매량이 전년에 견줘 48% 넘게 늘었다. 예스24에서도 2014년 주춤했던 여성/페미니즘 카테고리의 2015년 도서 판매량이 전년도에 견줘 9% 정도 많았다. 분류가 달라 이 카테고리에 포함되지 않는 책들을 포함하면 수치는 더 늘어난다." 이유진,「성난 여성들의 무기는 책」,『한겨레』, 2016.3.6. http://www.hani.co.kr/arti/culture/book/733549.html

5 이유진,「페미니즘 출판 전쟁」,『한겨레』, 2016.8.18. http://www.hani.co.kr/arti/culture/book/757359.html

6 「대통령도 읽은 그 책,『82년생 김지영』, '사람'을 바꾸고 '세상'도 바꾼다」,『독서신문』, 2017.9.6. 예스24 여름 문학학교 강연에서는 노회찬 의원과 조남주 작가의 대담이 성사되었다. http://www.readersnews.com/news/articleView.html?idxno=74954

7 책을 읽는 것에 그치지 않고 온오프라인에서 북토크에 참가한다든가 관련 자료를 찾아보고 독서 모임에 참가하는 등 관련 활동을 이어가는 행위를 뜻한다.

8 김주희,「'독학자들'의 페미니즘과 페미니스트 지식문화의 현재성에 대한 소고: 신간 페미니즘 서적을 중심으로」,『민족문학사연구』 63, 민족문학사연구소, 2017, 351~379쪽.

9 2016년의 '#문단내성폭력' 사건의 고발자들이 만든 책의 제목도『참고문헌 없음』이었다.

10 탈선(고양예고졸업생연대),「게르니카를 회고하며」,『문학과 사회』 2016년 겨울, 150쪽.

11 「주요 독자층은 20~30대 여성, 남성 독자는 30~40대」, 김DB의 최종분석, 2015.12.14.

http://news.kyobobook.co.kr/it_life/kimdbView.ink?sntn_id=11192&expr_sttg_
dy=20151214083000

12 엄혜진, 「신자유주의 시대 여성 자아 기획의 이중성과 '속물'의 탄생」, 『한국여성학』 32(2),
한국여성학회, 2016, 31~69쪽.

13 Janice Radway, *Reading the Romance*, the University of Carolina Press, 1984, pp.
86~118.

14 Joan Riviere, "Womanliness as a masquerade", *International Journal of Psycho-
Analasis* vol. 9, 1929, pp. 303~313.

15 the abject. 주체(subject)도 아니고 객체(object)도 아닌 존재로, 주체와 객체, 안과 밖,
'나'와 '나 아닌 것'의 경계를 무너뜨린다.

16 리타 펠스키, 『페미니즘 이후의 문학』, 여이연, 2010, 44~95쪽.

17 조연정, 「문학의 미래보다 현실의 우리를─문학의 정치적 올바름에 대하여」, 『문장웹진』,
2017년 8월. http://webzine.munjang.or.kr/archives/140590

수록 논문 출처

2장 「해방기 여성독본과 여성해방의 거리」, 『근대서지』 25, 근대서지학회, 2022, 643~
670쪽.

3장 「'비국민'에서 '국민'으로 거듭나기」, 『근대서지』 7, 근대서지학회, 2013, 565~585쪽.

4장 「'여대생' 소설에 나타난 감정의 절대화」, 『역사문제연구』 22(2), 역사문제연구소,
167~196쪽.

5장 「1960년대 불량소녀의 지형학」, 『대중서사연구』 20(2), 대중서사학회, 2014, 103~
130쪽.

6장 「박정희 체제의 통치성과 여성노동자의 주체화」, 『현대문학의 연구』 52, 한국문학연구
학회, 2014, 67~98쪽.

7장 「1970년대 여성교양의 발현과 전화-『여성』을 중심으로」, 『한국문학연구』 44, 동국대
한국문학연구소, 2013, 47~90쪽.

8장 「1980년대 여성해방운동과 번역의 역설」, 『번역과 젠더』, 소명출판, 2013, 361~391쪽.

10장 「1990년대 페미니스트 여성 대중의 등장과 잡지 『페미니스트저널 IF』의 정치학」, 『상
허학보』 53, 상허학회, 2018, 85~117쪽.

11장 「한없이 투명하지만은 않은, 〈블루〉」, 『원본 없는 판타지』, 후마니타스, 2020, 259~
284쪽.

12장 「'페미니즘 리부트' 시대의 여성 간 로맨스」, 『대중서사연구』 26(4), 대중서사학회,
2020, 183~212쪽.

13장 「로맨스 대신 페미니즘을!」, 『#문학은_위험하다』, 민음사, 2019, 191~206쪽.

위험한 책읽기

'문학소녀'에서 페미니스트까지, 한국 여성 독서문화사

1판 1쇄 2023년 7월 12일

지은이 | 허윤

펴낸이 | 류종필
책임편집 | 이산군
편집 | 이정우, 이은진, 권준
경영지원 | 김유리
표지 디자인 | 석운디자인
본문 디자인 | 박애영

펴낸곳 | (주) 도서출판 책과함께
　　　　주소 (04022) 서울시 마포구 동교로 70 소와소빌딩 2층
　　　　전화 (02) 335-1982
　　　　팩스 (02) 335-1316
　　　　전자우편 prpub@daum.net
　　　　블로그 blog.naver.com/prpub
　　　　등록 2003년 4월 3일 제2003-000392호

ISBN 979-11-92913-19-3　93910

* 이 책은 아모레퍼시픽재단의 지원을 받아 저술·출판되었습니다.